CHINA AGRICULTURAL PRODUCTS
SUPPLY CHAIN DEVELOPMENT REPORT

中国农产品供应链
发展报告

 2021

中国物流与采购联合会农产品供应链分会
国家农产品现代物流工程技术研究中心 编

中国市场出版社
China Market Press

·北京·

《中国农产品供应链发展报告(2021)》

编委会

编委会主任

崔忠付　中国物流与采购联合会副会长兼秘书长

编委会副主任(按姓氏笔画排序)

于　彪　望家欢农产品集团有限公司　副总裁

王建华　正大投资股份有限公司　资深副董事长

危　平　顺丰冷运　总裁

张先华　安徽江淮汽车集团股份有限公司　副总经济师

　　　　轻型商用车营销公司　党委书记、总经理

宗　祎　北京水产集团有限公司　董事长

　　　　北京首农供应链管理有限公司　总经理

秦　湘　地利集团　副总裁兼首席运营官

龚　力　蜀海(北京)供应链管理有限责任公司　总经理

编委会委员(按姓氏笔画排序)

丁　冬　北京三快在线科技有限公司(美团)　首席食品安全官

丁　琳　利群集团股份有限公司　总裁

马　骏　京东餐饮　大商超全渠道事业群大宗贸易及餐饮业务部总经理

马树军　四川优膳供应链管理有限公司　首席运营官

王玉雄　美菜　高级副总裁

王海伟　佳沃集团有限公司　高级副总裁

王增鑫　济南维尔康实业集团有限公司　副总裁

白　瑞　郑州千味央厨食品股份有限公司　总经理

冯得心　鲜丰水果股份有限公司　副总裁

刘　俐　中物联农产品供应链分会专家委员会　专家

孙永军　好当家集团有限公司　副总裁

牟屹东　中物联农产品供应链分会专家委员会　专家

李玉磊　河南万邦国际农产品物流股份有限公司　集团副总经理

李冬志　物美集团　供应链负责人

李伟国　江苏和府餐饮管理有限公司　副总裁

李佳享　南京卫岗乳业有限公司　物流总经理

吴砚峰　中物联农产品供应链分会专家委员会　专家

余嘉璋　广州易初莲花连锁超市有限公司　高级总监

张　奕　上海壹佰米网络科技有限公司(叮咚买菜)　副总裁

张建国　苏州南环桥市场投资有限公司　总经理

张喜才　中物联农产品供应链分会专家委员会　专家

陈一明　宏鸿农产品集团有限公司　副总裁

范志强　土豆集(内蒙古)实业集团有限公司　总经理

周　洋　亚朵集团　供应链事业部副总裁

曹少金　中国供销农产品批发市场控股有限公司　董事长

韩一军　中物联农产品供应链分会专家委员会　专家

程　缅　北京便利蜂连锁商业有限公司　高级总监

温海涛　山东新和盛飨食集团有限公司　总裁

翟志刚　巴奴毛肚火锅有限公司　供应链事业部总经理

樊会霞　索迪斯(中国)企业管理服务有限公司　大中华区供应链管理部总监

《中国农产品供应链发展报告(2021)》

编辑部

　　《中国农产品供应链发展报告（2021）》是中国物流与采购联合会农产品供应链分会编写出版的农产品供应链领域的专项研究报告。系统介绍并分析了农产品供应链现状、存在问题及发展趋势，涵盖了农产品供应链定义、农产品市场、农产品流通、产地建设、餐饮食材供应、农产品跨境及农产品热门领域等多维度内容，以期给读者带来更多的思考与启发。

　　2020 年，受新冠肺炎疫情的影响，国内经济社会发展受到较为严重的冲击。随着疫情得到控制，经济运行恢复平稳发展。从经济环境来看，2020 年我国 GDP 为 1015986 亿元，同比增长 2.3%。第一季度 GDP 呈现负增长状态，第二季度开始经济快速稳定恢复，第四季度 GDP 增长 6.5%，经济结构抗风险能力显著增强，为农产品市场发展创造了良好稳定的经济环境。

　　综合来看，在疫情、扶贫攻坚、经济恢复等多种复杂形势下，2020 年政策更加注重保障农业在国民经济中的基础性地位，农产品政策相应集中在保障民生、稳产保供、健全农产品流通体系、完善农产品产地冷藏保鲜基础设施、提高农产品质量等方面。2021 年是"十四五"规划开局之年，也是推动乡村振兴、巩固脱贫攻坚成果的一年。在此背景下，更是为农产品供应链的未来发展补充了新的能量，同时也带来了新的发展可能性。

　　在行文结构方面，2021 年的报告共分为八章：第一章"农产品供应链行业定义"，从农产品行业术语、典型代表企业两个方面对农产品研究大背景进行说明；第二章"2020 年中国农产品市场情况分析"，介绍了在商流中，农产品市场环境和市场规模情况，分析了农产品供应链的区域产消发展现状及问题、农产品市场未来发展趋势；第三章"2020 年农产品流通情况分析"，详细介绍了流通环节中，农产品流通业务场景、流通环节发展现状及问题、农产品发展趋势分析；第四章"农产品产地建设新格局"，分别从政策分析、产地建设和实际案例分析三个方面对产地端建设的新格局新思考进行了阐述；第五章"农产品食材供应链新链路"，分别从传统农产品供应链发展现状、现存问题入手，探究转型升级方向、发展途径及新技术和新模式组成的新链路等；第六章"生鲜农产品新跨境"，通过跨境生鲜农产品市场及业务全景图等描述，具体分析了政策环境、资源情况、发展现状及发展趋势，并对生鲜农产品进出口贸易概况进行分析，提出未来发展政策建议；第七章"农产品供应链发展热点领域"，提供了当下热门领域的热点文章，包括技术应用、数字化转型升级、品牌化商品化、进出口机遇、流通升维、产地技术装备建设等多角度实际应用案例。第八章"农产品供应链资料汇编"，主要介绍了2019—2020年国家相关部门和各地政府出台的农产品相关政策、相关标准及各地主要农批市场名单。

为了更全面客观地描述行业发展现状，今年的报告更侧重于基础内容的梳理与行业数据的定义及统计分析。编委会调研了大量的企业，收集了丰富的数据，坚持以求真务实、严谨负责的态度完成本次报告的资料收录和书稿编写工作，希望可以为行业从业者呈现更深入、更系统的行业现状，如有疏漏与不足之处恳请批评指正。

中国物流与采购联合会副会长兼秘书长 崔忠付

2021 年 8 月 10 日

第一章
农产品供应链行业定义

    本章节重点梳理了国内农产品供应链行业术语、农产品供应链业务分类及情况和企业典型代表特性等。本章内容共分为两节，第一节从行业术语及定义切入，将专业术语及知识点作为夯实内容的基础；第二节根据我国农产品供应链企业特性划分了六类，并针对不同类型进行专题分析。

第一节　农产品供应链行业术语

农产品供应链涉及全链路众多环节，业务范围广且细分领域较多。从横向来看，主要包括水果、蔬菜、肉类、水产、蛋奶制品等多种产品；从纵向来看，主要包括初级农产品、初级加工农产品等产品。目前农产品供应链领域的主要行业术语，如表1-1所示。注：本报告内容仅研究生鲜农产品范畴。

表1-1　我国农产品供应链领域重点行业术语及定义

序号	行业术语	定　义
1	农产品	农产品是农业领域生产的物品，包括高粱、稻子、花生、小麦、苹果、猪肉及各个地区土特产等。初级农产品是指农业活动中获得的植物、动物及其产品，不包括经过加工的各类产品。
2	生鲜农产品	生鲜农产品是指与居民生活息息相关的新鲜蔬菜、水果、水产品、禽畜及其肉类产品，以及能够到达餐桌上的农副产品，新鲜、绿色食品。泛指果蔬、肉类、水海产品、蛋奶产品五大类。
3	农产品产业链	农产品产业链是指生鲜农产品从原料、加工、生产到销售等各个环节的关联性网络结构。
4	农产品供应链	农产品供应链是指农产品生产及流通过程中，涉及将产品或服务提供给最终用户活动的上游与下游企业所形成的网链结构。其主要流通产品多为初级农产品，包括蔬菜、水果、肉、禽、蛋、水产品、花卉产品等。
5	农产品流通	农产品流通是指农产品通过买卖的形式实现从农业生产领域到消费领域转移而产生的一系列物流活动。农产品流通包括农产品的运输、储存、加工、配送等一系列环节。
6	农产品温控物流	农产品温控物流是指水果、蔬菜等生鲜农产品，在采购、加工、储藏、运输直至销售到消费者的各环节，始终保持在规定的适宜温度、湿度等环境下，以保证农产品的质量，减少农产品损耗。
7	农超对接	农超对接是指农户和商家签订意向性协议书，由农户直接向超市、菜市场和便民店直供农产品的流通方式，主要是为了优质农产品能够快速进入销售市场。其本质是通过现代流通方式，将千家万户的小生产与千变万化的大市场直接对接起来，构建市场经济条件下的产销一体化链条，实现商家、农民、消费者的多方共赢。
8	生鲜电商	生鲜电商是指利用电子商务的手段在互联网上直接销售生鲜类产品，如新鲜水果、蔬菜、生鲜肉类等。生鲜电商随着电子商务的逐步深化而发展。
9	社区团购	社区团购是真实居住社区内居民团体的一种互联网线上线下购物消费行为，是依托真实社区的一种区域化、小众化、本地化、网络化的团购形式。

序号	行业术语	定义
10	中央厨房	中央厨房又称中心厨房或配餐配送中心。其主要任务是将原料按菜单分别制作加工成半成品或成品，配送到各连锁经营店进行二次加热和销售组合后销售给顾客，也可直接加工成成品与销售组合后直接配送销售给顾客。
11	订单农业	订单农业又称合同农业、契约农业，是一种新型农业生产经营模式，是农户根据其本身或其所在的乡村组织同农产品的购买者之间所签订的订单，组织安排农产品生产的一种农业产销模式。订单农业很好地适应了市场需要，避免了盲目生产。

第二节　农产品供应链典型代表企业

一、概述

农产品供应链上下游涉及环节众多，参与主体多样，根据业务重心差异，可以将农产品供应链企业划分为六大类，包括：农产品种养殖企业、农产品加工企业、农产品流通企业、农产品商贸企业、农产品供应链企业、农产品技术企业。

其中，农产品种养殖企业和农产品加工企业主要业务是农产品的生产和加工，对接产地端农产品生产者。种养殖企业的主要业务范围包括农产品种养殖，加工企业的业务范围主要包括原材料初加工、精深加工、中央厨房、团餐及净菜加工等。

农产品技术企业业务重心偏向农产品流通全链条技术创新，为农产品生产、加工、流通全环节提供技术支持。

农产品供应链企业和流通企业主要集中在流通环节，为农产品流通保驾护航。农产品供应链企业业务重心包括餐饮食材供应链服务等，其业务体系涵盖了农产品商流及物流等综合业务架构。而农产品流通企业提供运输、中转、仓储、配送等多种业务，核心业务关注农产品流通环节物流端相关操作。

农产品商贸企业处于供应链下游，更贴近于市场，直接面向消费者。

中国物流与采购联合会（以下简称中物联）调研资料显示，当前国内农产品供应链行业呈现出"中间宽，两侧窄"的发展格局。相关企业的业务重心主要集中在加工、流通等中间环节，而对于上游生产环节和下游商贸环节、技术环节的关注相对较少。出现这种情况的原因在于：第一，拉力因素，农产品加工流通中间环节的附加值较高，企业利润相对可观，因此农产品企业的业务重心集中在加工流通环节；第二，推力因素，农产品上下游环节投入成本高、投资回报周期长、环节流程复杂，因此若企业目标着力农产品上下游环节，则需投入更多的管控精力；第三，农产品技术企业对于企业研发投入和技术基础要求较高，产业门槛和壁垒较高。

二、企业运营现状调研

（一）调研情况概述

农产品供应链典型企业调研主要按照从企业总体情况到细分业务情况的逻辑顺序展开，调研逻辑示意如图 1-1 所示。

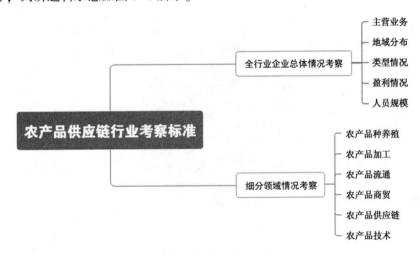

图 1-1　调研逻辑示意图

其中，总体情况调研主要分为：主营业务、地域分布、类型情况、盈利情况、人员规模；细分领域调研主要根据细分市场具体业务及关注情况进行具体标准划分，本次农产品供应链行业调研逻辑按照图 1-1 所示的调研体系架构进行。

本次报告调研农产品供应链企业以综合型业务体系的企业为主，单一业务的企业相对较少。在地域分布上，农产品企业集中在东部沿海地区，中西部地区以特色农产品类为主，具体调研企业地域分布情况如图 1-2 所示。从企业类型来看，本次调研企业主要集中在民营企业，如图 1-3 所示，且多数调研企业业务重心偏向流通和供应链业务，农产品种养殖企业和技术企业相对较少，如图 1-4 所示。

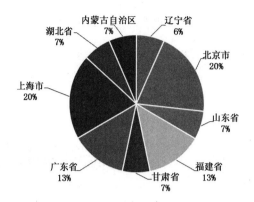

图 1-2 调研企业地域分布

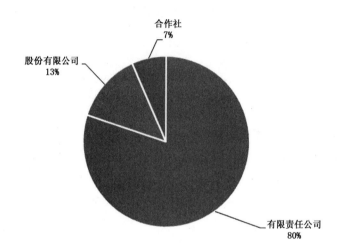

图 1-3 调研企业概况

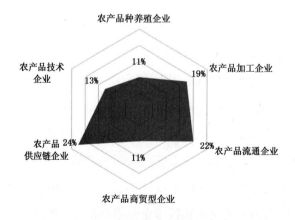

图 1-4 农产品企业主营方向

（二）农产品种养殖企业

农产品种养殖型企业作为整个农产品供应链市场的发动机，致力于为消费市场提供优质、健康的农产品，本次调研主要从农产品种养殖营运模式、产地农产品价格波动因素、农产品价值构成、绿色农产品发展趋势等多维度进行分析。

具体表现为上游生产环节企业相对较为分散，主要原因是农产品种养殖多通过分散农户或者小微企业开展，因此大型化、规模化的农产品种养殖企业相对较少。根据调研分析，50%的农产品种养殖企业倾向于通过提升品牌知名度实现利润目标，倾向于通过多亩多产提高农收利润的企业占10%。如图1-5所示。

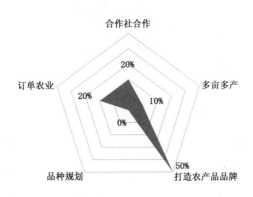

图1-5　农产品种养殖企业营运模式选择

同时针对产地农产品定价这一问题，57%企业的产品价格根据市场行情确定，43%企业的产品定价依据合同协议。这主要是农产品生产自身特性所决定的，但也无形中增加了农产品供应链全链条的不确定性和不稳定性。

此外，农产品的价值构成在哪里？是品质至上还是物以稀为贵？调研结果显示，57%的农产品种养殖企业认为农产品的价值来自品质。

农产品作为人们生活中的刚需商品，把控好农产品的质量源头关系到万千百姓的健康，75%的企业表示绿色有机农产品的销量可观，行业前景向好。

因此从农产品供应链上游来看，其基本逻辑是：企业倾向于通过打造农产品品牌提高自身盈利水平，质量安全是农产品企业重点关注的一面，品牌与质量是上游农产品生产企业发展的根基。

（三）农产品加工企业

农产品加工企业作为连接上游种养殖企业和下游消费者的中间环节，其主要盈利点在于提供农产品的加工附加服务。在此过程中，主要分析内容包含其农产品原料来源情况、农产品原料价格变动原因、采购农产品一般损耗率及农产品质量保证措施等。

农产品加工企业的原料来源较多，主要为直接收购、批发市场、自产原料、农业合作社渠道、生产企业等，其中，29%的加工企业直接通过农户或经纪人收购农产品原材料，24%来自农业合作社，19%来自生产企业，加工企业原料来源于批发市场及自产部分均分别占比14%，具体情况如图1-6所示。

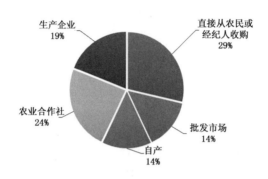

图1-6　农产品加工企业原料来源示意图

此外，影响农产品加工原料变动的因素较多，农产品原材料价格上涨的主要原因是产量下降及上游利润压缩（包括税收、费用提升）。农产品作为刚需产品，价格弹性相对较小，目前现阶段品牌化打造对农产品价格的影响较小。45.45%的加工企业认为农产品原材料价格上涨的原因来自上游利润压缩（包括税收、费用提升），超过36%的加工企业认为产量降低导致农产品原料价格上涨。

超过75%的加工企业农产品原料损耗率保持在0%～20%区间，农产品原料利用率相对较高且存在进一步提升空间。未来随着设施设备水平的提升，原料损耗率有望得到进一步压缩。

针对"加工企业如何把好质量关"这个问题，超过71.42%的农产品加工企业通过采取全程监控的方式保证农产品质量安全。

通过对农产品加工企业现状进行调研可以看出：加工企业作为连接生产端和流通端的重要环节，农产品原料来源多样化，其利润空间更容易受到上游农产品原料成本变动的影响。因此加工企业需加强与上游生产端的联系，保持农产品产量的稳定，同时健全温控信息追溯系统，减少农产品质量问题的发生，明确农产品安全事故责任归属。此外，通过提高产品附加值拓宽利润空间。

（四）农产品流通企业

流通是农产品从生产端到消费端的重要一环，在这一环节重点考虑流通损耗率、流通成本与农产品质量安全因素。由于流通环节复杂多变、耗时长、监控难度大等原因，企业的农产品流通损耗率基本控制在0%～20%，如图1-7所示。未来随着农产品信息追溯机制的健全和农产品全程温控系统的完善，农产品流通损耗率将会出现大幅降低。

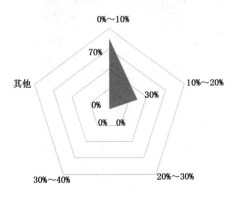

图1-7 农产品流通损耗率情况

物流成本关系到不同农产品流通企业的模式选择、业务范围等，因此不同企业的物流成本控制情况存在较大差异。

超过半数的企业认同通过全程信息追踪实现农产品全程温度把控。这也体现了当前随着行业的发展，在农产品流通过程中，企业对于温控和质量安全的标准也在不断提高。值得注意的是，由于行业仍然存在部分不规范和监管不到位的情况，通过装卸两端温控和诚信交接保证流通端农产品质量的企业仍然占到42.8%。

实地调研结果显示，随着农产品流通技术的飞速发展，农产品流通过程中的损耗率已经得到有效的控制，但是由于流通过程温度信息追溯机制不健全，导致企业在供应链质量问题责任归属问题上存在较大争议。因此，未来农产品流通端在推动技术进步、减少损耗的同时，应考虑建立健全完整统一的冷链信息追溯机制，实现冷链全链条的信息透明化。

（五）农产品商贸企业

农产品商贸企业主要包括农批市场、零售终端、餐饮、商超电商等，针对这类企业，我们重点关注其销售手段、供应链问题、销售对象、不同种类商品进销价格差、品牌农产品销售情况等方面。

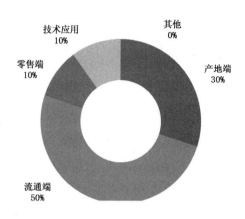

图 1-8　农产品供应链难点环节

50% 商贸企业认为农产品供应链问题集中在流通环节（如图 1-8 所示），30% 的农产品商贸企业认为产地端问题难以解决。

80% 商贸企业的农产品面向 B 端（Business，企业用户）销售，包括果蔬、肉、蛋奶等产品在内的农产品进销价格差保持在 20% ~ 40%。且 75% 企业的拥有特殊地理标识或品牌标识的农产品比普通农产品价格高 20% ~ 40%。

60% 商贸企业认为经营成本过高是导致农批或食材供应对接出现问题的重要原因，20% 的企业认为农产品产能无法有效保障影响供应链正常运转，20% 的企业认为产品质量难以保障是农产品供应链的痛点问题。

多数农产品商贸企业不参与农产品的直接生产加工活动，主要面向 B 端进行销售，其产品进销价格差基本保持在两到四成左右。随着供应链流程的优化，流通成本进一步降低，农批供应对接难问题有望得到缓解。

（六）农产品供应链企业

农产品供应链企业主要包括餐饮食材供应链企业，对农产品供应链企业的考察过程中，主要针对农产品来源渠道进行分类调研。此外，针对消费群体较为关注的重点问题和供应链难点进行深入剖析。

供应链企业的农产品来源包括：农批市场采购、直采渠道、农业合作社、自产等，不同供应链企业对于自身产品采购渠道选择有所差异。半数企业农批市场采购占比 20% ~ 40%，部分企业农产品直采渠道采购占比 40% ~ 80%，

超八成的农产品供应链企业认同价格和质量是消费者目前关注的两大要素，18% 的企业认为品牌是消费者关注的重点因素，如图 1-9 所示。

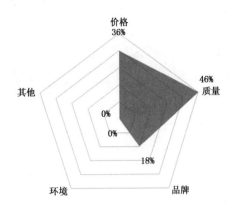

图1-9 消费者关注因素

调研结果显示,目前农产品供应链的核心难点有两点:第一,数字化问题,涉及农产品供应链信息的获取渠道和对接平台短缺、买卖双方供求信息对接困难,导致供应链环节过多、长度过长;第二,解决农产品销售的"最后一公里"问题,包括鲜活农产品运输税费减免政策、农产品销售超市化和基础设施建设、新能源运输车辆优惠政策等。

(七)农产品技术企业

目前,农产品技术企业在整个农产品供应链市场上数量相对较少,但是随着未来农产品信息追溯体系的健全,人们对于农产品质量安全和全程温控要求的提高,将会助推农产品技术企业的成长,未来这一市场前景广阔。当前主要的技术型企业可以分为平台型和技术提供商,包括生鲜冻品数字化供应链服务商、软件信息技术提供商、智慧农批平台等多种新业态。值得注意的是,从近几年的行业成本利润分析来看,研发投入在企业利润中的占比增加,且多数技术企业经营成本较低、利润率相对可观,但是技术门槛较高且尚未形成规模化经营,未来随着农产品供应链市场的壮大,技术企业将会有更广阔的发展空间。

第二章
2020 年中国农产品市场情况分析

本章共分为五节，从商流市场环境作为切入点，分析我国农产品现状，依次重点研究蔬菜、水果、肉类、水产品、蛋奶产品等五大品类，从产量、消费量、区域产销及产业结构等情况，分析了五大品类的发展现状及趋势。

第一节　农产品市场环境分析

一、宏观环境分析

2020年，受新冠肺炎疫情的影响，国内经济社会发展受到较为严重的冲击。随着疫情得到控制，经济运行恢复平稳发展。从经济环境来看，2020年我国GDP为1015986亿元，同比增长2.3%。第一季度GDP呈现负增长状态，第二季度开始经济快速稳定恢复，第四季度GDP增长6.5%，经济结构抗风险能力显著增强，为农产品市场发展创造了良好稳定的经济环境。

（一）政策环境

从政策环境来看，据中物联农产品供应链分会不完全统计，2020年国家层面发布的农产品相关政策超过56项，涵盖了农产品生产加工、农产品进出口疫情防控、特色优势农产品、农产品温控物流、保障"菜篮子"、农产品绿色通道等多种维度。地方出台农产品相关政策超过261项，其中主要涉及农产品仓储保鲜设施建设、农产品信息追溯与质量安全、中央厨房、净菜加工、消费扶贫、农产品物流、特色农产品等不同热门领域，各地结合自身农业生产流通状况，实事求是制定符合自身发展水平的农产品配套政策，在地方层面与国家政策保持同步，推动农产品市场良性稳定发展，从宏观层面保障我国农产品生产与供应，为农产品市场健康发展提供了稳定的政策环境。

（二）政策分析

1. 保民生：疫情防控、稳产保供

2020年是具有特殊意义的一年，党和人民在新冠肺炎疫情的严峻考验下交出了一份令人满意的答卷，我国脱贫攻坚战取得全面胜利。作为我国的基础性产业，农业一直以来都是国家关注的重点，也是保障人民生活的"菜篮子"。在过去的2020年里，面对复杂的经济形势，国家始终将保民生作为基础性战略，农业农村部、国家发展改革委等多部委发布超过56项政策保障国计民生，如图2-1所示。

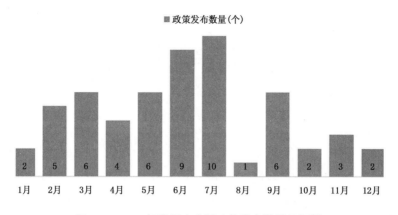

图 2-1　2020 年我国农产品政策发布数量月汇总

疫情暴发伊始，财政部办公厅、农业农村部办公厅发布《关于切实支持做好新冠肺炎疫情防控期间农产品稳产保供工作的通知》，强调"中央财政农业生产发展等资金向疫情防控重点地区倾斜"和"加大农产品冷藏保鲜支持力度"，在疫情环境下保障农产品正常供应。商务部、国家发展改革委等也相继出台了《商务部办公厅 财政部办公厅关于疫情防控期间进一步做好农商互联完善农产品供应链体系的紧急通知》《国家发展改革委办公厅 农业农村部办公厅关于多措并举促进禽肉水产品扩大生产保障供给的通知》《中央应对新型冠状病毒感染肺炎疫情工作领导小组关于印发当前春耕生产工作指南的通知》等 11 余项政策文件，围绕疫情防控、农产品稳产保供和"菜篮子"部署了一系列重点任务，具体发布时序如图 2-2 所示。

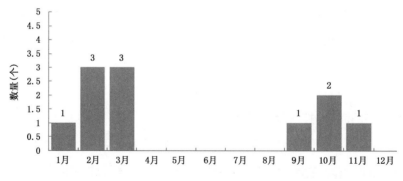

图 2-2　2020 年我国民生相关政策发布时序

2. 促循环：农产品供应链、仓储保鲜设施

2020 年恰逢"百年未有之大变局"，在复杂的国际经济社会形势下，我国坚持推动"双循环"经济格局的发展。在农产品方面重视通过完善农产品供应链体系、加快农产品产地仓储保鲜设施建设、健全农产品流通体系，实现经济"内循环"和城乡融合发展的新格局。农业农村部、国家发展改革委等多部委相继出台《农业农

村部关于促进农产品加工环节减损增效的指导意见》《农业农村部关于加快农产品仓储保鲜冷链设施建设的实施意见》《农业农村部办公厅关于开展"互联网+"农产品出村进城工程试点工作的通知》《关于进一步优化发展环境促进生鲜农产品流通的实施意见》《关于促进消费扩容提质加快形成强大国内市场的实施意见》等 9 余项政策文件，助推国内农产品流通市场发展，梳理了农产品政策关键词，如图 2-3所示。

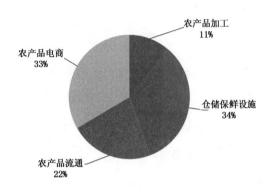

图 2-3　2020 年我国农产品政策关键词

3. 稳经济：特色农产品、农产品物流、消费扶贫

2020 年国家高度重视保障农业经济稳定高效发展，国家发展改革委、农业农村部、交通运输部等多部委相继出台《农业农村部 国家林业和草原局 国家发展改革委 财政部 科技部 自然资源部 水利部关于组织开展第四批"中国特色农产品优势区"申报认定工作的通知》《关于扩大战略性新兴产业投资培育壮大新增长点增长极的指导意见》《中央农村工作领导小组办公室 农业农村部 国家发展和改革委员会财政部 中国人民银行 中国银行保险监督管理委员会 中国证券监督管理委员会 关于扩大农业农村有效投资 加快补上"三农"领域突出短板的意见》《农业农村部办公厅关于做好 2020 年地理标志农产品保护工程实施工作的通知》等超过 28 项政策文件保障农产品市场健康有序发展。其中，涉及特色农产品相关政策超过 9 项，涉及农产品物流相关政策超过 14 项。

值得注意的是，2020 年 3 月国家发展改革委发布的《国家发展改革委关于深入贯彻落实习近平总书记重要讲话精神决战决胜易地扶贫搬迁工作的通知》强调农产品生产流通在扶贫攻坚中的重要作用，"要联合商务、农业农村、扶贫等部门深入开展消费扶贫行动，做好产销对接，持续拓宽搬迁群众农畜产品销售渠道"。

4. 提质量：农产品质量、交通运输质量

2020 年国家在农产品质量领域相继出台了《关于科学利用林地资源 促进木本

粮油和林下经济高质量发展的意见》《国务院办公厅关于促进畜牧业高质量发展的意见》《农业农村部办公厅关于印发〈2020 年农产品质量安全专项整治"利剑"行动方案〉的通知》《交通运输部关于江西开展赣州革命老区交通运输高质量发展等交通强国建设试点工作的意见》《交通运输部关于新疆维吾尔自治区开展交通运输高水平对外开放等交通强国建设试点工作的意见》等超过 8 项政策，一方面全力保障农产品质量安全，另一方面推动高质量交通运输体系建设。

（三）2021 年政策走势

综合来看，在疫情、扶贫攻坚、经济恢复等多种复杂形势下，2020 年政策更加注重保障农业在国民经济中的基础性地位，农产品政策相应集中在保障民生、稳产保供、健全农产品流通体系、完善农产品产地冷藏保鲜基础设施、提高农产品质量等方面。2021 年是"十四五"规划开局之年，也是推动乡村振兴、巩固脱贫攻坚成果的一年。农产品政策呈现出新的走向趋势。

1. 关注农产品质量安全

2020 年国家出台的部分农产品政策强调保障农产品质量安全和建立健全农产品质量信息追溯体系，2021 年国家和社会公众对农产品质量的关注持续升温，健全质量信息追溯体系势在必行。

2. 农产品助力乡村振兴

2020 年国家发布的相关政策中已经出现消费扶贫等趋势，农产品生产流通、农产品电商和农产品产地基础设施建设可能会成为巩固脱贫攻坚成果及助力乡村振兴的重要抓手。2021 年对于农产品产地基础设施建设和农产品电商发展也会相应提出更高的要求。

3. 重视产地基础设施建设

2020 年国家密集出台超过 17 项政策文件推动农产品仓储保鲜设施等产地基础设施建设，一方面通过完善产地基础设施保障农产品质量，另一方面通过建设农产品仓储保鲜设施等措施引导社会资金流动，释放国内消费潜力，助推乡村振兴和国内外"双循环"格局的发展。

二、消费市场环境分析

从消费端的视角来看，2020 年我国农产品市场较往常出现了更多的变化。首先，随着国民经济发展和居民收入的增长，人民生活水平随之提高，人们对于生活质量也提出了更高的要求。受疫情影响，农产品供应链模式发生了翻天覆地的变化。传统的农批+商超模式发展出现障碍，社区团购这个新赛道迎来爆发式增长，多家互联网企业纷纷入局社区团购，究其根本原因是终端旺盛的新消费需求倒逼农产品供应链上中游企业流通模式转型升级。传统的农批+商超模式在疫情及新变化的冲击下再度迎来了寒冬。值得思考的是，未来农批+商超模式如何满足消费者对更鲜活农产品、更便捷消费服务的需求。

具体来看，农产品从生产端向消费端流通的过程中涉及环节众多，对应的不同细分市场存在差异性。

首先，随着人们对产品质量要求的不断提高，农产品供应链品质价值得到增强。结构性供给过剩将生鲜农产品推向买方市场，市场需求对供应链运作体系提出了更高的要求。

其次，农产品产业链结构趋向多种零售业态。生鲜农产品目前形成了以批发市场为核心的产业链结构，生鲜电商的爆发或引领农超对接模式提速渗透，加快流通体系优化进程。大型超市、生鲜电商、生鲜超市、便利店等多种零售业态将给供应链整合带来更大的空间，物流管理和温控物流布局将成为产品成本优化、产品质量控制、产品品牌建设等环节最重要的影响因素。

最后，社区团购、生鲜电商等新模式的崛起推动了农产品供应链的转型升级，资本的介入为生鲜农产品市场注入了新活力，但是仍然暴露出诸如价格补贴战、恶意竞争抢夺市场份额等严重破坏正常市场秩序的事件。农产品市场在积极变革升级的同时呼唤新的标准和政策法规规范市场秩序，推动农产品市场健康有序发展。

除此之外，2020 年政策的重心更多地指向了产地仓储保鲜基础设施建设和区域优势特色农产品培育，完善农产品温控物流体系成为助推乡村振兴和城乡融合发展的重要抓手。

第二节　农产品市场规模情况分析

一、总体市场规模

（一）市场总体情况

我国是农业大国，改革开放以来，城市化进程不断加快，农业种植面积不断压缩，高效产出比不断提高，但我国农业仍存在许多问题，小农经济的根深蒂固，让我国农产品流通难，产销难，农业仍是我国重点关注的领域。2020 年新冠肺炎疫情控制成果显著，我国农产品行业稳步发展。根据不完全统计，2020 年我国农产品市场规模达 12.75 亿吨，同比增长 3.98%，如图 2-4、图 2-5 所示。

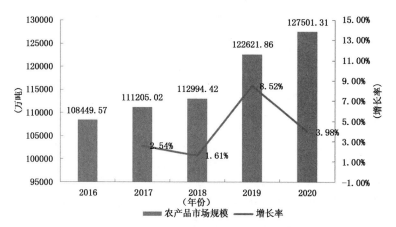

图 2-4 2020 年我国农产品市场规模

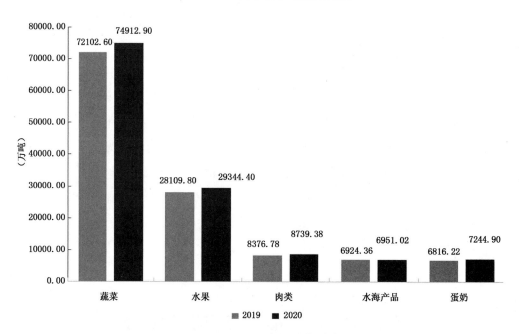

图 2-5 2019—2020 年细分市场规模

数据来源：农业农村部、国家统计局、海关总署。

根据图 2-6 中国居民平衡膳食宝塔比例（均衡膳食摄入比）及图 2-5 的数据分析，蔬菜及水果产量丰富，可作为居民膳食纤维及维生素的主要摄入来源，市场需求充盈。肉类、水海产品及蛋奶作为蛋白质主要摄入来源，产量不能满足居民消费需求，还需要依靠部分进口，存在结构不平衡现象。

盐	<6克
油	25~30克
奶及奶制品	300克
大豆及坚果类	25~30克
畜禽肉	40~75克
水产品	40~75克
蛋　类	40~75克
蔬菜类	300~500克
水果类	200~350克
谷薯类	250~400克
全谷物和杂豆	50~150克
薯类	50~100克

图2-6　中国居民平衡膳食宝塔比例

（二）消费量整体情况

根据国家统计局的数据统计，我国生鲜农产品消费量达到了80643.2万吨，其中蔬菜消费量较大，水产品消费量最少。我国居民水果消费量比预期小，可能是受价格因素影响，如图2-7所示。

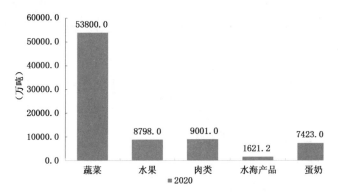

图2-7　2020年我国生鲜农产品消费情况

数据来源：统计年鉴、地方统计数据。

二、我国五大品类农产品发展历程

（一）我国蔬菜产业发展可分为四个阶段

第一阶段是1978—1989年，该阶段蔬菜生产稳步发展，种植面积由300多万公顷实现翻一番，年均增长率达到6%。

第二阶段是1990—1999年，该阶段蔬菜生产进入快速增长期，种植面积由600

多万公顷，增长至 1343 万公顷，同样实现翻一番，产量由 1.95 亿吨增至 4.05 亿吨，面积和产量的年均增长率都超过了 8.5%。

第三阶段是 2000—2009 年，是转折阶段，随后的 10 年我国蔬菜产业进入平稳发展期，重点在于完善整个产业体系，种植面积和产量的增长率分别保持在 2.13% 和 4.28%。

第四阶段是 2010—2020 年，是重要决策期，"十三五"的完美收官，迎来了"十四五"新的起始，蔬菜产量增速在此放缓，重点打造流通体系和市场体系，不再一味地追求产量，年均增长率约为 3%。

（二）我国肉类产业发展可分为四个阶段

第一阶段是统购统销阶段（1949—1984 年）：生猪生产实行"调五留五"政策，主要特点是养殖规模小、生产水平低、产品短缺，种、料、药和技术服务等处于起步阶段，生产和消费严格按国家计划调配。

第二阶段是市场放开发展阶段（1985—1997 年）：家庭联产承包责任制的推行，极大调动了畜禽养殖的积极性，生猪产业进入新的发展阶段。1985 年，中共中央、国务院发出《关于进一步活跃农村经济的十项政策》，逐步取消生猪派养派购，实行自由上市、随行就市、按质论价，生猪购销政策放开。在改革开放背景下的市场放开发展阶段，随着"菜篮子工程"和生猪产销经营体制改革的不断推进，生猪生产发展迅速，居民猪肉消费大幅提高。

第三阶段是过渡阶段（1998—2004 年）：1998 年以来，生猪养殖从以数量增长为主逐步向数量质量并重、优化结构和增加效益为主转变，主要特点是生猪养殖开始向优势区域集中，产业整合速度加快，更加注重质量安全和可持续发展。经历前一阶段的较快速发展后，产量大幅提升，产业发展由"量"向"质"转变，生产效率、食品安全问题成为产业发展的新增要素。

第四阶段是现代化转型升级阶段（2005 年至今）：2005 年以来，生猪养殖规模化、标准化水平大幅提升，良种覆盖率逐步提高，现代生猪产业升级，升级步伐加快。产业主要呈现为规模化水平不断提升、产地及销区更加集中、环保升级、食品安全升级以及生产效率升级。详情见产业现状。

（三）我国水果产业发展可分为三个阶段

第一阶段是面积阶段：栽植面积由快速扩张向平稳发展，1982—1989 年期间和 1991—1996 年期间，中国大部分水果产区经历了两次大规模扩张。

第二阶段是优势产区集中阶段：1997—2004 年期间，区域布局由分散发展向优势产区集中发展。产业布局持续向劳动力丰富、病虫害少、生产成本较低的西北高海拔地区迁移扩张。

第三阶段是种植模式由传统种植向高效集约化发展（2005 年至今）：果树无病毒苗木得到普遍应用，老果园改造和新品种推广速度加快，无公害、绿色、有机水果栽培方式得到大面积推行，采后商品化处理能力明显增强，水果品质和质量安全水平大幅提升。

（四）我国水产品产业发展可分为四个阶段

第一阶段是传统渔业阶段：水产 1.0 时代。纯人工捕捞，水产养殖受到自然条件极大的束缚。

第二阶段是设施渔业时期：水产 2.0 时代。机械化、设施化、工厂化，出现陆基工厂、网箱等装备技术。

第三阶段是数字渔业阶段：水产 3.0 时代。数字化、自动化、信息化，提高水产养殖效率。

第四阶段是智能渔业阶段：水产 4.0 时代。智能化让水产养殖更加容易，将物联网和大数据运用到养殖和保鲜中，弥补传统水产养殖和流通的短板。

（五）我国禽蛋牛奶产业发展阶段

奶业的第一阶段是常温奶阶段：在改革开放乳业及加工业增长期，我国提倡每天一杯奶，打响我国奶业振兴第一枪。

第二阶段是风味奶阶段：主要是扩大产品品类，增加乳制品品种和风味，酸奶是第二大类产品。

现阶段奶业正处于低温化阶段：随着新兴渠道的出现及物流配送的升级，区域性小企业开始有所发展，加上消费者观念的逐渐升级，乳制品市场在低温化和健康化的趋势下正在进行产品结构的优化。

蛋业的第一阶段是小规模养殖阶段：改革开放后的蛋类主要还是以小规模养殖为主。小规模化的养殖逐渐成为市场主导，在中国传统养殖行业当中，生猪养殖已形成规模，品牌猪肉市场近乎垄断，唯独蛋鸡养殖行业还是以千家万户的小规模群体生产经营方式为主。

第二阶段是规模化养殖阶段：小规模养殖户受成本、技术等因素限制，在污染处理方面无法达到国家要求，将逐步退出市场竞争。

第三阶段是现代化养殖阶段：向现代化养殖方向发展，主要体现在无污染的养殖场地、封闭式饲养模式、精选优质蛋鸡品种、严格的防疫制度、营养搭配饲料、科学的管理水平、现代化追溯技术等方面。

三、五大品类农产品市场规模情况分析

(一) 我国蔬菜市场规模情况分析

1. 蔬菜市场规模

蔬菜是人们日常饮食中必不可少的食物之一，可提供人体所必需的多种维生素和矿物质等营养物质，是农业生产中不可缺少的组成部分，在中国是仅次于粮食的重要副食品。我国是全球最大的蔬菜生产国和消费国，由于种植技术的不断提升，我国蔬菜产量从 2001 年的 48422.36 万吨，增长至 2020 年的 74912.90 万吨，增幅达到了 54%，同比 2019 年的 72102.60 万吨，增长了 3.9%，如图 2-8 所示。近 20 年间，我国种植结构不断调整，蔬菜产业快速发展，从 2001 年的 24603.67 万亩，增长到 2020 年的 31998.84 万亩，增长了 7395.17 万亩，增幅达到了 30%。

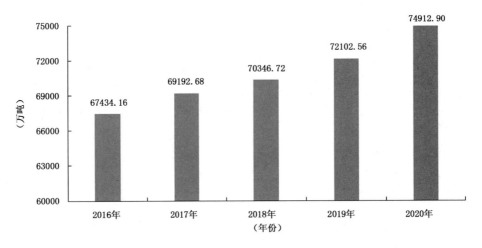

图 2-8   2016—2020 年我国蔬菜市场规模

数据来源：国家统计局。

2. 蔬菜消费量分析

受疫情影响，2020 年我国居民蔬菜消费量略有下降，消费量为 5.38 亿吨，约下降 0.5%。同时根据海关总署公布数据，我国是全球蔬菜的重要供应基地，2020 年出口蔬菜总量达 1017 万吨，我国蔬菜贸易顺差收窄，进口量减少、进口额增加、出口量增加、出口额减少。

如图 2-9 所示，我国蔬菜总产量在不断增加，居民消费量和出口量与产量存在巨大差距，蔬菜损耗仍处于较高水平。

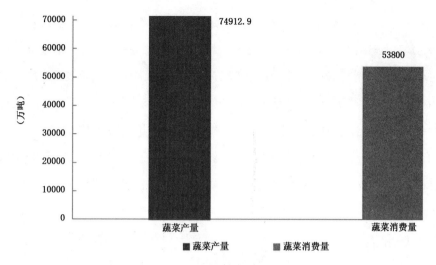

图 2-9　2020 年蔬菜产量及消费量

数据来源：国家统计局。

（二）我国肉类市场规模情况分析

1. 肉类市场规模

2019 年非洲猪瘟及 2020 年新冠肺炎疫情，对我国猪肉产品供给产生了持续性影响，猪肉产量持续下滑，禽肉产量上升，我国猪肉长期供给下滑的趋势得到逐步控制。国家统计局和海关总署数据显示，根据中物联农产品供应链分会数据统计，2020 年我国肉类市场需求达到 8739.38 万吨，同比增长 4.3%，如图2-10 所示。据了解，我国是全球第一大生猪生产国及猪肉消费国，生猪出栏量及猪肉消费量占全球的比重均在 50% 以上。

图 2-10　2016—2020 年肉类市场规模

2. 肉类消费量分析

随着我国国民经济水平不断提高，居民消费能力不断提升，对于肉类的需求日益增大，在 2019 年的非洲猪瘟和 2020 年新冠肺炎疫情影响下，我国肉类产量仍存在较大缺口，进口肉及肉制品的体量仍然跟不上我国消费需求。国家统计局数据显示，2020 年我国肉类产量 7748.38 万吨，与上年持平，进口增长，市场规模达到了 8739.38 万吨。其中，猪肉产量 4113.33 万吨，下降 3.3%；牛肉产量 672.45 万吨，增长 0.8%；羊肉产量 492.31 万吨，增长 1.0%；禽肉产量 2361 万吨，增长 5.5%。年末生猪存栏 40650 万头，比上年末增长 31.0%；全年生猪出栏 52704 万头，比上年下降 3.2%。根据人均消费量计算和国家统计局不完全统计，2020 年我国肉类消费需求量已经突破 9000 万吨，如图 2-11 所示。

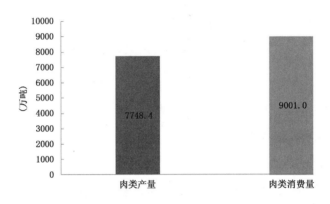

图 2-11　2020 年我国肉类产量及消费量

数据来源：国家统计局。

（三）我国水果市场规模情况分析

1. 水果市场规模

近五年来，中国水果种植面积逐步扩大，水果总产量持续增加。据国家统计局、海关总署数据，中物联农产品供应链测算，2020 年全国水果市场规模达到 29344.40 万吨，同比增长 4.4%。如图 2-12 所示。

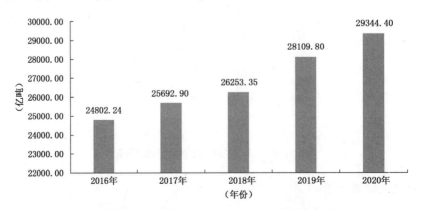

图 2-12　2016—2020 年全国水果市场规模

数据来源：国家统计局、海关总署。

2. 水果消费量分析

我国是水果生产大国，作为全球水果主产区之一，水果种类丰富、品种多样化。南北纬度跨域大和独特的气候条件，使得我国多类果品享誉全球。2020 年全国水果总产量达到 28692.40 万吨，同比增长 4.7%。随着我国社会经济的不断发展，人们的生活水平、生活质量也逐步提高。居民可支配收入呈现持续增长趋势，我国全国居民人均鲜食瓜果消费量和人均干鲜瓜果消费量也随之上升，人均鲜食瓜果消费量占比较大，2020 年我国水果鲜食消费量约 8798 万吨，如图 2-13 所示。

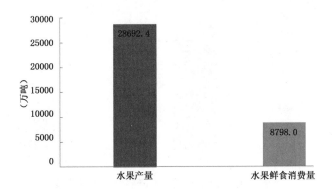

图 2-13　2020 年我国水果产量及消费量

资料来源：国家统计局。

（四）我国水产品市场规模情况分析

1. 水产品市场规模

我国是世界上主要的水海产品生产国之一，水海产品总产量自 1989 年起连续 30 年居世界第一，占世界总产量的 2/5 以上。根据国家统计局和海关总署数据及中物联农产品供应链分会数据，2020 年全国水产品市场规模达到 6951.02 万吨，与上年基本持平，如图 2-14 所示。

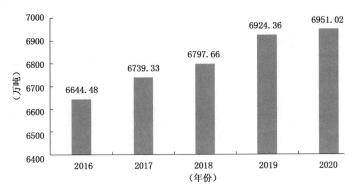

图 2-14　2016—2020 年水产品市场规模

资料来源：国家统计局。

2. 水产品消费量分析

我国是水海产品生产大国，作为全球渔业主产区之一，近几年一直在保护海洋生态。2020 年全面完成"十三五"渔业发展目标、持续推进渔业高质量发展，根据国家统计局的数据，2020 年全国水产品总产量达到 6549.02 万吨，如图 2-15 所示，截至 2020 年我国水产品人均消费量在 11.5 千克左右。城乡居民水产品人均消费差异较大，市场消费仍有较大提升空间。

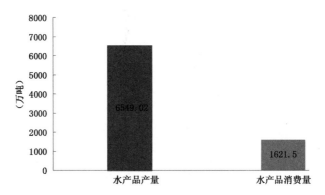

图 2-15 2020 年我国水产品产量及消费量

资料来源：国家统计局。

（五）我国蛋奶市场规模情况分析

1. 蛋奶市场规模

蛋奶是我国居民饮食不可或缺的农产品，提高我国居民钙元素的摄入及蛋白质摄入的营养农产品之一。我国大力推动蛋奶工程计划，增强人民体质，拔高新生力量。根据国家统计局和海关总署数据，中物联农产品供应链测算，2020 年全国蛋奶市场规模达到 7253.70 万吨，同比增长 6.3%，如图 2-16 所示。

图 2-16 2016—2020 年蛋奶市场规模

资料来源：国家统计局。

2. 蛋奶消费量分析

2020 年我国禽蛋市场情况来看，禽蛋产量增长较快，主要是受到了非洲猪瘟疫情的影响。禽蛋消费需求保持全年的旺盛，禽蛋价格也持续保持在高位，有效拉动了蛋禽生产。蛋禽存栏量及禽蛋的产量也达到了历史的最高水平。根据国家统计局数据，2020 年我国禽蛋产量 3467.76 万吨，同比增长 4.8%。牛奶产量 3440.14 万吨，同比增长 7.5%，2020 年蛋奶产量达到 6907.9 万吨。根据国家统计局和农业农村部数据，2020 年禽蛋的消费量达到了 3423 万吨。近五年我国乳业稳步发展，受 2020 年新冠肺炎疫情影响，我国奶牛出栏率下降，牛奶产量同比去年持平，产量为 3440.14 万吨。但首次出现需求大于供应的状态，根据 2020 年乳业报告和国家统计局数据，我国牛奶进口量快速增长意味着我国牛奶产量达不到当下市场的新需求，如图 2-17 所示。

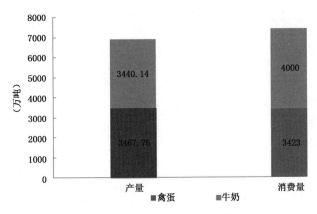

图 2-17 2020 年蛋奶市场消费量

资料来源：国家统计局。

第三节 区域市场分析

一、我国蔬菜市场现状

（一）蔬菜区域市场分析

2020 年全国蔬菜产量为 74912.90 万吨，其中山东蔬菜产量最多，为 8434.7 万吨；其次是河南，为 7612.4 万吨。江苏、河北、四川、湖北、湖南、广西、广东、贵州紧随其后。分别为 5728.1 万吨、5198.2 万吨、4813.4 万吨、4119.4万吨、4110.1万吨、3830.8万吨、3706.8万吨、2990.9万吨。
如图2-18所示。

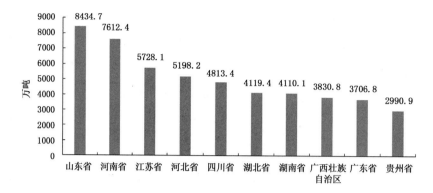

图2-18 2020年中国蔬菜产量TOP10省份

资料来源：国家统计局。

2020年受新冠肺炎疫情的影响，我国2020年蔬菜产量TOP10的省份总和占全国的67.55%，同比微降。TOP15的省份总和占全国的82.03%，同比微增，总体稳步增长。如图2-19、表2-1所示，TOP1～7的省份蔬菜产量增速区域平稳（由于湖北是最早实施疫情防控机制的省份，故生产力仍未恢复到正常水平），TOP8～10的省份蔬菜产量增速较快，我国蔬菜产区更加多元化，可以规避不可抗因素的产能风险。

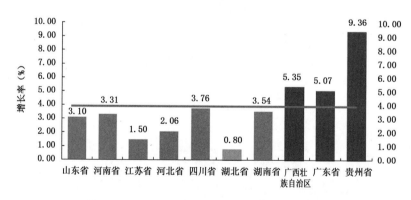

图2-19 2020年中国蔬菜产量TOP10省份的增速

资料来源：国家统计局。

表 2-1 2016—2020 年中国各省份蔬菜产量（单位：万吨）

省　份	2016 年	2017 年	2018 年	2019 年	2020 年
北京市	183.58	156.82	130.55	111.45	137.9
天津市	274.43	269.61	253.98	242.78	266.5
河北省	5038.89	5058.53	5154.5	5093.14	5198.2
山西省	777.94	806.74	821.87	827.83	861.2
内蒙古自治区	1251.78	1111.35	1006.52	1090.8	1075.1
辽宁省	1849.88	1797.84	1852.33	1885.39	1960
吉林省	348.01	356.64	438.15	445.39	464.9
黑龙江省	687.27	798.59	634.4	655.4	674.3
上海市	304.62	293.5	294.49	268.11	252.9
江苏省	5593.91	5540.48	5625.88	5643.68	5728.1
浙江省	1865.09	1910.45	1888.37	1903.09	1945.5
安徽省	1936.61	2019.64	2118.21	2213.61	2330.9
福建省	1374.97	1415.31	1493	1570.69	1630.2
江西省	1420.43	1490.07	1537	1581.81	1642.7
山东省	8034.72	8133.77	8192.04	8181.15	8434.7
河南省	7238.18	7530.22	7260.67	7368.74	7612.4
湖北省	3712.77	3826.4	3963.94	4086.71	4119.4
湖南省	3538.73	3671.62	3822.04	3969.44	4110.1
广东省	3036.45	3177.49	3330.24	3527.96	3706.8
广西壮族自治区	3114.39	3282.63	3432.16	3636.36	3830.8
海南省	553.41	553.05	566.77	571.98	572.8
重庆市	1795.49	1862.63	1932.72	2008.76	2092.6
四川省	4118.12	4252.27	4438.02	4639.13	4813.4
贵州省	2033.56	2272.16	2613.4	2734.84	2990.9
云南省	1968.61	2077.76	2205.71	2304.14	2507.9
西藏自治区	70.69	72.73	72.57	77.49	84.3
陕西省	1666.93	1733.99	1808.44	1897.38	1957.7
甘肃省	1092.89	1212.31	1292.57	1388.75	1478.5
青海省	148.14	148.08	150.26	151.86	151.4
宁夏回族自治区	524.48	539.94	550.81	565.91	566.4
新疆维吾尔自治区	1879.19	1820.06	1465.12	1458.82	1714.9

资料来源：国家统计局、中物联农产品供应链分会整理。

（二）我国蔬菜主要分布地区

近五年，我国蔬菜种植主要分布在河南、湖北、湖南为代表的中南地区和以山东代表的华东地区，其中中南地区占比 31.81%，其次是华东地区占比 30.07%，西南地区在 2020 年新冠肺炎防控期间增长产量占比 15.99%。

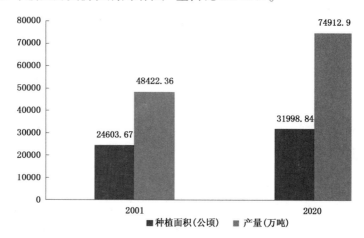

图 2-20　2001—2020 年中国蔬菜种植面积及产量对比

资料来源：国家统计局。

从主产区省域来看，山东省是我国蔬菜大省，其中蔬菜产量稳居全国第一，其次是河南省及江苏省，由于种植技术的不断提升及省份地方政府的大力支持，受益于科技的不断创新和推进，2001—2020 年的 20 年间，我国蔬菜种植面积只增加了 30%，但蔬菜产量却增加了 54%，单位面积产量从 2001 年的 29 吨/公顷增长到 2020 年的 35 吨/公顷，如图 2-20 所示。

目前我国蔬菜行业生产流通体系较为多样化，这也是国家对老百姓菜篮子安全性的需要，城市居民大多通过农贸市场和商超进行蔬菜采购，而农村居民则普遍通过自种和集市的方式满足蔬菜需求，各集散地之间的竞争并不激烈，毕竟许多市场的区域分布都是国家统一调配的，很难出现市场之间的恶意竞争，唯一竞争激烈的环节处在商超环节，毕竟超市零售行业之间存在相互竞争关系。我国农产品批发市场是蔬菜流通环节的中枢，承担着农产品集中、分散和价格形成功能，同时在促进农业生产商品化、专业化、规模化、区域化、标准化和农产品大市场方面也起到了非常重要的作用。

（三）我国蔬菜市场需求分析

2020 年，我国蔬菜各省份消费情况如图 2-21 所示，蔬菜是日常消费最频繁且最多的农产品，人口大省的消费量普遍较大，与人口基数成正相关。

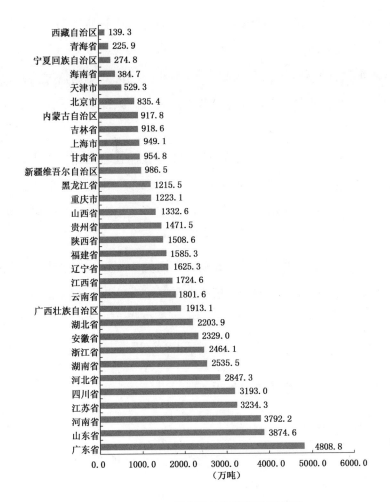

图2-21　2020年中国各省份蔬菜消费量

数据来源：国家统计局、中物联农产品供应链分会整理。

从各省份情况看，南方如广东、江苏等省份城市居民消费时令菜比北方居民消费量高。从全国角度看，北方城市居民消费比南方的多，主要原因在于饮食习惯不同、其次蔬菜消费量取决于当地的生产量、生产品种及消费习惯。

我国蔬菜消费也出现了新变化。随着我国饮食结构越来越科学，蔬菜产需基本平衡。在这种稳定的情况下，我国消费者对蔬菜的需求已从数量型转向质量型，要求蔬菜"优质、安全、营养、新鲜"。由此出现了以下六大方面的转化。

（1）向营养保健型转化。消费者开始注重蔬菜饮食的配比，如营养素、矿物质及纤维素等摄入情况，某些营养物质是某种蔬菜独有的，消费者对营养价值高的蔬菜极为青睐。

（2）向绿色食品型转化。近些年食品安全问题暴露明显，现实迫使消费者增强自我保护意识，对"入口"的食物较为谨慎，担心有害物质影响身体健康，对卫生安全的蔬菜需求迫切。

（3）向净菜方便型转化。为了适应城市快节奏、高效率的需要。蔬菜在产地采收后，供应链企业在低温加工车间完成蔬菜预处理。减少城市厨余垃圾的同时，也缩短人们的烹饪时间。

（4）蔬菜工业食品型转化。发达国家的工业食品在食品消费中占较大部分，一般高达80%，如速冻蔬菜、脱水蔬菜、腌渍蔬菜及零食等。工业食品优势在于质量、营养、卫生、方便的供给端，可以适应人们对现代食品的高要求和快节奏的生活需要。

（5）向特标、地标、优型转化。地标蔬菜近些年颇受欢迎，主要原因在于品质高。其次是国外引进的蔬菜品种，种植技术要求低，产出品较为标准。

（6）向出口创汇型转化。近些年我国大力发展特色蔬菜的培育与种植，出口逐年增加，不但受国内消费者欢迎，在邻国日本及韩国也有较高的竞争力。

二、我国肉类及制品市场情况分析

（一）我国肉类区域市场分析

根据国家统计局数据，2020年，全年肉类产量7748.38万吨，同比持平；其中产量排名前十的省份有山东、河南、四川、湖南、河北、广东、云南、安徽、广西、辽宁，分别为704.02万吨、560.42万吨、559.53万吨、459.42万吨、433.4万吨、412.12万吨、405.87万吨、402.83万吨、380.04万吨、367.89万吨，如图2-22所示。2015—2019年中国各省份肉类产量如表2-2所示。

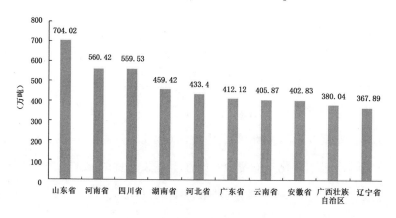

图2-22　2020年中国肉类产量TOP10省份

资料来源：国家统计局。

表2-2 2015—2019年中国各省份肉类产量（单位：万吨）

省 份	2015 年	2016 年	2017 年	2018 年	2019 年	2020 年
北京市	36.41	30.37	26.39	17.47	5.14	3.53
天津市	45.75	45.52	36.14	33.89	30.43	29.61
河北省	462.45	457.67	474.25	466.7	433.4	419.17
山西省	85.57	84.43	93.32	93.09	91.02	102.65
内蒙古自治区	245.71	258.89	265.16	267.32	264.56	267.95
辽宁省	429.37	430.92	385.39	377.12	367.89	378.19
吉林省	261.14	260.41	256.13	253.6	243.22	237.36
黑龙江省	228.66	231.16	260.29	247.55	237.1	253.18
上海市	20.32	17.41	17.58	13.45	10.82	9.26
江苏省	369.43	355.63	342.32	328.48	274.53	268.21
浙江省	131.12	118.09	114.7	104.56	94.27	90.1
安徽省	419.38	411.39	415.18	421.74	402.83	396.03
福建省	216.55	225.64	264.91	256.06	255.15	259.39
江西省	336.46	330.9	326.05	325.68	299.79	285.18
山东省	774.01	777.51	866.01	854.7	704.02	728.02
河南省	711.07	697.02	655.84	669.41	560.42	544.05
湖北省	433.32	425.24	435.35	430.95	349.2	307.44
湖南省	540.14	529.82	543.25	541.72	459.42	454.95
广东省	424.25	415.49	444.08	449.9	412.12	400.99
广西壮族自治区	417.27	411.19	420.18	426.84	380.04	380.36
海南省	78.04	76.33	78.67	79.86	67.06	58.37
重庆市	213.82	210.85	180.56	182.25	163.81	161.2
四川省	706.8	696.29	653.82	664.74	559.53	597.83
贵州省	201.94	199.28	206.47	213.73	205.87	207.86
云南省	378.31	375.63	419.15	427.16	405.87	417.41
西藏自治区	28.02	27.72	32.07	28.4	28.38	28.31
陕西省	116.23	111.72	113.41	114.45	109.53	107.09
甘肃省	96.35	97.32	99.14	101.21	101.67	110.2
青海省	34.74	36.04	35.3	36.53	37.41	37.04
宁夏回族自治区	29.22	30.89	33.46	34.14	33.53	33.77
新疆维吾尔自治区	153.18	160.97	159.85	161.95	170.75	173.68

资料来源：国家统计局、中物联农产品供应链分会整理。

（二）我国肉类各省份消费情况

2020年，我国肉类各省份消费情况，如图2-23所示。肉类农产品是我国居民营养摄入的关键，人口大省的消费量普遍较大，与人口基数成正相关。

人口结构直接影响着我国肉类消费量，根据第七次人口普查结果显示，人口老龄化越来越严重，欧盟肉类协会研究表明，人口老龄化会显著影响肉类消费量。家庭中老人比例每增加1%，家庭肉类消费量减少0.5%。随着未来物流运输体系、加工技术等方面不断改善，肉类生产、加工、流通环节的损耗逐年下降，肉类消费量占表现消费量的比重相应提高。

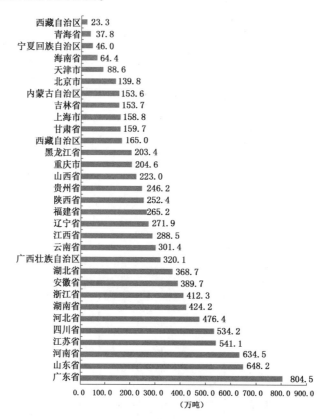

图2-23　2020年中国各省份肉类消费量

数据来源：国家统计局、中物联农产品供应链分会整理。

（三）我国猪肉市场需求分析

2020年我国各省份猪肉产量排名前十位，如图2-24所示，四川省猪肉产量最多，为394.80万吨；其次为湖南省，2020年猪肉产量为337.70万吨，前十位占我国猪肉总产量的63.45%，具体如图2-24所示。

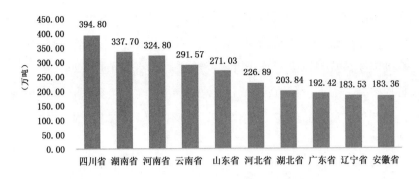

图 2-24　2020 年各省份猪肉产量排名前十位

资料来源：国家统计局。

据悉，华中、华东和西南地区为我国传统生猪主产区，其中四川、河南、河北、山东、湖南、湖北六省的生猪出栏量超过全国出栏量的 40%。长三角、珠三角和京津冀等人口稠密地区是我国猪肉消费的主要集中区，这些地区与传统生猪主产区相邻，现阶段，产销区对接已成常态，贸易流通较为顺畅。

2019 年，受非洲猪瘟疫情的持续影响，全球 27 个国家和地区发生 14000 余起疫情，捕杀量预估超过 400 万头。全球猪肉产量总体下滑，我国猪肉产量下降 21.3%，猪肉进口增长 75%。2020 年受新冠肺炎疫情影响，我国猪肉产量持续下降。海关总署数据显示，我国猪肉进口量猛增，2020 年猪肉进口 439.22 万吨，同比增加 108.34%。说明我国猪肉市场需求旺盛，影响着我国肉类市场需求的因素，一是可能产量已经跟不上消费市场的需求，产需缺口扩大；二是可能受进口猪肉的质量口碑等消费因素影响；三是可能我国的猪肉供应链水平成本较高，进口猪肉价格具有吸引力。

2020 年我国出台了猪肉相关的重要举措，逐步完善了我国猪肉供应链上的痛点问题。一是肉类食品监管制度日益完善。未来政策会更关注牲畜、禽类的相关疫情，国务院办公厅印发了《关于做好非洲猪瘟等动物疫病防控工作的通知》，提出关于生猪及产品的调运四大要求，即不能调运生猪的疫情省；不能调运生猪产品的疫情省；不能调运生猪但可以调运检疫合格产品的疫情省相邻省份；其他省份的生猪及其产品凭检疫证明可以正常调运。2019 年，根据加强非洲猪瘟防控有关要求，中央财政提前下达了 2019 年动物防疫等补助经费，并紧急下达了非洲猪瘟疫情防控经费，支持各地做好非洲猪瘟强制扑杀及疫情检疫、运输车辆监管等相关工作。

二是冷鲜肉将成为肉类消费主流。温控物流运输市场发展空间巨大，猪肉供应转向进口，从现在的"调猪"为主，调整为"调肉"为主，猪肉为了保证最大限度的新鲜，必须全程冰鲜运输。冷鲜肉的工艺关键在于"预冷排酸"过程，使酶的活性和微生物的生长繁殖受到抑制，确保了冷鲜肉的安全卫生。根据生鲜肉和冷鲜肉的趋势来看，冷鲜肉市场被各大商超占据，未来将逐步渗透农贸市场等，热鲜肉消费热度消退，冷链让食用肉更安全。相关运输企业同样迎来新一轮的扩能提升机遇，尤其是设施设备企业。

三是冷鲜肉类消费多元化。非洲猪瘟疫情之后，猪肉产量急剧下滑，禽肉作为猪肉的可替代肉品，需求量和消费量暴增。此外牛羊肉产量和消费量也呈现增长态势。同时，牛、羊、禽全品类实行冷鲜上市，将有效优化农业产业结构，会惠及屠宰、冷链储存及运输、生鲜电商、新餐饮、社区零售、贫困地区"山货"等相关链条产业，促进消费者消费偏好多元化，使其他肉类市场协同发展，更进一步稳定肉类市场。

（四）我国牛羊肉市场需求分析

近五年来，我国居民人均可支配收入和生活水平不断提高，加上人们对于牛肉营养价值的不断认识及西式餐饮文化的传播，带来了消费结构升级和饮食观念的变化，激发了牛肉消费热情。2019年受非洲猪瘟的影响，猪肉产量下降，牛羊肉在我国居民肉类消费结构中所占比重不断提升，从近两年的牛羊肉进口量上可以看出，牛羊肉市场需求空间巨大。

伴随着消费需求的扩大，带动了国内一系列牛肉产业的迅速发展，但受饲养周期长、生产成本高、发展方式落后等因素影响，国内牛肉产量远不能满足居民消费需求，所以我国长期依靠大量进口来弥补国内牛肉产需缺口。根据农业农村部和国家统计局数据，我国牛肉产量672.45万吨，牛肉需求量886.5万吨，产需缺口扩大至214.05万吨。

2020年我国各省份牛肉产量排名前十位，如图2-25所示，内蒙古自治区牛肉产量最多，为66.25万吨；其次为山东省，2020年牛肉产量为59.7万吨，前十位占我国牛肉总产量的68.14%。

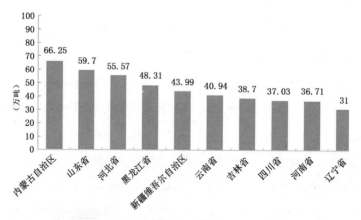

图2-25 2020我国牛肉产量TOP10省份

数据来源：国家统计局。

我国是全球牛肉消费量增长最快的国家，而且经预测未来牛肉消费量仍将持续快速增长。牛肉消费需求一方面具有明显的区域特征，随着城镇化进程的加快和农村地区的快速发展，城乡居民的牛肉消费差距将逐渐缩小，因此在保障城市牛肉供给数量和质量同时，也要加强对我国农村地区牛肉供给市场的重视和规范。

牛肉消费特征的另一方面体现在地区差异，为此肉牛产业的利益相关者要打通连接牛肉产区和消费区的产业链，通过温控物流保障牛肉的品质，并根据不同地区的消费者偏好细分牛肉产品市场。随着国内肉牛养殖成本的上升和比较效益的下降，需要大力促进肉牛全产业链发展，着力提升国内牛肉生产自给能力。

同样，猪肉价格飙升的同时也拉动了羊肉需求的提升，2020 年我国肉羊出栏量达到 31941 万头，羊肉成为我国消费量第四大的肉类。根据农业农村部和国家统计局数据，2020 年我国羊肉产量为 492.31 万吨，我国羊肉需求量为 528.5 万吨，产需缺口扩大至 36.19 万吨。

2020 年我国各省份羊肉产量排名前十位，如图 2-26 所示，内蒙古自治区羊肉产量最多，为 112.97 万吨；其次为新疆维吾尔自治区，2020 年羊肉产量为 56.98 万吨，前十位占我国羊肉总产量的 76.45%。

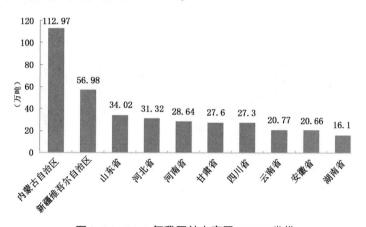

图 2-26　2020 年我国羊肉产量 TOP10 省份

数据来源：国家统计局、中物联农产品供应链分会整理。

养羊业是我国畜牧业中的重要支柱产业之一，也是现代农业中优势产业之一，羊肉更是我国穆斯林群众生活的必需品和城乡居民重要的菜篮子产品，2020 年我国羊产业继续调整优化产业结构，全面推进了产业的战略转型，各地区羊产业发展速度明显加快，规模养殖企业不断涌现，规模化生产比重快速提升。国家对于羊肉进口也进一步放宽，进口数量激增，一定程度上刺激了我国羊肉市场价格和产品质量。各地区应积极应对内外部市场环境，有效整合对接资源，加强产品在国际市场上的竞争力。

（五）我国禽肉市场需求分析

禽肉是我国最为常见的消费肉品类，自改革开放以来，我国肉禽行业得到长足发展，形成了从上游的种禽培育与商品代养殖，中游的屠宰与加工，再到下游的食品生产的完整的产业体系，是目前所有肉类中产销体系最为完善的。2019年的非洲猪瘟影响了我国猪肉供给率，作为平替品，禽肉在满足居民动物蛋白需求、保证主要畜禽产品稳定供给方面，作出了最大的贡献。根据农业农村部和国家统计局数据，2020年我国禽肉产量2361万吨，增长5.5%。我国禽肉需求量2575.1万吨，产需缺口扩大至214.1万吨。

2020年我国各省份禽肉产量排名前十位，如图2-27所示，山东省禽肉产量最多，为354.27万吨；其次为广东省，2020年禽肉产量为202.43万吨，前十位占我国禽肉总产量的72.16%。

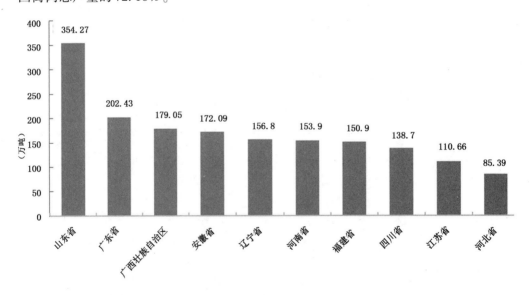

图2-27　2020年我国禽肉产量TOP10省份

数据来源：国家统计局、农业农村部。

三、我国水果市场情况分析

（一）我国水果区域市场分析

从水果生产角度看，我国是世界上第一大水果生产国。水果产业是农民增收的重要产业之一。近五年来，中国水果种植面积逐步扩大，水果总产量持续增加。统计数据显示，2020年全国水果总产量约为28692.40万吨，同比增长6.6%。其中产量排名前十的省份为山东、广西、河南、陕西、广东、新疆、河北、四川、湖南、湖北，分别为 2938.9 万吨、2785.7 万吨、2563.4 万吨、2070.6 万吨、1882.6 万吨、1660.4 万吨、1424.4 万吨、1221.3 万吨、1150.8 万吨、1066.8 万吨。如图 2-28，表 2-3 所示。

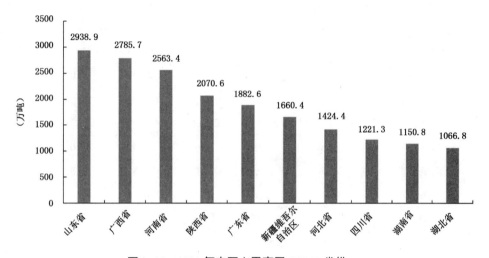

图 2-28 2020 年中国水果产量 TOP10 省份

资料来源：国家统计局。

表 2-3 2015—2020 年中国各省份水果产量（单位：万吨）

省 份	2015 年	2016 年	2017 年	2018 年	2019 年	2020 年
北京市	87.94	78.97	74.40	61.46	59.90	53.8
天津市	55.78	54.15	58.25	62.47	57.43	56.4
河北省	1403.93	1333.07	1365.34	1347.93	1391.48	1424.4
山东省	2766.64	2799.23	2804.30	2788.79	2840.24	2938.9
江苏省	914.78	893.00	942.50	934.13	983.60	974.2
浙江省	970.87	724.32	751.29	743.62	744.11	755.3
上海市	56.24	45.67	46.39	54.31	48.07	43.9
广东省	1406.78	1444.57	1538.73	1669.16	1768.62	1882.6
福建省	600.98	591.76	644.67	683.11	727.21	764.6
海南省	402.90	390.07	405.48	430.41	456.15	495.6
河南省	2439.62	2541.05	2602.44	2492.76	2589.66	2563.4
安徽省	1029.80	581.77	606.35	643.83	706.32	741.5
湖北省	958.87	1003.22	948.44	997.99	1010.23	1066.8
湖南省	882.78	924.55	956.39	1016.82	1061.99	1150.8

省 份	2015 年	2016 年	2017 年	2018 年	2019 年	2020 年
江西省	663.42	617.69	670.12	684.37	693.27	712.8
黑龙江省	213.46	244.67	236.91	170.82	164.96	170.1
吉林省	86.92	88.23	89.52	148.14	153.95	146.6
辽宁省	762.01	755.24	770.27	788.87	820.70	851.3
新疆维吾尔自治区	1444.87	1455.90	1420.20	1497.85	1604.75	1660.4
甘肃省	491.77	564.05	630.85	609.28	710.09	779
宁夏回族自治区	210.78	217.78	210.60	197.21	258.64	204.5
陕西省	1762.27	1826.38	1922.06	1835.08	2012.79	2070.6
青海省	3.62	3.85	3.65	3.51	3.69	2.9
西藏省	1.52	1.65	0.16	0.32	2.38	2.2
山西省	833.16	835.16	844.02	750.55	862.67	909.8
四川省	912.14	960.05	1007.88	1080.67	1136.70	1221.3
重庆市	372.28	369.24	403.38	431.27	476.39	514.8
贵州省	216.89	235.84	280.14	369.53	441.98	548.1
云南省	762.81	797.74	783.90	813.35	860.32	961.6
广西壮族自治区	1593.05	1729.76	1900.40	2116.56	2472.13	2785.7
内蒙古自治区	215.72	296.60	322.88	264.18	280.41	238.7

资料来源：国家统计局、中物联农产品供应链分会整理。

（二）我国水果各省份消费情况

2020 年，我国水果各省份消费情况如图 2-29 所示，水果类农产品是我国居民维生素摄入的关键，人口大省的消费量普遍较大，与人口基数成正相关。

目前我国水果消费主要还是依靠传统营销模式为主，主要方式为"产地集贸市场/果品经济人–产地农批–果品运输商–销地农批–个体摊贩/小超市–消费者"。而最集中的营销主要分布在批发市场、农贸市场、超市及社区果品店等区域。传统消费方式能够看得清摸得着产品，购买放心，较为便捷。

近几年我国互联网逐渐成熟，不再是新兴手段，而是普遍的消费模式。电商消费量疯涨的同时，也在改变消费者的消费方式，有产地直销、直播带货、水果 O2O（online to offline，线上到线下）等方式，具有推广速度快、产销信息对称、消费者对水果全环节认知明确等优点。

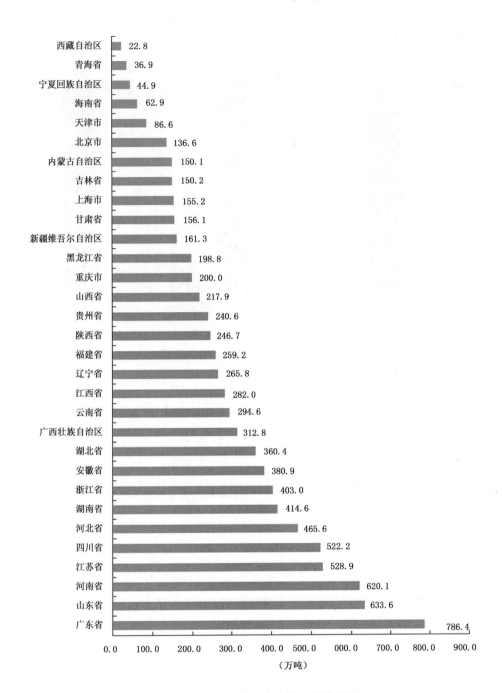

图 2-29　2020 年中国各省份水果消费量

数据来源：国家统计局、中物联农产品供应链分会整理。

（三）我国水果重点品类市场需求分析

国家统计局数据显示，2020 年从水果产量数据来看，水果产量逐年增加，园林水果产量接近 20000 万吨，同比增长 8.4%；瓜果类产量达到近 9000 万吨，同比增长 6.4%。如图 2-30 所示。

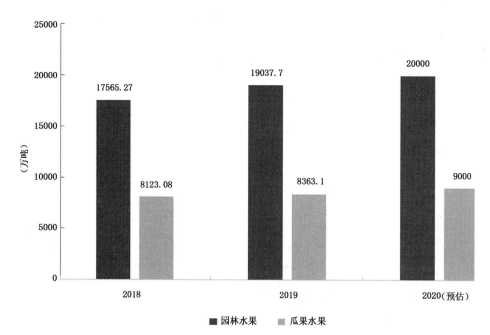

图2-30　2018—2020年中国园林水果和瓜果水果产量

资料来源：国家统计局。

重点园林水果有苹果、香蕉、柑橘、梨、葡萄。据国家统计局数据，2020年苹果产量为4406.60万吨，同比增长3.9%，占总水果产量的15.4%；柑橘产量为4584.5万吨，同比增长11.7%；占总水果产量的17.9%；梨产量为1781.5万吨，同比增长2.9%，占总水果产量的6.2%。葡萄预估产量1510万吨，占总水果产量的5.3%。香蕉产量为1151.30万吨，同比微降1.2%，占总水果产量的4.0%，如表2-4所示。

表2-4　我国重点园林水果产量

年份	苹果（万吨）	柑橘（万吨）	梨（万吨）	葡萄（万吨）	香蕉（万吨）
2014	3735.4	3362.2	1581.9	1173.1	1062.2
2015	3889.9	3617.5	1652.7	1316.4	1062.7
2016	4039.3	3591.5	1596.3	1262.9	1094
2017	4139	3816.8	1641	1308.3	1117
2018	3923.3	4138.1	1607.8	1366.7	1122.2
2019	4242.5	4584.5	1731.4	1419.5	1165.6
2020	4406.60	5121.90	1781.50	1510（预估）	1151.30

1. 苹果

我国苹果以红富士为主。苹果主产省为山东，其他苹果主产区陕西、北京、河南、河北、甘肃和山西的富士品种比例也占其苹果生产总量的 60% 以上。我国共有 25 个省生产苹果，从区域分布上主要集中在渤海湾、西北黄土高原和黄河故道三大产区；渤海湾区（包括山东、河北、辽宁）；西北高原区（陕西、甘肃、山西）；黄河故道区（河南、江苏、安徽）；西南高地及其他地区。上述产区中，渤海湾和西北黄土高原两大产区不仅是我国的两大苹果优势产区，也是世界上最大的苹果适宜产区。

我国苹果产地同样也是主销地之一，山东是主产区的同时也是最大的苹果消费地区，其次是广州和四川，北上广等一线城市的人均消费量比二三线城市高 25% ~40% 。

2. 柑橘

我国主产柑橘的有浙江、福建、湖南、四川、广西、湖北、广东、江西、重庆和台湾 10 个省（市、区），其次是上海、贵州、云南、江苏等省（市），陕西、河南、海南、安徽和甘肃等省也有种植，全国种植柑橘的县（市、区）有 985 个。从产量上看，中国宽皮橘占 73.1%，甜橙类占 13.5%，柚类占 12.2%，其他类占 1.2% 。

柑橘主要以两种商品形态售出，其中果汁商品形式占整个消费量的 65%，鲜食仅占 30%，我国主要消费地还是在一线城市，柑橘消费量达到了总消费量的 32%，果汁消费量达到了总消费量的 45% 。

3. 梨

我国梨种植范围较广，在长期的自然选择和生产发展过程中逐渐形成了四大产区：环渤海（辽、冀、京、津、鲁）秋子梨、白梨产区；西部地区（新、甘、陕、滇）白梨产区；黄河故道（豫、皖、苏）白梨、砂梨产区；长江流域（川、渝、鄂、浙）砂梨产区。河北省是我国产梨第一大省，梨产量约占我国总产量的三成，其次为山东、安徽、四川、辽宁、河南、陕西、江苏、湖北、新疆等地。

梨主要以两种商品形态售出，其中果汁商品形式占整个消费量的 35%，鲜食占 57%，我国主要消费地还是在一二线城市，梨消费量达到了总消费量的 62%，果汁消费量达到了总消费量的 75%，主要是北方地区消费居多。

4. 葡萄

我国葡萄主产区集中在新疆、陕西、河北和山东等历史优势种植区，并且较为集中。2018 年新疆、陕西、河北、云南和山东的葡萄种植面积分别为 214.4 万、70.1 万、62.7 万、61.5 万和 54.3 万亩，占比分别为 19.7%、6.4%、5.8%、

5.7%和5.0%。5个省份种植面积达462.9万亩，占总面积的42.6%。

葡萄主要以三种商品形态售出，鲜干葡萄、葡萄汁及葡萄酒。我国国内有大面积适合酿酒葡萄种植的地区，约有100万亩，约占葡萄种植面积的1/10，葡萄酒的主要消费地在北上广超一线城市，鲜食葡萄及葡萄汁主要消费地在一二线城市，葡萄干主要消费地在新疆和东北地区。

5. 香蕉

香蕉虽然是中国最重要的水果之一，但受气候环境要求及土地资源约束，中国仅有广东、广西、云南、海南和福建5个主产区，根据近五年的产量及进口量数据观察，扩种可能性极小。与全球香蕉收割面积相比，中国占比不到6%；香蕉单位面积和产量仍处于波动下降趋势；加之枯萎病等导致收益越来越低，相关方种植热情减少，进口规模逐渐增加。

我国香蕉品种较为单一，产量一般，但是进口居多，在各个省区消费量都较为平均，超一线城市的人均消费量要比平均消费量高30%，一般以进口香蕉为主。

6. 瓜果类

重点瓜果类产量达到近9000万吨，主要是西瓜及甜瓜。根据近五年西瓜产量及甜瓜产量情况及2020年新冠疫情影响的等因素测算，2020年西瓜产量将保持在6300万吨，甜瓜产量将达到1400万吨，如表2-5所示。

表2-5　我国重点瓜果水果产量

年份	西瓜（万吨）	甜瓜（万吨）
2014	6401	1105.86
2015	6473.04	1117.96
2016	6599.42	1187.64
2017	6220.65	1232.65
2018	6153.69	1315.93
2019	6324.1	1355.7
2020（预估）	6300	1400

数据来源：国家统计局、中物联农产品供应链分会测算。

我国是西瓜和甜瓜主要生产国，西瓜甜瓜在我国果蔬生产和消费中占据重要地位，不仅是带动农民就业增收的高效园艺作物，也是满足城乡居民生活需求的重要时令水果。改革开放以来，我国西瓜甜瓜产业获得长足发展，已成为西瓜甜瓜生产与消费第一大国。目前，我国西瓜甜瓜播种面积已超过麻类、糖料、烟叶、药材等传统经济作物，并且各个省份都有种植。为了加快西瓜甜瓜产业的可持续发展，农业农村部还编制了《全国西瓜甜瓜产业发展规划（2015—2020 年）》文件规范整个产业链。西瓜生产布局主要以华东、中南两大地区为主，播种面积和产量均占到全国比重的七成左右。甜瓜生产布局已发展成华东、华中、西北产区三足鼎立的格局。华东 6 省 1 市的甜瓜播种面积和产量占全国甜瓜总播种面积和产量的 35%；华中 6 省的甜瓜播种面积和产量占全国甜瓜总播种面积和产量的 25%；西北地区的甜瓜播种面积和产量占全国甜瓜总播种面积和产量的 30%。

四、我国水产品市场情况分析

（一）我国水产品区域市场分析

国家统计局的数据显示，2020 年全国水产品总产量达到 6549.02 万吨，较 2019 年增长 68.66 万吨，2019 年，山东水产品产量最多，为 861.40 万吨，西藏水产品产量最少，为 0.04 万吨。如图 2-31、表 2-6 所示。

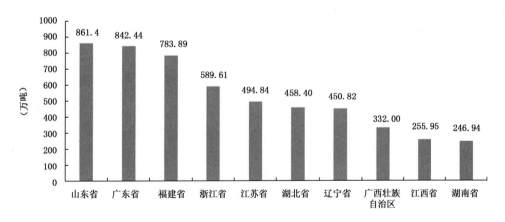

图 2-31　2020 年中国水产品产量 TOP10 省份

资料来源：国家统计局。

2020 年国家统计局各省份水产品产量数据未公布，可根据 2019 年数据计算分析。

表 2-6 2016—2019 年中国各省份水产品产量（单位：万吨）

省 份	2016 年	2017 年	2018 年	2019 年
北京市	5.43	4.51	3	21.4
天津市	39.44	32.33	32.64	26.22
河北省	136.93	116.46	109.62	99.01
山东省	950.19	868	861.4	823.27
江苏省	520.74	507.59	494.84	484.12
浙江省	604.54	594.45	589.61	576.72
上海市	29.62	26.89	26.25	28.03
广东省	873.79	833.54	842.44	866.4
福建省	767.78	744.57	783.89	814.58
海南省	214.64	180.79	175.82	172.16
河南省	128.35	94.67	98.38	99.09
安徽省	235.8	217.96	224.96	231.46
湖北省	470.84	465.42	458.4	469.54
湖南省	269.57	241.53	246.94	254.41
江西省	271.61	250.55	255.95	258.81
黑龙江省	57.3	58.73	62.43	64.83
吉林省	20.07	22.04	23.41	23.66
辽宁省	550.07	479.44	450.82	455.01
新疆维吾尔自治区	16.16	16.55	17.43	16.68
甘肃省	1.53	1.54	1.41	1.44
宁夏回族自治区	17.46	18.09	17.69	15.77
陕西省	15.9	16.3	16.3	16.62
青海省	1.21	1.61	1.71	1.85
西藏自治区	0.09	0.05	0.04	0.04
山西省	5.23	5.3	4.78	4.63
四川省	145.44	150.74	153.48	157.69
重庆市	50.84	51.51	52.96	54.17
贵州省	28.99	25.48	23.73	24.36
云南省	74.37	63.12	63.75	63.65
广西壮族自治区	361.77	320.77	332	342.15
内蒙古自治区	15.83	15.62	13.95	12.6

资料来源：国家统计局、中物联农产品供应链分会整理。

（二）我国水产品各省份消费

2020 年，我国水产品各省份消费情况如图 2-32 所示，水产品居民消费量较少，消费地区多为沿海地区和内陆湖泊地区，但我国流通水平的提升，让全国人民都可以吃上丰富多样的水产品，人口大省的消费量普遍较大，与人口基数成正相关。

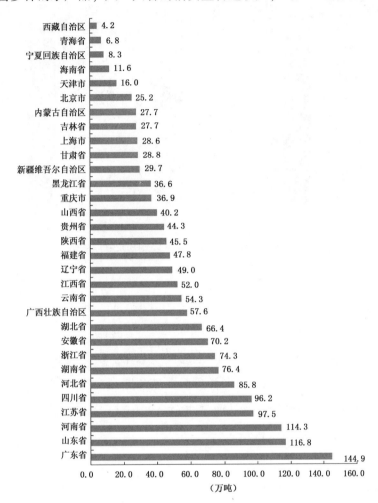

图 2-32　2020 年中国各省份水产品消费量

数据来源：国家统计局、中物联农产品供应链分会整理。

我国水产品消费以鱼类为主，淡水产品在中西部地区居多，海水产品以沿海和经济发达的省份为主。但我国水产品消费东、中、西部严重不均衡。我国水产品消费的 75% 以上集中在东部和中部地区，西部地区只占全国消费量的 25%，以淡水产品为主。此外城乡之间的消费水平差距较大，主要原因是温控流通水平不高、地域消费结构不同，所以消费水平有一定差别。特别是东部地区的城市居民，水产品的消费水平是非常高的，而农村消费水产品就相比减半。

（三）我国水产品重点品类市场需求分析

2020 年从国家统计局数据来看，水产品产量微增，海水产品产量 3314.38 万

吨，同比增长 1.0%；淡水产品产量 3234.64 万吨，同比增长 1.1%。如图 2-33
所示。

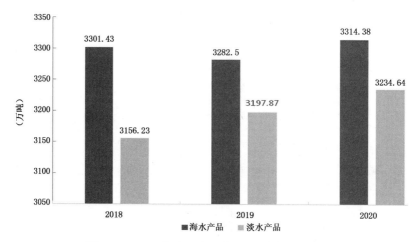

图 2-33 2020 年中国海水产品和淡水产品产量

数据来源：国家统计局、中物联农产品供应链分会整理。

我国海水产品分为捕捞和养殖，天然生产海水产品产量 1179.07 万吨，人工养
殖海水产品产量 2135.31 万吨，其中又分为鱼类、虾蟹类、贝类、海藻类和其他。
我国海产品以市场化的养殖为主，受我国海洋生态保护及休渔期的影响，养殖的海
产品产量逐年上升。我国淡水产品同样分为养殖和捕捞，其中天然生产淡水产品产
量 145.75 万吨，人工养殖淡水产品产量 3088.89 万吨，其中又分为鱼类、虾蟹类、
贝类和其他。如图 2-34、2-35 所示。

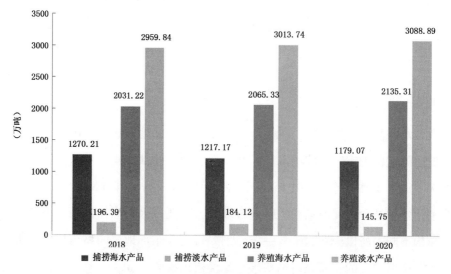

图 2-34 2018—2020 年我国天然及人工水海产品产量

数据来源：国家统计局。

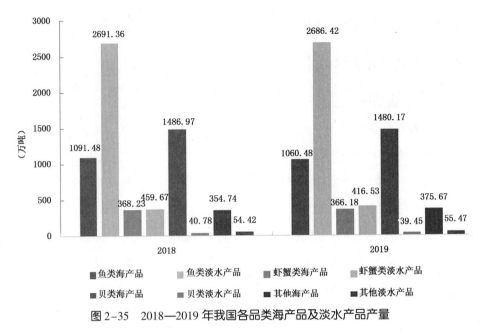

图 2-35　2018—2019 年我国各品类海产品及淡水产品产量

数据来源：国家统计局。

2020 年国家统计局各品类海产品及淡水产品产量数据未公布，可根据 2019 年数据计算分析。

我国海洋捕捞产品种类主要有鱼类、甲壳类、贝类、藻类、头足类等。近年来，我国海洋捕捞鱼类产量有所下降，但仍占海洋捕捞产品产量的绝对优势地位。根据中国渔业统计年鉴数据，2019 年我国海洋捕捞鱼类产量在 682.88 万吨，占海洋捕捞产量的 68.28%。根据国家统计局和渔业年鉴往期数据测算，2020 年海洋捕捞鱼类产量将继续与 2019 年持平，产量预估在 680 万吨，占海洋捕捞产量的 68% 左右。从不同省份来看，2019 年我国海洋捕捞产量排名前五的有浙江、山东、福建、广东及海南，其中浙江省拥有我国最大的渔场——舟山渔场，渔业资源丰富，是我国海洋水产品的主产区。在我国的黄渤海和东海、南海中，东海是我国重要的渔业产区，渔业资源生产力是我国海域中最高的，在我国海洋捕捞业中占据着十分重要的地位。从不同海域产量来看，2019 年东海产量为 407.58 万吨，同比下降 2.32%，产量排名第一；产量排在第二位的是南海，为 300.38 万吨，同比下降 2.97%；黄海排名第三，产量为 229.23 万吨，同比下降 3.93%。

我国淡水产品绝大部分来自养殖，但近年来我国淡水产品养殖面积处于波动下滑的态势。2019 年，我国水产品养殖面积达 711 万公顷，较 2018 年下滑 1.25%。其中淡水养殖面积占据了水产品养殖总面积的 72%。但其平均产出远低于海水养殖。在我国海水、淡水养殖产量和产值总体提升的情形下，海水、淡水养殖面积却逐步缩小，养殖技术在逐年优化、养殖产出效率逐年提高。

五、我国蛋奶市场情况分析

（一）我国蛋奶区域市场分析

从蛋奶的生产角度看，主要为畜牧业禽类和奶牛的副产品。根据中物联农产品供应链分会的统计测算归为统一的市场情况，2020年一季度禽蛋的生产受到了新冠肺炎疫情的影响，但对产量的影响并不大。全年来看，蛋禽产量保持稳定，市场行情稳定，而且禽蛋的替代猪肉消费效应仍会持续。2020年禽蛋产量与上年相比增长0.4%至3321万吨。然而新冠肺炎疫情的重灾区和全球奶业主产区重合，给全球奶业供应链造成了巨大的冲击，2020年奶制品供需特征将主要体现为外部冲击、量价皆缓。统计数据显示，2020年全国禽蛋产量排名前十的省份及2020年全国牛奶产量九大省份，如图2-36、2-37所示。

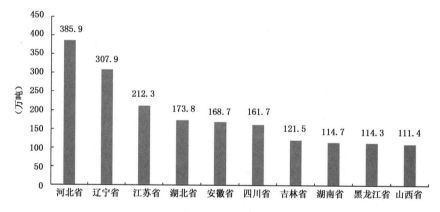

图 2-36 2020 年中国禽蛋产量 TOP10 省份

资料来源：国家统计局、各地方农业农村局。

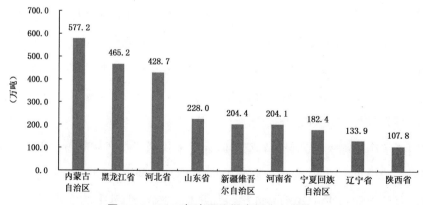

图 2-37 2020 年中国牛奶产量九大省份

资料来源：国家统计局、各地方农业农村局。

（二）我国禽蛋各省份消费情况

2020年，我国禽蛋各省份消费情况如图2-38所示，禽蛋是禽类的农副产品，是我国居民蛋白质营养摄入的重要来源之一。人口大省的消费量普遍较大，与人口基数成正相关。

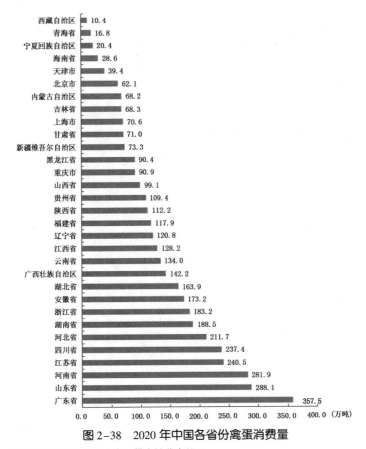

图2-38　2020年中国各省份禽蛋消费量

数据来源：国家统计局、中物联农产品供应链分会整理。

在中国禽蛋消费持续增长的过程中，人均收入和城市化是主要影响因素，从不同收入省份来看，禽蛋购买量差异明显，随着收入的增长，禽蛋消费需求也快速增长。同时城市化水平影响最大，近十年我国城市化率上升了近2成，从长期来看，城市化率每上升1个百分点，禽蛋消费量上升近50万吨。

（三）我国牛奶各省份消费情况

2020年，我国牛奶各省份消费情况如图2-39所示，牛奶蛋白质的氨基酸组成与人体接近，对处于生长发育期的儿童非常有利。牛奶的消化率可达到98%～100%，是完全蛋白质。牛奶的脂肪中含有较多人体必需的脂肪酸，也易于消化吸收。牛奶中含有几乎所有种类的维生素和矿物质，还含有大量的生理活性物质。奶是含钙量很高的食物，且钙的吸收率高，是提高国人身体素质的重要营养来源之一，人口大省的消费量普遍较大，与人口基数成正相关。

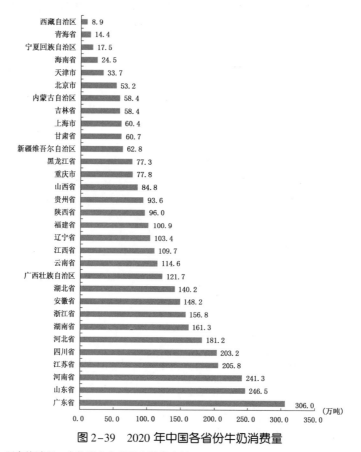

图 2-39　2020 年中国各省份牛奶消费量

数据来源：国家统计局、中物联农产品供应链分会整理。

牛奶是我国最早推行的鲜食农产品之一，随着我国经济不断发展，近几年消费方式产生了很大变化，牛奶从常温奶转向温控保鲜工艺低温奶，由单一的订奶模式转向多元化模式。销售渠道包括原有保存的传统渠道，还有新兴的专卖店、社团、连锁商超店及电商渠道等。我国牛奶消费的影响因素变化较大，首先，群体多以青年为主，女性购买力大于男性；其次，收入情况与消费量成正比；最后，品牌是消费影响力最重要的因素，知名度高、营养成分高、口味丰富都是消费者选择的因素。

（四）我国蛋奶市场需求分析

中国的奶源带主要分布在中温带季风气候优质奶牛饲养带，横贯东北、西北和华北草原带，包括"三北"地区的大部分省份和胶东半岛，这些地区集中了全国 70% 的奶牛和超过 60% 的原料奶，因为适宜养殖奶牛，牛奶产量大、质量高。内蒙古是我国最大奶类产地，2019 年内蒙古奶类产量为 582.9 万吨，其中牛奶产量

577.2万吨；其次是黑龙江，2019年黑龙江奶类产量为467万吨，其中牛奶产量465.2万吨。牛奶作为奶牛的副产品，根据国家统计局数据，受制于消费增长的放缓，奶牛数量增长速度明显变慢，2019年中国奶牛数量为6100千头，2020年中国奶牛数量为6150千头。奶牛养殖规模化、标准化和现代化水平不断提高，生产效率大幅度提升，整体素质明显增强。市场需求方面，我国乳制品的人均消费量约相当于世界人均消费量的三分之一和发展中国家人均消费量的1/2。随着经济的持续发展，人均消费量将持续提升，市场需求旺盛。后疫情时代，消费者对乳制品的需求更加旺盛。

禽蛋作为禽类的副产品，产出比高并富含蛋白质，同时也含有丰富的磷和其他矿物质，是我国居民摄入蛋白质的优质选择。蛋鸡的品种主要有陕北鸡、仙居鸡、褐壳蛋鸡、京白蛋鸡、绿壳蛋鸡、新杨褐壳蛋鸡、宝万斯白蛋鸡、海赛克斯褐壳蛋鸡等。2020年中国新增祖代蛋雏鸡数量54.99万套，其中国产40.16万套，进口14.83万套。主要引进的品种为罗曼、伊莎、海兰、巴布考克，主要来自加拿大，部分海兰来自美国。国产祖代包括12个品种，所以每年更新数量庞大，远超进口品种。2020年中国在产蛋鸡平均存栏量稳中有升，2020年中国在产蛋鸡平均存栏量达10.7亿只，较2019年增加了0.23亿只，同比增长2.20%。禽蛋产需较为稳定，市场需求旺盛，2020年中国内地鲜鸡蛋主要出口至中国香港和中国澳门，2020年出口至中国香港鲜鸡蛋的数量为6.33万吨，出口金额为9221.09万美元；出口至中国澳门鲜鸡蛋的数量为0.95万吨，出口金额为1250.56万美元。

禽蛋相比猪肉有着更高的性价比，河南、山东、广东等人口大省，消费量很大，消费量同样跟人口程度成正相关，一二线城市的消费量普遍超过总体平均水平的20%。

2020年除几个直辖市外，我国鲜乳品的消费量比较高的省份，主要为北方的牛奶生产大省。甘肃、山西两省的鲜乳品消费量人均每年均超过了50公斤，分别为51.1公斤和50.9公斤。山东、新疆、青海和河北四省区的鲜乳品消费量也分别达到48.6公斤、47.3公斤、44.6公斤和44.3公斤。另外，辽宁、宁夏、陕西、内蒙古等省区的鲜乳品消费量也均超过了40公斤，高于全国人均每年36公斤的平均水平。

第四节　中国农产品市场发展现状及问题

一、我国农产品市场发展现状

（一）我国农产品发展大背景

2020 年我国继续优化调整产业结构，大力发展绿色农业，因地制宜发展特色产业，推进供给侧结构化改革，在 5G 技术的助推下，发展智慧农业，努力实现种植技术智能化、农业管理智能化、种植过程公开化、信息管理智能化、助推特色农产品。

2020 年我国受新冠肺炎疫情影响，部分国家对中国采取了入境管制措施，2020 年我国农产品出口需求有所减少，进出口逆差继续扩大。2020 年一季度我国对外贸易出现下滑，农产品贸易也受到影响，进口增幅低于往年同期，出口降幅多年少见。数据显示，2020 年一季度我国农产品进口金额为 370.8 亿美元，同比增长 8.9%，出口金额为 162.3 亿美元，同比下降 5.6%。受影响最大的是水产品，出口额为 2012 年以来同期最低，同比降幅达到 18%。2020 年第二、三季度贸易回升，进口量反弹，回到 2019 年月均水平。2020 年第四季度受市场供需关系，进口量猛增，超过 2019 年同比进口量，尤其是 11、12 月份涨幅 8%，但总体进口量在 2021 年初收紧。目前，国际新冠肺炎疫情形势依然复杂，对我国农产品贸易的影响还将持续显现。

受到国际经济环境的冲击，2020 年 5 月 14 日，我国政府首次提出了"两个循环"概念，要"构建国内国际双循环相互促进的新发展格局"。2020 年 5 月 23 日提出，"逐步形成以国内大循环为主体、国内国际双循环相互促进的新发展格局"。2020 年 6 月 18 日提出，"一个以国内循环为主、国际国内互促的双循环发展的新格局正在形成"。2020 年 7 月 30 日提出，"当前经济形势仍然复杂严峻，不稳定性不确定性较大，我们遇到的很多问题是中长期的，必须从持久战的角度加以认识，加快形成以国内大循环为主体、国内国际双循环相互促进的新发展格局。"以上多种重要举措，目的为促进我国农业生产及消费力，主要方法有以下几点。

一是提高三农服务水平。2020 年是全面打赢脱贫攻坚战收官之年，完善农产品供应链，补齐"三农"领域的突出短板，对于促进农村经济发展、增加农民收入等方面具有重大意义。

二是完善我国农产品流通机制。重生产、轻流通的问题仍然存在，农产品流通机制和能力建设亟待加强，避免过分偏重生产而无法控制农产品价格过快上涨。

三是提高我国农产品商品化质量。提高农产品市场竞争力，不断发展我国特色农产品品牌，让我国农业走向品牌化发展。

(二) 批发市场仍是我国农产品流通的主渠道

经过几十年的快速发展，当前我国农产品流通主要存在以下三种渠道：一是以批发市场为核心的流通渠道。大部分农产品经由批发市场分销，农产品批发市场仍然是农产品流通的主渠道，是我国农产品流通体系的枢纽和核心。二是以企业或合作社为主体的农超对接和产地直销流通渠道。预估该渠道将承担全国20%以上的农产品流通量。三是近年来蓬勃发展的农产品电商渠道。2020年受新冠肺炎疫情影响，全国农产品电商交易增长速度进一步加快。

1. 农产品市场范围更加广阔

我国农产品，特别是鲜活农产品呈现出向优势产区集中的态势，其中存在地域性"两超多强+东密西疏"的特点。我国地势西高东低、复杂多样，山地、高原、盆地、平原等多种地理形态造成了我国农产品生产环境的差异性，加之各地管理差异，最终呈现出生鲜农产品分布上的地域不均，山东与河南是我国最大的生鲜产区，全国则呈现出"东密西疏"的供给趋势。根据中物联农产品供应链分会的数据，当前我国有八成的农产品从本省销往外省，同时消费者对农产品消费更加注重品质，部分国际上的优质农产品通过进口渠道进入我国，农产品流通范围日趋扩大。由于城镇化带来的人口集中和消费集中，对鲜活农产品的消费需求巨大。高速公路网的延伸和"绿色通道"政策的实施，使得农产品全国大市场、大流通成为现实。目前，全国逐步打通了南蔬北运、北蔬南运、西果东运、南果北运等大型鲜活农产品流通渠道。这些渠道在活跃国民经济、解决农产品销售问题中正在发挥着越来越大的作用。冷链物流设施的逐渐普及和应用，使得肉类和水产品的远途运输规模逐渐扩大。农产品面向全国市场进行生产和销售，更好地满足了消费者对优质农产品的消费需求。

2. 产业构成趋于稳定，农业效率革命催熟生命力

进入千禧年以来，大量的智械设备进入农业生态，改造了基本的生产模式，这为农业的效率革命奠定了物理基础。在长达10年的周期里，第一产业GDP贡献率由10%下降到7%～8%并在近年来稳定在这一水平。农业效率的提升是产业结构转移的根本保障，这也进一步说明农业生产力的成熟和高效已经成为国民经济发展的基础。

3. 人口消费的结构化转型成为生鲜需求变革底层动力

2019 年中国人均 GDP 为 6.46 万元，正式进入到 1 万美元行列。一方面，中国人均消费支出连年增长，其中食品烟酒的增长率高达 35%。另一方面，中国改革开放以来的城镇化进程是人类历史上最大规模的聚集活动，中国形成了以城市为轴心的巨大的消费人群，这一切都给生鲜农产品市场提供了最基本的需求和动力。

经济高速发展的今天，个体消费者对于食物尤其是生鲜的观念产了巨大改变，生鲜从最早的少数人群奢侈品逐渐成为今天茶前饭后的消费必需。根据国务院发布的要求，2020 年全民人均生鲜消费量要达到 299 公斤，这个标准较 2010 年提升了 34%，给生鲜市场提供了巨大的需求空间。

4. 完善的农产品认证体系或成为生鲜供应链"贸易语言"

我国国土广袤、地大物博，各区域差异化的自然环境和历史人文因素，形成了多种多样的生鲜农产品，在流通过程中其特征难以被消费者直观和接受。第三方的认证体系的建成和管理，能够对不同品质、不同地域的生鲜农产品进行基本的特征管理。"三品一标"是我国独有的农产品认证体系，对农业发展、提升农业效益、增加农民收入而言非常重要。

5. 生鲜电商的渠道变革：重塑流通价值链

尽管生鲜电商模式上线以来屡遭质疑，但必须承认电子商务对于生鲜农产品流通效率提升、交易成本优化、供应链品控管理优化等多个环节有着巨大的价值。生鲜农产品不同于其他商品交易，安全品质的鉴别困难导致了生鲜农产品的渠道优势在线下，而生鲜电商正在寻求电商模式背后的，包括供应链管理、标准化认证、交易金融及生鲜品牌建设等一系列延伸价值，通过重塑用户心中的生鲜信用标准来改变价值链。

6. 农超对接实现市场与供给合作双赢

农超对接模式本意是指农户和商家签订意向性协议书，由农户向超市、便利店直接供应农产品的新型流通方式。虽然农超模式自 2002 年起就被提出，但其发展模式仍不够成熟，农超模式对于生鲜流通意义重大，它将小生产与大市场对接，构建市场经济条件下的产销一体化链条，实现商家、农民、消费者共赢。农超对接也存在诸多限制，一是零售端要能有较大的单点需求量，二是对于温控管理和产品标准化管理有极其严苛要求。

二、我国农产品市场发展现存问题

2020年，新冠肺炎疫情的暴发，进一步突显出完善的农产品供应链对于应对重大突发事件的重要性。但同时也暴露出行业急需转型升级、农产品供应链流通过程监管力度不足、电商发展迅猛但存在发展瓶颈、流通全过程监管主体不明、无统一的监控管理平台、应急措施无法适应疫情常态化操作，以及传统农产品供应链存在管控短板等问题。

当前在中西部地区农产品采收入库"最先一公里"上，仍存在基础设施薄弱、数量不足、果蔬产品损耗大、基层冷链物流人才缺乏等问题。面对巨大的市场需求，农村冷链物流建设还需从发挥政策引导作用、完善标准、精准"补短板"等方面发力。

（一）市场渠道无系统化规划及管控

农产品供应链无整体性规划。目前国内农产品供应链体系无统一的整体性规划，整体渠道基于市场自然形态形成，并未有强制性或是整体性的规划和要求。基于此，出现了农产品流通环节多、流通效率低等问题。目前产地直销、农超对接及电商模式下的农产品流通量不足总量的30%，绝大多数农产品流通还是要经过以传统批发市场为中心的农产品流通渠道，但这种模式下需要经过小农户、经纪人、2~3级批发商（或物流企业）、零售商等多个流通主体。由于流通环节过多，导致农产品的流通成本增加、质量下降、信息传递受阻，制约了我国农产品流通发展。

（二）标准化及商品化程度较差

首先是标准化程度低。国家有出台农产品质量分级导则的标准，但不同的农产品有各自品类分级的行业标准、团体标准等。当前生产者产后分级时在参照国家标准的基础上，更多是依据客户的标准要求进行分选。同时对于农产品供应链的全程标准体系还未能全面覆盖，全程各类标准化体系的搭建还需要进一步完善。

其次是国内农产品商品化及精加工不足。近几年，生鲜农产品电子商务、直供直销等新型流通业态发展迅速，对生鲜农产品的产地商品化处理及仓储物流提出了较高要求。但因为产地生鲜农产品仓储保鲜冷链物流设施缺乏，导致农产品不能及时预冷，无法实现分级、包装，给农产品的贮藏、运输、流通等环节造成困难，不利于新型流通业态发展。生鲜农产品的产地冷链物流技术与装备能有效完善生鲜农产品的产地商品化处理能力，提升生鲜农产品产地商品化处理水平，助力电子商务和直销直供等新型流通业态发展，提高农产品流通效率。

欧美等发达国家的果蔬损失率仅为 5% 左右，主要是得益于加工转化，其果蔬加工量占到了总产量的 40% 左右；而我国果品加工量仅占总产量的 6% ，蔬菜加工量占总产量的 10% 。相较于发达国家，我国的果蔬加工能力明显不足，目前国内主要加工产品是罐头、果汁等，品类比较单一。

第五节　中国农产品市场发展趋势

我国是农业大国但不是农业强国，农业生产经营者将长期处于产品竞争阶段。要从根本上提高我国农业整体水平，必须在农产品的品牌建设上下功夫。因为有品牌才能打造产品附加值，一味地以特色产区作为主导的方式，不能极其有效地提高产地价值，各环节没有利润，流通和食品安全也无法保障。以进口蓝莓和香蕉为例，大多数人第一印象是佳沃蓝莓、dule 香蕉，而不是青岛蓝莓、越南香蕉等产区概念。但产区并不是佳沃和 dule 自有产区，佳沃和 dule 只是品牌名称。如果我国的五大类农产品中的每一个品种都打造出品牌化，我国才能由农业大国逐步变成农业强国。随着我国农业和农村经济结构战略性调整的升级、农业产业化和组织化程度的提高、农业对外开放和经济全球化进程的加快，农业走品牌发展的氛围将逐步形成，品牌农产品的发展将是大势所趋、势在必行。实施农产品品牌建设是建设优质、高效、生态、安全的现代农业，是提高农业综合生产能力、增强农业竞争力、提高农业综合效益的必由之路，也是拓宽农民就业渠道、促进农民增收和农业结构调整、提高农业竞争力的根本保证。

一、农产品行业前景预测分析

（一）食品安全关注度不断提升

随着全球经济的快速发展、民众生活条件的日益改善及生产制造技术的不断进步，食品生产规模持续扩大，表现出蓬勃的发展势头，而在食品需求稳步增长的同时，全球范围内的食品安全问题也已经成为社会关注热点。在食品安全关注度不断提升的大背景下，我国食品安全可追溯体系正在逐步建立与完善。我国重点关注水海产品及肉类产品的食品安全方向，行业也将遵守规则，不断提高产地端的商品品质。

（二）农产品消费量增长的市场空间巨大

我国是人口大国，农产品的消费总量保持增长态势，但肉蛋奶等品类的人均消费量与发达国家和地区相比还存在较大差距。国家统计局数据显示，2020 年我国人口 14.1 亿人，按 2020 年生产的各品类全部由国内消化测算，我国人均肉食消费量仅为发达国家的 1/3，人均蛋奶消费量仅为发达国家的一半，水海产品人均消费量也达不到发达国家水平，但蔬菜与水果人均消费量与发达国家持平甚至更高，蛋白质摄入源的食品还有较大的提升空间。

（三）规模化种养殖比例进一步提升

规模化种植人工成本优势明显。规模化种植效率高、人工成本低。与普通农户种植相比，规模化种植较多使用机械，较少使用人工，人员效率高、人工成本低，物质及服务费用比较高。综合来看，现阶段，规模化种植的非土地成本是比较低的。

规模化养殖相比于小规模散养，具有生产效率高、标准化程度高、便于管理等优点。近年来，产业链上游养殖端，特别是商品禽类牛羊类等养殖，由以小规模散养为主向规模化、标准化养殖演进，规模化生产程度不断提高。但我国肉类规模养殖存栏量占比大致为 82%。我国水产品养殖规模相比肉类更加系统，受限于地区和作业环境问题，产业链下游加工成品端的规模不足，存在生产力落后、腐损率严重等问题。相对于发达国家和地区，我国养殖规模化程度仍处于较低水平，因此，我国养殖规模化发展仍有空间。

（四）产业链一体化成为行业发展重要方向

在资金、技术、规模等优势帮助下，部分优势企业逐步向产业链其他环节延伸，或直接打造全产业链全循环的生产体系，或先形成多环节多业务的产业链多元化生产企业，以平抑不同板块业绩波动，保持市场竞争地位。产业链一体化将成为行业发展重要方向。

二、农产品品牌建设是未来发展主旋律

（一）加强农产品标准化，提高农产品质量

随着经济全球化步伐的加快，农产品不仅面临着国内市场的竞争，2020 年受疫情影响，国内农产品出口受阻，国际市场竞争更加激烈，再加上目前农产品从短缺转向充裕，卖方市场转为买方市场，出现季节性积压、品类结构性失衡、区域性过剩及卖难问题。要抓紧建立并执行一整套规范性的产地标准，加工工艺标准、产品建议函等质量管理制度，严格执行产品质量认证制度，健全农产品质量安全检测制

度，确保品牌农产品的质量，生产出更多有知名影响力的农产品。

（二）扩大品牌开发规模

要实施农产品品牌战略，必须进行农业产业化经营，形成规模经济效益，实施企业、基地、农户三结合的运行机制，作为品牌战略的组织依托，解决目前的生产规模小、农产品品质差、营销方式落后等问题。在生产方面，聚集众多分散生产单元，走规模化、标准化道路。在市场方面，建立有特点的品牌产品产地市场，集中销售当地的名优农产品，同时建立稳定的销售渠道，开拓新的业务关系，促进农产品的大流通。在营销方面，将品牌与产品的包装、标签和企业的视觉形象相结合，提高其品牌形象，运用多种促销手段。扩大影响方面，提高公众对名牌优秀企业形象的认知度和美誉度，并与客户建立良好和稳固的关系。

（三）提高农产品的品牌管理水平

以前耳熟能详的知名品牌，就是液态奶业，如蒙牛、伊利等。在此之前多数消费者只了解农产品的特色产区，如赣南脐橙，陕西猕猴桃，山东富士等。截至2020年底，我国也陆续出现了优质的农产品品牌，如华圣的栖霞苹果，信良记小龙虾、小汤山蔬菜等。大中型超市销售的农产品已经形成了品牌竞争局面，农贸市场上已经出现了特色摊点的品牌雏形。但是，总体来看，我国品牌建设在观念意识、实施手段上都有很大的差距。

（四）加强对农产品品牌的政府支持及保护

加强农产品质量标准化体系、检验检疫体系建设。食品安全、农产品检疫、农业技术标准化等标准的制定与实施对农产品的品牌建设均具有十分重要的意义。没有技术标准、农产品生产就没有规范，有标准而落实不到位，农产品质量就难以保证，直接影响品牌附加值。

加大农产品生产与加工中公共产品的供给。农业生产与农产品加工中基础设施的建设（水利、道路交通、农村电网、通讯、能源供给等设施）能够增强农业抗风险的能力，提高农产品竞争力，是农产品品牌建设的有力保障。政府是基础设施、公共产品的提供者和管理者，增加对公共产品的投入也就是对品牌建设的支持。

第三章
2020 年农产品流通情况分析

　　本章共分为四节，第一节主要介绍了我国农产品流通环节业务场景概况，包括重点环节介绍、流通环节图等特点。第二节主要分析了我国农产品流通现状，包括全链条现状描述、产地端现状分析、流通端现状分析、销地端现状分析。第三节主要根据上一节现状分析产出的相应问题进行系统性的分析和提出解决办法。第四节是对我国农产品流通的未来展望和发展趋势分析。

第一节　农产品流通环节业务场景

一、农产品流通业务场景

我国是农业大国，涉及的农产品数量巨大，且供应相对分散，物流成本相对较高。因此，发展现代农产品物流，降低农业生产和农产品流通过程中的物流成本，提高农产品流通速度，不仅能为经营主体提供真实、准确的有效信息，减少市场运营过程中的不确定性和盲目性，提高农民的组织化程度和农产品的市场竞争力，使农产品在流通过程中实现增值，而且可以提高农产品的标准化和质量安全，减少农产品在运输过程中的损耗，降低和杜绝农产品公共安全事件的暴发，有利于保障城乡居民的根本利益，稳定增加农民收入，推动农业的产业化、现代化进程，提高农业的整体效益。

当前中共中央把坚持农业农村优先发展，解决三农问题作为工作的重中之重。强化农产品供应链水平、提高农产品流通效率、打通农产品产销渠道、满足农产品消费升级需求，对于促进农民增收和乡村振兴而言意义重大。

2021 年 2 月 21 日，中央 1 号文件《中共中央国务院关于全面推进乡村振兴加快农业农村现代化的意见》正式对外发布。"十四五"开局之年，针对全面推进乡村振兴、加快农业农村现代化，文件提出了诸多举措，助力乡村经济振兴。

中央 1 号文件提到全面促进农村消费，加快完善县乡村三级农村物流体系，改造提升农村寄递物流基础设施，深入推进电子商务进农村和农产品出村进城，推动城乡生产与消费有效对接。促进农村居民耐用消费品更新换代。加快实施农产品仓储保鲜冷链物流设施建设工程，推进田头小型仓储保鲜冷链设施、产地低温直销配送中心、国家骨干冷链物流基地建设。完善农村生活性服务业支持政策，发展线上线下相结合的服务网点，推动便利化、精细化、品质化发展，满足农村居民消费升级需要，吸引城市居民下乡消费。

完整的农产品流通一体化供应链服务从产地农户、农场等开始，经过加工、预冷，再通过销售环节（包括批发、分销、零售），最终抵达终端消费者的手中。具体业务场景详见图 3-1 所示。

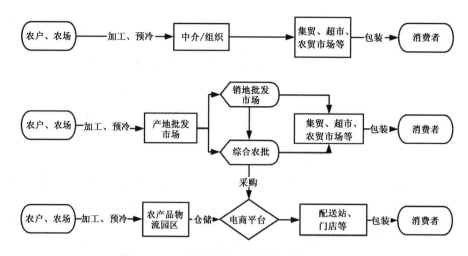

图 3-1 2020 年中国农产品流通环节业务图谱

资料来源：中物联农产品供应链分会。

二、农产品流通重点环节

农产品流通环节主要包含产地预冷、短驳运输、存储、包装加工、长途运输、中转及末端配送（以上物流环节不含产地端生产/采摘等）。具体详见图 3-2 所示。

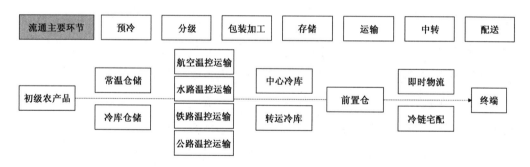

图 3-2 2020 年中国农产品流通环节业务图谱

资料来源：中物联农产品供应链分会。

预冷：农产品预冷是指将采摘后的农产品温度迅速降温至最佳仓储温度的一系列工艺手段。该过程需要考虑不同农产品的特有属性，这关系到预冷方法的选择、预冷的完成时间、预冷的能耗等。预冷能够有效保证产品的口感品质、延长保存时间，使得流通过程中的冷链运输损耗大大降低。众所周知，冷链具有不可逆性，如果预冷环节出现问题，那么之后的储藏、运输、配送环节即使做得再好，也无法弥补对产品品质的损害。

分级：农产品分级实质上指农产品质量分级，根据农产品的质量标准，按照垂直质量差异（口感、色泽、鲜嫩、大小、湿度等）和水平质量差异（消费者的主观偏好，如对白皮苹果和红皮苹果的偏好）对产品进行分级和归类，以促进产品销售的一系列活动。同时，基于产地分级的实现，农产品可以按不同类别分箱、分车进行冷藏运输，不仅提高箱、车的容积率，还可以降低运输损耗，减少物流成本，降低消费者对运输损耗的成本支付。但由于目前我国农业尚未实现规模化，农产品分级主要依靠人工，分级水平较为初级。

加工：广义的农产品加工业，是指以人工生产的农业物料和野生动植物资源及其加工品为原料所进行的工业生产活动的总和。狭义的农产品加工业，是指以农、林、牧、渔产品及其加工品为原料所进行的工业生产活动。由于农产品都属于生鲜易腐产品，商品寿命期短、保鲜困难、附加值低，实现深加工有利于提高其冷链运输标的的价值，降低运输成本在产品销售价值中所占比例。

包装：包装是农产品实现流通的重要环节。农产品"最先一公里"包装是指对即将进入流通领域的农产品或农产品加工品采用一定的容器或材料加以保护和装饰。现代市场营销要求，特定品种、数量、规格、用途等的农产品包装，每个包装单位的大小、轻重、材料、方式等，应满足目标顾客需求、包装原则、包装技术要求，以保护农产品、减少损耗、便于运输、节省劳力、提高仓容、保持农产品卫生、便于消费者识别和选购、美化商品、扩大销售、提高农产品市场营销效率。

存储：农产品存储环节包含常温存储及冷库存储，存储环节主要包括收、发、存、温度监控、装卸搬运、包装、分拣、流通加工等操作环节。

运输：此环节为产地城市到目的城市间的长途运输过程，一般包括空运、海运、铁路运输及公路长途干线运输。

中转：从目的城市到终端客户配送过程中往往因货量无法实现整车直运而存在中转环节，如顺丰、京东的一级/二级转运中心，专线运输的始发/目的中转中心等，此环节需要根据农产品的属性，采用不同类型的中转冷库保存，以避免因中转导致的货损。

配送：此环节主要包含末端城市配送、快递配送、终端宅配、及时配送等不同配送环节，根据 B 端（business，企业端）、C 端（customer，客户端）等不同的客户，以及不同的购买方式，根据货量及客户订单需求，选用不同的配送方式完成末端配送环节。

第二节　中国农产品流通环节现状

一、全链条角度现状

（一）农产品流通基础设施不断完善

总的来看，我国各项农产品基础设施的不断完善为我国农产品流通更加高效奠定了坚实的物质基础。

交通基础设施是农产品流通发展的基石，没有完善的交通基础设施，就不会有农产品的大量流通。近年来，我国交通基础设施发展迅速，国家对于交通基础设施的投入也逐年加大，形成了公路、铁路、水路、航空多位一体的网状布局。截至2019年，中国铁路营运里程已达13.9万公里，高铁通车里程已达3.5万公里。铁路具有成本低、运输量大、连续性高等特点，是目前大宗农产品流通的主要方式。全国公路总里程达到485万公里，居世界第一。同时，航空运输与水路运输的基础设施也取得了长足发展。交通设施的日趋完善，带动了农产品运输的交通基础设施也更加完善，运输效率更高。

仓储基础设施是农产品流通发展的关键基础设施。2018年全国粮食总仓容达到了6.7亿吨，农产品保鲜设施上看，2018年全国冷库总库容量超过5500万吨，专用冷藏运输车辆13000多辆，目前我国已初步建立起了一个农产品仓储保鲜网络，但缺口依然巨大，近年来投资增速保持在两位数以上。

农产品批发市场基础设施是农产品流通的核心和枢纽，它的附属基础设施向农产品销地流通。截至2017年，全国共计2900多家农产品批发市场建有检验检测中心，建设率达66.7%；信息化建设方面，将近2400家农产品批发市场建有信息中心，建设率达53.3%；废弃物处理方面，现有农产品批发市场共建设废弃物处理中心1800多个。但是值得注意的是，目前我国农产品批发市场附属的重要基础设施虽然在快速建设，但是仍然是我国农产品流通领域的一块短板。

（二）农产品流通相关技术条件日趋先进

伴随着经济水平的不断提升，我国农产品流通过程中的各项技术水平也在逐渐提升。具体而言，相关的技术有：第一，互联网的普及。这一方面让农产品供求、价格信息更加透明，另外一方面与互联网相衔接更多的新式的农产品流通模式正逐渐得到普及，农产品采购、销售、营销等依托于互联网平台都取得了比原本纸质平台更好的宣传效果。第二，先进物流技术的应用。HACCP 认证、GMP 认证等相关先进技术与管理手段被研发并应用到了农产品加工、包装、储存、运输、保鲜、配送等物流环节中。第三，信息化建设逐渐普及。当前我国农产品流通体系在信息服务及信息化建设方面取得了显著进步，突出表现在：硬件设施上，利用计算机及现代通信技术大大提高了农产品流通信息化程度，电子化、微机化、网络化趋势明显。相关技术水平的不断提升，为提升我国农产品流通效率，更好地满足人民群众对美好生活的向往提供了坚实的技术基础。

(三) 农产品流通主体组织化水平不断上升

伴随着我国农产品流通体系不断完善，我国农产品流通主体组织化水平也在不断上升。从农产品批发市场上看，其集团化趋势非常明显。目前，深圳农产品股份有限公司、北京新发地农产品有限公司、雨润集团、哈达集团（寿光市场）等在全国多处投资农产品市场，集团化趋势非常明显。除农产品批发市场外，农产品流通体制中其余主体也在逐渐壮大，组织化水平有所上升。截至2017 年，全国有农产品批发商共计 314 万个，各类产业化经营组织 41.7 万个，龙头企业 13.03 万家，在工商部门依法登记的农民专业合作社就达 190.9 万家。全国大中城市 80% 以上的农产品流通由这些主体完成。农产品经销商规模化加快。据初步统计，全国百强亿元农产品批发市场中，年交易额 300 万元以上的大户有 58610 个，平均每个市场有 586 个，其中 910 个大户年交易额超过 1 亿元，经销大户实力强、购销渠道稳定、抗风险能力强，并越来越走向公司化经营，已成为农产品流通主体的核心骨干力量。

(四) 农产品流通政策体系不断完善

我国农产品流通体系不断完善离不开一个日趋完善的农产品流通政策体系的支持。我国政府在农产品流通政策体系方面的成就主要有：一是税收优惠政策。具体包括，自产农产品进入加工、流通领域免征营业税；不断降低农产品增值税税率，允许收购农产品扣抵进项税额；农产品流通环节减税范围不断扩大；涉农企业所得税优惠惠及产供销各个环节；农产品交易市场在房产税和城镇土地使用税方面给予优惠。二是财政资金投入。近年来，国家将中央和地方财政支农资金的一定比例，投入到农产品流通基础设施建设上，并逐年呈上升趋势，同时还投入大量的人力和物力，给予建设及科研支持。三是保有强大的农产品价格宏观调控能力，通过临时收储、市场化收购加补贴、最低收购价等政策工具保持对农产品价格的强大调控能力。四是初步建成了农产品质量标准制定、分级、认证、追溯体系。我国政府对农产品流通的政策支持、管理体系不断完善，对营造更加完善的农产品流通环境起到了重要作用。

二、产地端物流环节现状

产地端物流环节主要从初级农产品/原料开始，作为农产品上行的"最先一公里"，是从产地采摘后一直到移交物流运输之前，为了保持农产品质量、延长保质期，进行的预冷、分级、加工、包装、仓储等一系列活动。其中，农产品的品质（标准化）、处理工艺（预冷、分级、深加工）、货物包装及冷藏仓储，是农产品冷链的"早期质量"环节，是"最先一公里"的重要组成部分。

针对农产品本身而言，因我国农产品生产标准化程度低，规格、品质、工艺不一，外形、色泽口感不稳定，农产品质量不高，农产品安全难以有效控制。当前我国农产品生产以家庭农户和农民专业合作社为主，农民经营的特点是小规模生产、分散经营、组织化程度低，标准化程度低，难以形成规模流通。但整体来看，农产品市场主体集约化的进程开始加速，形成公司化的集体养殖和种植，逐步解决分散化、采购标准化问题。

农产品冷链物流的本质是农产品温控供应链，第一、第二、第三各业态冷链物流的集合与融合就是农产品供应链生态体系。但当前农产品产地冷链物流网络不完善，产地规模化、专业化的第三方冷链物流企业数量少，在县-镇-村缺乏不同层次的冷链集散中心、分拨中心和冷链运力，农产品在产地端缺乏预冷或预冷意识薄弱，造成农产品损耗大且走出去困难重重。

冷库作为产地端重要的物流载体，对调节产品流通、减少货物货损起到了非常重要的作用，近几年，冷库的投资建设逐渐被推上风口，其容量在迅速扩张。2016—2020年，每年增长率都在10%以上。国家发展改革委颁布《农产品冷链物流发展规划》时，中国的冷库总容量统计只有880万吨，到了2020年已经是7080万吨，折合约1.77亿立方米，如图3-3、图3-4所示。

图 3-3　2016—2020 年全国冷库容量情况（万吨）

资料来源：中物联农产品供应链分会。

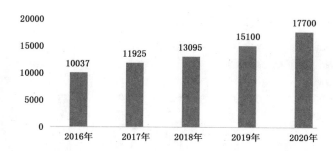

图 3-4　2016—2020 年全国冷库容量（万立方米）

资料来源：中物联冷链委。

三、中转物流环节现状

中转物流环节主要包含产地城市到目的城市间的长途运输过程及产地端/销地端的流转及中转环节，其中长途运输包括空运、海运、铁路运输及公路长途干线运输。

从中转环节来看，中国仍是以多层次的产销批发市场为主，流通效率低下。目前，我国农产品在运输中冷链物流的使用率不高，特别是生鲜食品，造成农产品在流通环节中损耗率太高。"断链"是目前农产品冷链运输的一大痛点，如何在保证产品品质和成本之间寻找平衡点也是一大难点。目前从事农产品冷链物流的专业物流公司仍相对较少，因农产品价格普遍偏低，因此农产品对物流的价格因素更为敏感，特别在中转环节，目前运输温控标准缺乏、基础设施不完善，在途监控无法保障，且市场上廉价却无法保证运输质量的运输方式普遍存在，导致劣币驱逐良币，扰乱市场秩序。

农产品中转的一个最重要环节就是运输，运输产生的费用和运输不当造成的农产品损失，都极大影响了农产品的物流成本。公路运输作为最主要的运输方式，虽然与其他冷链运输方式存在竞争，但更多的是协同发展。公路冷链运输相对灵活、短距离时效性强，在短途货运集散方面，有着其他运输方式无法比拟的优势。生鲜跨区域的运输需要较完善的基础设施，而从冷藏车的角度来看，虽然近几年冷藏车保有量增长迅速，但整体来看，国内在基础设施方面存在较大的不足，导致生鲜运输半径小，本地化消费占多数。而在需求比较旺盛的区域，因冷链网络及基础设施等存在不足，存在供给不足的情况。据不完全统计，截至 2020 年全国冷藏车市场保有量已突破 28 万辆，达到 28.67 万辆。2015—2018 年我国冷藏车年增长率均超过 20%，2019 年年增长率较上年有所下滑，约为 19.3%，但 2020 年增速回到了 30% 以上，较 2019 年的 21.47 万辆同比增长 33.54%，具体如图 3-5 所示。

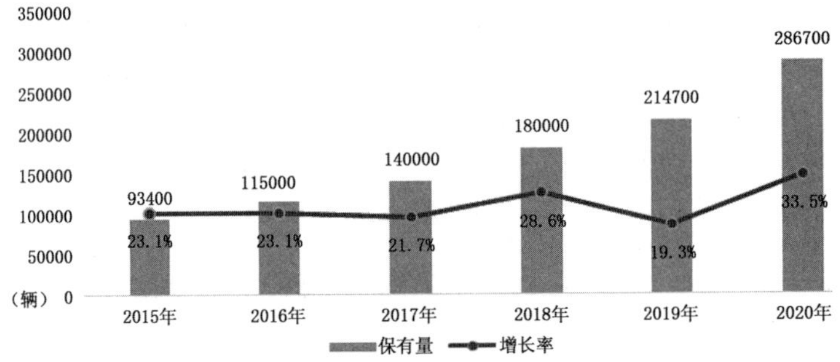

图 3-5　2015—2020 年全国冷藏车保有量及增速

从 2020 年销量区域流向看，华东区域冷藏车占据近四成的市场份额，远高于华北和华南地区，该地区市场竞争较为激烈。根据信息统计，2020 年冷藏车全国地区流向分布情况如表 3-1 所示。

表 3-1　2020 年冷藏车全国地区流向分布

排名	区域	市场份额（%）
1	华东地区	38.1
2	华北地区	15.1
3	华南地区	14.1
4	华中地区	14.0
5	东北地区	7.8
6	西南地区	6.9
7	西北地区	4.0
合计		100.0

数据来源：《专用汽车》。

从区域分布看，2020 年华东区域占据了近四成的市场份额（38.1%），在全国七大片区中为最高。主要是上海、南京、苏州、无锡、青岛、合肥、杭州等这些大城市冷藏车分布较多。第二是华北地区，占比为 15.1%，主要集中于北京和天津。第三是华南地区，占比 14.1%，流向较多的是深圳、广州。第四是华中地区，占比为 14%，该地区流向最多的是武汉、郑州。第五是东北地区，占比 7.8%，流向最多的是沈阳、哈尔滨。第六是西南地区，占比 6.9%，流向最多的是成都、重庆。第七是西北地区，占比 4%，流向最多的是西安、乌鲁木齐。

四、销地物流环节现状

销地物流环节主要为销地端末端配送环节，包含销地端存储、短驳运输、及时物流、宅配等环节。

一直以来，我国农产品的流通层级多、损耗快，导致农产品的成本进一步提高，运输的效率降低。销地端涉及的零售终端可分为线下和线上两种模式，虽然目前批发市场仍是我国农产品流通的主渠道，流通模式仍以传统模式为主，但随着互联网企业的异军突起，在农产品零售终端方面呈现出广阔的发展前景。在新零售的背景下，伴随着整体经济的发展和居民生活水平的提高，消费群体、消费理念及消费方式等方面，进入到全新阶段的消费状态，订单碎片化趋势增强，冷链末端配送需求明显增加。消费者对于农产品的需求呈现出便利化、品质化和高性价比等特点。

以拼多多为代表的新电商业态兴起，通过拼团、直播带货的模式，农产品能更直接地触达消费者。艾梅数据显示，76.5%的消费者表示愿意在相同的线上农货消费平台消费，八成受访网民对中国农货消费发展持乐观态度。在农货上行发展过程中，可以说电商平台正发挥着主力作用。头部电商平台能有效融合农货产业链条各环节，优化上行模式，推动农货标准化、品牌化。以拼多多为代表的新电商平台通过模式创新带动农货上行拥抱新消费风潮，生产方和用户之间的接触更直接，实现农货规模化输送到消费场所。

此外，物流配送技术的发展，特别是冷链物流的应用加深，使供应链得到缩短，全国范围内的消费者能够接触更多地区、更多品类的农货，加上"半日达""次日达"的强大吸引力，推动了前置仓、O2O、及时配送等新物流模式的发展，同时也促进了农产品流通行业线上线下渠道的融合发展。

第三节　农产品流通环节存在的问题

一、全环节流通下的痛点及问题

（一）标准化程度低

国家有出台农产品质量分级导则的标准，但不同的农产品有各自品类分级的行业标准、团体标准等。当前生产者产后分级时在参照国家标准的基础上，更多会依据客户的标准要求进行分选。同时农产品供应链的全程标准体系还未能全面覆盖，全程各类标准化体系的搭建还需要进一步完善。

农产品批发市场目前还存在管理短板。很多大型的农产品批发市场附属基础设施不完善，农产品难以进行追溯，难以保障市场中的农产品质量。相关流通行业的标准管理仍需加强。我国初步建成了农产品质量标准制定、分级、认证、追溯体系，但现阶段系统性不足，仍须进一步完善。相关强制性法律法规制度体系有待加强。

（二）农产品出山困难点较大

当前农产品产地冷链物流网络不完善，产地规模化、专业化的第三方冷链物流企业数量少，在县-镇-村缺乏不同层级的冷链集散中心、分拨中心和冷链运力，造成农产品损耗大且走出去困难重重。农产品走出去与冷链物流运输相辅相成，随着冷链技术的不断发展，具有较高价值的反季节产品和具有地域特色的优质农产品才能不断走出区域在全国范围内流通。距离越远，农产品价值越高，冷链运输又促进了销路拓展的实现、缓解滞销，同时全程冷链能够使农产品在运输过程中始终处在低温环境，保证安全和质量，减少损耗。据统计，当前使用冷链运输损耗率在5%左右。还有新餐饮、社区零售、跨境冻品冷链等领域，同样存在着巨大的市场空间。如今餐饮行业向着互联网化、智能化、智慧化、娱乐化的方向发展，新餐饮的竞争已从线上转到线下，在餐饮行业，供应链非常重要，餐饮供应链的核心就是冷链物流。

（三）农产品流通损耗情况仍较为严重

在当前流通体系下，中国农产品流通的损耗率显著高于发达国家。前瞻产业研究院发布的《2017—2022年中国冷链物流行业市场前瞻与投资战略规划分析报告》数据显示，我国有近3000亿元的农产品损耗在了冷链物流环节，相当于1.5亿亩耕地的投入产出，而国内一直坚持的耕地数量红线才区区18亿亩。欧美发达国家由于全程冷链体系完善，农产品年损耗率在5%以内，而我国损耗率在30%左右。分品类来看，中国果蔬类的流通损耗率在20%~30%之间，而美国仅11%；中国肉类流通损耗率为12%，美国仅3%；中国水产品流通损耗率为15%，美国仅7%。损耗导致的结果是，所有流通成本会通过加价的形式转移给消费者。按照艾瑞咨询的数据，中国果蔬类农产品的加价率在95%左右，海鲜加价率115%，牛羊肉的加价率为75%。

（四）配套设施建设存在缺口

近年来，我国农村能源供应保障能力不断增强，能源结构调整成效明显，根据农业农村部相关数据，2018 年，我国农村能源消费量约为 5.62 亿吨标准煤，其中农村生活用能 3.16 亿吨标准煤，农村生产用能 2.45 亿吨标准煤。煤炭、电力、石油、薪柴、秸秆分别占 36.9%、17.4%、14.9%、11.7%、8.8%。虽然农村能源近几年在供给能力、消费结构优化等方面发生了较大改善，但在目前发展中仍面临一些问题和挑战。

长期以来，我国广大农村地区与城镇地区在基础设施建设与公共服务方面存在着发展不均衡的现象，存在城乡二元制的问题。农村地区能源基础设施薄弱，技术开发资金投入欠缺，燃气、液化气和天然气供应尚未能普及到所有乡镇，部分偏远地区农网设备陈旧落后，农村商品能源总体供给不足，部分地区能源贫困问题依然存在，农村能源消费需求难以得到有效满足。

一方面，能源消费层次低。我国农村能源商品化和优质化水平明显低于城市，农村能源消费中虽有电力、液化气、天然气等优质能源，但商品能源占比不足 80%，特别是一些农业大省，仍有大部分农户以秸秆、薪柴为燃料，人居环境脏乱差现象突出。另一方面，农村新能源未有效利用。农村地区具有丰富的太阳能、风能、小水电等资源，但由于农村分布分散、新能源技术开发成本较高、农村居民对新能源技术认识不足等原因，造成农村地区新能源开发利用水平低。[1]

二、产地端物流环节痛点及问题

改革开放四十年来，我国曾经"重生产轻流通"的发展策略得以彻底改变，尤其伴随"互联网+物流"时代的到来，经济发展取得了举世瞩目的成就。但全社会物流系统建设依然存在结构性失衡的问题，首先，表现为通道建设强、节点建设弱；其次，在节点建设中，通用库过剩、专业库不足；再次，从技术应用方面看，无人仓过热，机械化及半机械化被轻视；最后，从供应链全流程看，农村产地源头的基础设施投资与技术研发，远远落后于流通领域，特别是一些贫困山区差距更大。仓储最基本的作用是"蓄水池"，调丰补欠。但在我国广大乡村，种植户多且分散，

---

[1] 参见《我国农村能源发展面临的挑战及相关建议》，国网能源院新能源与统计研究所冯凯辉、黄碧斌、闫湖。

大多数种植户的种植面积较少、产量低，而果蔬农产品对物流设施温湿度条件的要求远高于其他产品，设施投资成本太高，种植户个体无法承受。源头仓储设施的不足，使得那些最缺乏成本分担能力的农民兄弟承担着最大的风险，每年都会出现"果（菜）贱伤农"的事件。

当前在中西部地区农产品采收入库"最先一公里"上，仍存在基础设施薄弱、数量不足、果蔬产品损耗大、基层冷链物流人才缺乏等问题。面对巨大的市场需求，农村冷链物流建设还需从发挥政策引导作用、完善标准、精准"补短板"等方面发力。目前针对产地端具体问题可总结为以下几点。

（一）基础设施建设不足

预冷设施缺乏，专业的预冷设备使用较少，仅有极少数农业龙头企业购置真空或风冷预冷设施，大部分生产者采用土建冷库配套多个冷风机快速打冷的方式代替实现预冷功能，效果与专业预冷设施差距明显。

（二）产地冷链设施设备存在季节性闲置

农产品具有固定的生长周期，受季节性的影响，冷库、分级、包装等设施设备会随农产品成熟上市高频使用，在农产品未采摘时出现闲置的情况。

（三）农产品产地冷链物流成本高

从生产者角度来看，冷链物流成本约占到农产品总成本的10%～30%，包括冷藏、加工、包装、运输、损耗等环节；从冷链物流企业角度来看，路桥费、燃油费、人工费等逐年走高，三者加起来占到冷链企业总收入的80%以上。

（四）标准化程度低，品牌意识薄弱

中国的农产品在产地几乎不做包装，只通过栅栏车、棉被车运到消费地的批发市场。由此可见，农产品的挑选、分级及包装的标准化建设亟待加快。一些农产品有品牌与没有品牌的产品价格相差不大，没有体现出品牌效应和价值，农民的积极性不高。

（五）基层冷链物流人才缺乏

农民对生鲜保鲜知识匮乏，对采摘预冷、分级、加工、包装及仓储等冷链意识薄弱，又缺少专业的冷链团队指导，致使生鲜产品在"最先一公里"就已经断链。基层冷链人才短缺，包括制冷设备维护、冷链运营管理等，缺乏相关专业培训。

三、中转物流环节痛点及问题

（一）产品流通环节多，流通效率低

目前国内缺乏整体性的规划，国内农产品供应链逐步呈现出流通主体规模偏小、产业化和组织化水平还有待提高的特性。目前我国已初步形成农产品流通主体多元化的局面，家庭农场、农民经纪人、农民合作社、多级批发商、商贸企业、产销一体化企业、第三方物流公司等不同流通主体丰富了农产品市场业务场景。但是总体来看，我国农产品流通主体规模普遍较小，产业化、组织化水平偏低。如果蔬经营以农户生产为主，运营主体规模较小。农民组织化程度低，集体合作经济组织等中介组织数量少，且大多处于松散状态，功能不全、功能不足。因此，农产品在流通过程中必然要经过一次或多次的集散，造成流通时间长、腐烂变质等问题。

（二）流通渠道可控性较差

目前农产品供应链流通渠道未能形成优先的检查、管控、可追溯的运作模式。虽然全过程涉及诸多监管和主管部门，但是未能形成合力，无法实现及时准确的问题定位。

农产品流通过程涉及多方主体，尤其是跨境农产品流通环节。而在这众多环节当中，监管措施不完善，上下游相互监管力度不足，流通全过程监管主体不明。目前农产品流通环节中，虽然涉及主体众多，但是上下游衔接环节相互监控及交接标准缺失，无法形成有效的上下游相互监控。同时全流通环节中，存在多方主体，但是边界划分存在模糊点，造成监管空白。

在疫情暴发的非常时期，我国农产品供应链仍存在保鲜保供的服务能力、应急管理协同机制和风险治理水平等方面的短板，传统农产品流通存在流通环节烦琐、流通效率低下，流通服务设施与体系落后或缺乏等问题。

（三）农产品冷链物流所需冷藏技术落后、基础设施短缺

在农产品中转物流环节过程中，现代化的冷冻冷藏技术与设备必不可少。目前我国农产品冷链物流企业所采用的制冷工艺和技术方法水平都较为滞后，农产品冷链物流所需的运输仓储设备陈旧落后，冷藏车数量不足，标准化的封闭式交接货通道、月台、中转库明显不足，中转环节温控无法得到有效保障，导致"断链"，直接影响物流企业的服务水平和运营效率。

四、销地物流环节现状痛点及问题

（一）农批市场亟待转型升级

经过几十年的快速发展，当前我国农产品流通主要存在以下三种渠道：一是以批发市场为核心的流通渠道。大部分农产品经由批发市场分销，农产品批发市场仍然是农产品流通的主渠道，是我国农产品流通体系的枢纽和核心。二是以企业或合作社为主体的农超对接和产地直销流通渠道。预估该渠道将承担全国 20% 以上的农产品流通量。三是近年来蓬勃发展的农产品电商渠道。2020 年受新冠肺炎疫情影响，全国农产品电商交易增长速度进一步加快。

农批市场环节存在规划能力及监管力度不足的情况，标准化及内控管理体系的不健全，也是本次新冠肺炎病毒污染扩散的原因之一。国内批发市场对海外进口冷冻食品的安全监测和检测能力不足、把关不严。同时从机场、铁路海关进口冷冻食品的安全检测也须加强，根据海外疫情继续暴发的趋势分析，近期整体检测监管环节不可松懈。对于进出人流的安全检查也还需进一步加强管理。

传统农批市场及原有农批市场在农产品供应链中的定位，都无法满足目前实际流通环节运作的需求，因此转型升级势在必行。农产品市场存在规划布局不合理、建设投入不足、基础设施不完善，以及政府协同、产业对接、技术集成、标准融合难等问题，急需加强现代化、智慧化、标准化、数字化建设，加快转型升级。

农批市场冷库面临着设施陈旧、冷库能耗高、有安全隐患的问题，而且现在很多农批冷库都在市中心，面临着变迁问题。同时农批冷库的管理相对比较粗放，人才缺失，很多产品在出入库时存在"断链"问题。大部分的农批市场的冷库，基本上没有封闭的收货平台，都是在开放的环境下进行收放货，增加了货损风险。从功能上来看，农批冷库建设模式比较单一，多为集中型大库，无法满足商户多元化的需求，能够提供的附加服务非常少。从以上来看，农批市场冷库同样面临着加快升级改造的问题。

（二）冷藏车辆通行政策影响配送效率。

农产品上行末端配送地址多数集中在住宅区、商业区，受国家政策影响，货车配送限行、限停区域越来越多，影响配送效率，同时可能导致货损增加。

城市配送是保障和改善民生的重要领域，是发展现代化物流的关键环节，是保障城市经济社会正常运行的基础保障。但与此同时，城市配送车辆"进城难、停靠难、装卸难"等现象依然突出，影响了城市配送效率，进而也对经济发展造成了一

定程度的不利影响，一是一些城市从交通管理的角度出发，对货车、新能源电动车实行限行或限区通行政策；二是末端收派三轮车的路权问题难以解决，针对末端收派三轮车的查处频率较高；三是快递运营车辆日常停放、停靠、装卸频繁面临查处。

第四节　农产品流通环节发展趋势分析

在充分考虑我国消费变革、科技变革、组织变革、政策变革及国际形势等因素的影响和要求之后，我国农产品流通将进入一个新的高质量发展阶段，主要呈现以下特点和趋势。

一、新特点

（一）我国农产品流通发展开始进入新时代

农产品批发市场作为武汉和北京两地疫情的扩散源给我们敲响了世纪警钟！党中央、国务院在综合考虑新冠肺炎疫情常态化、长期化及极其复杂的国际形势下提出了以国内大循环为主体、国内国际双循环互相促进的新发展格局，作为落实中央六保任务之一——保供应链的主要内容，我国农产品流通发展已进入了一个新的时期和新的阶段，被赋予了新的要求和新的使命。各级政府主管部门负责人、流通主体、消费者乃至全社会都要深刻认识国内外复杂迫切的形势要求，都要深入学习和深刻领会党中央有关精神要求，都要结合本部门本岗位工作积极贯彻落实，当前需要加快做好以下几点工作。

一是加快制定我国农产品流通中长期发展规划，做好顶层设计，做好时间表和路线图。二是尽快赋予农产品流通基础地位和公益地位，加快构建新型支持政策体系。三是加快农产品流通领域的相关立法。

（二）我国农产品流通开始加速升级

首先，我国农产品流通环节将逐渐缩减，流通模式不断创新。一是因为消费者将更加倾向于通过直销方式购买农产品。伴随着经济的进一步发展，消费者对农产品的风味、营养的要求会进一步提升，这也就意味着消费者更加倾向于在原产地购买新鲜的农产品，这为农产品的产地直销模式、"农超对接"模式及电商模式的推广与发展提出了更多需求。二是因为新商业模式对传统商业模式的冲击。农产品流通过程，特别是直接接触消费者的终端零售环节，是目前各大互联网企业重点争夺的新兴领域。在这一领域，配合前置仓、仓店一体等新的零售流通模式，预计流通环节越短的农产品新流通模式在信息技术赋能下将会能够得到进一步普及。其次，我国农产品批发市场将加快改造升级，功能拓展。

（三）农产品流通主体的组织化水平将加快提升

预计未来农产品流通主体的规模将会进一步扩大，组织化、产业化水平将会得到进一步提升。一是因为通过发展农业社会化服务、推动土地流转、促进农业集体经济发展，农业经营规模化上升，带来的必然是农产品流通主体规模的上升；二是因为伴随着当前农产品品牌化、专业化发展，现代经营管理理念逐渐深入人心，在品牌化运营驱动下，农产品流通主体的组织化、专业化、产业化水平也将进一步提升；三是因为在新型零售模式的挤压下，预计小型农产品批发市场、农产品市场都将面临被大型农产品批发市场和农产品生鲜电商巨头并购的情况，这种行业内部的商业行为也将进一步推高行业集中度，促进农产品流通主体的组织化水平上升。

二、新趋势

（一）我国农产品冷链物流将进一步加快建设

我国消费者已经从吃得好向吃得营养健康方向转变，满足消费者对美好生活的向往也是我国农产品流通体系建设的出发点和落脚点。毫无疑问，在我国农产品流通体系建设中农产品田头市场的仓储保鲜和冷链物流设施是最大的短板，鲜活农产品出村的最初一公里面临着巨大挑战。据估计，每年我国因冷链设施落后造成的农产品损失高达数千亿元。2020年的中央一号文件明确要求要补齐这个短板，在今年财政如此紧张的情况下，中央财政还拿出了50亿用于鲜活农产品仓储保鲜设施建设，目前该项目进展顺利，并期待实现信息化和智能化管理。据了解，农业农村部市场与信息化司正在加紧制定"十四五"全国农产品冷链物流建设规划，未来五年国家将投入更大的资金全面建设我国农产品冷链物流体系，将撬动更多更大的社会资金投入到该领域来。预期到"十四五"末，我国农产品冷链物流体系将大幅度完善，鲜活农产品冷链覆盖率将大幅度提升，产后损失率将大幅度下降，农产品流通效率将大幅度提高。

（二）我国农产品流通专业人才队伍将加快壮大

伴随着农产品流通的进一步发展，我国农产品流通专业的人才队伍将加快壮大。农产品流通中将更加注重品牌化运营，更多的品牌设计、营销的专业人员也将进入到农产品流通环节中，壮大农产品流通专业人才队伍，吸引更多专业人才进入农产品流通领域。

（三）农产品流通技术和标准将更加先进

伴随着农产品流通的进一步发展，预计农产品流通技术将更加先进。一是在农产品冷链物流应用更加广泛的未来，全程温控等未来更加先进的冷链物流技术将会有更加广阔的应用空间；二是伴随着市场消费能力的提高，消费者对农产品的营养和风味的要求更高，这就对农产品流通过程中采用的加工技术、保鲜技术有了更高的要求，这意味在市场需求的带动下，农产品流通中将应用更多更加先进的流通加工技术和保鲜技术；三是随着农产品流通过程中的环节越来越少，直销将在农产品流通中扮演更加重要的角色，这也就意味着信息技术在农产品流通环节中的应用将会更加广泛，进而提高农产品流通体系的运行效率。

农产品流通标准将更加系统，执行将更加严格。一是随着新零售模式在农产品流通中扮演着更加重要的角色，信息技术在农产品流通过程中的应用将会更加广泛，在流通全程信息化水平上升的情况下，考核农产品生产、加工、包装、运输等环节是否符合农产品流通的相关标准将更加容易，因此对于农产品流通标准的监管将会更加严格；二是随着农产品流通过程中的环节不断减少，消费者使用农产品质量可追溯体系保障自身权益的可能性就将越来越高，在消费者的监督下，农产品流通过程中的相关标准将会制定得更加系统，执行得也将更加严格；三是随着农产品流通主体的组织化、产业化水平不断上升，全流通环节的专业化水平也将进一步上升，更大规模的、品牌化运营的、具备现代市场经济意识的流通主体，必然也是更加符合农产品各项流通标准的，因为农产品品牌化运营的基石就是在一套标准之下生产、加工农产品，这将从源头方便农产品流通标准的制定及对其是否符合标准的监管。

（四）农产品物流将呈现向绿色环保方向高效发展

社会和经济的发展带来了越来越严重的生态环境问题，人们逐渐意识到生态保护和可持续发展的重要性，绿色物流理念正在产生和不断发展阶段，将成为农产品物流发展的未来趋势。国家制定了可持续发展战略，农产品物流发展应顺应时代要求、响应国家号召、树立行业榜样。要利用互联网技术，在追求企业运营效果和利益的同时，降低对环境的污染、减少资源消耗，利用先进物流技术规划和实施运输、储存、包装、装卸、流通加工等物流活动。

第四章
农产品产地建设新格局

第四章共分为三节，主研究农产品产地建设新格局下我国农产品供应链发展政策环境分析及推演，此外分别从产地建设和实际案例分析两个方面对产地端建设的新格局、新思考进行了阐述。

第一节　2020年我国农产品供应链发展政策新环境分析

一、政策概况

脱贫攻坚战的全面胜利，标志着我们党在团结带领人民创造美好生活、实现共同富裕的道路上迈出了坚实的一大步，意味着"三农"工作重心历史性转移到全面推进乡村振兴上来，从中央到地方，各级政府及相关部门有针对性地出台了相关政策。

（一）国家层面

2020年1月至12月，国家相关部委发布农产品相关政策共计56个，见图1。政策涉及农产品供应链中的种植（养殖）、初级加工（精加工）、各级仓储保鲜冷链设施、运输配送等环节及农产品进口关税配额再分配，全面推进农产品供应链发展。

发文时间主要集中在6月份和7月份，共计发文数量19个，占全年发文数量的34%，政策内容主要针对特色农产品、农产品流通、农村物流、冷链基础设施、农产品保险等；其次是3月份、5月份、9月份，共计发文18个，占全年发文数量的32%，政策内容主要针对"互联网+"农产品、农产品冷链物流、农产品城乡共同配送等，如图4-1所示。

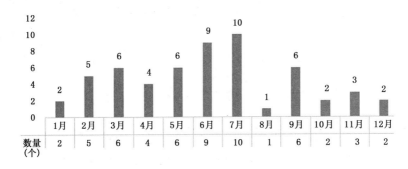

图4-1　2020年国家相关部委农产品相关政策发文数量分布

2020年农产品政策发布频率最高的部门是农业农村部，其次是国家发展改革委。56个政策文件中，两部门及以上联合发布的政策文件有28个，其中两部门9个、三部门1个、四部门3个、7部门8个、8部门2个、9部门1个、10部门1个、12部门1个、13部门1个、23部门1个，如图4-2所示。

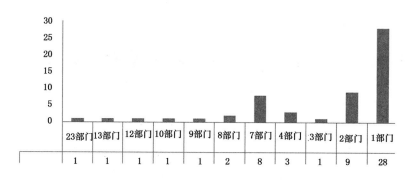

图 4-2　2020 年农产品政策文件发布相关部门数（个）

（二）地方层面

在国家政策的引领下，各地区也相继颁布农产品各项相关政策。2020 年全国 29 个省份和地区共发布农产品相关政策 261 个，其中广西发布数量最多，达 36 个，占总数的 14%，其次是安徽、江苏和湖北，再次是黑龙江、内蒙古和吉林，数量最少的是广东、辽宁和西藏，见图 4-3、图 4-4。

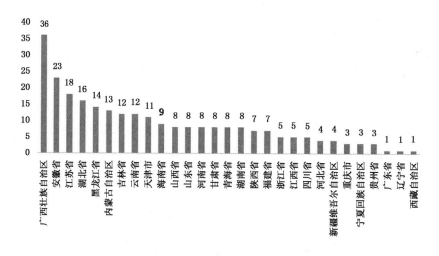

图 4-3　各地农产品政策发布数量（个）

2020 年，广西全年全区粮食总产量 1370 万吨，比上年增加 38 万吨，增长 2.9%。全国各省份粮食产量排名第 17 名。其中，稻谷产量 1013.8 万吨，增长 2.2%；玉米产量 273.3 万吨，增长 4.6%。蔬菜产量（含食用菌）3830.77 万吨，增长 5.4%。园林水果产量 2461.11 万吨，增长 15.0%。全年全区猪牛羊禽肉产量 371.3 万吨，与上年基本持平。其中，猪肉产量 174.1 万吨，下降 9.4%；牛肉产量 13.6 万吨，增长 9.7%；羊肉产量 3.6 万吨，增长 5.3%；禽肉产量 179.9 万吨，增长 10.5%。禽蛋产量 26.7 万吨，增长 6.4%；牛奶产量 11.2 万吨，增长 28.4%。

全年全区水产品产量343.96万吨，比上年增长1.1%。其中，海水产品产量199.07万吨，同比增长0.7%。广西农产品政策方向主要针对农产品供应、电商、销售、运输、信息追溯、预冷、仓储保鲜、冷链等方面，促进农产品流通。

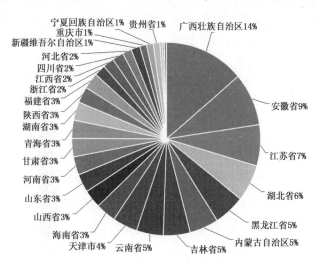

图4-4　各地农产品政策发布数量占比

辽宁、西藏粮食产量较去年明显下降，辽宁省农业农村厅办公室、中共西藏自治区委员会办公厅、西藏自治区人民政府办公厅发布相关政策推进农业发展。

二、政策重点

从内容看，国家层面针对农产品供应链产地的政策约21个，主要涉及产地冷链设施建设、产地信息可追溯、产地品牌建设、特色农产品产区建设和产地多样化销售渠道拓展等方面。针对农产品供应链流通环节的政策约27个，主要涉及物流流通枢纽建设、冷链、可追溯、品牌建设、服务农村的物流企业建设及流通保障等方面。专门针对农产品风险补偿的政策有两个，一是国家发展改革委2020年5月发布的《关于加快开展县城城镇化补短板强弱项工作的通知》，二是财政部2020年6月发布的《关于扩大中央财政对地方优势特色农产品保险以奖代补试点范围的通知》，有13个省份针对农产品生产发布保险、补贴和资金支持等政策。

在乡村振兴战略实施背景下，多部门联合发布相关政策的占比将越来越多，这一趋势证明农产品供应链发展需要多部门的有效协同。

例如，2020年5月，农业农村部、国家林业和草原局、国家发展改革委、财政部、科技部、自然资源部、水利部 7 部门联合发布农市发〔2020〕3 号《关于组织开展第四批"中国特色农产品优势区"申报认定工作的通知》，通知指出本次申请后，中国特优区将稳定在 300 个左右，将进一步强化规范管理、推动高效发展。要聚焦关键领域和薄弱环节，按照政策规定整合相关涉农资金，集中力量支持特优区建设，特别是要结合好农产品仓储保鲜冷链物流工程、"互联网+"农产品出村进城工程的实施，加强市场流通环节的建设，加快中国特优区的高质量发展。此后，2020 年 7 月该 7 部门办公厅联合发布农办市〔2020〕9 号《关于印发〈中国特色农产品优势区管理办法（试行）〉的通知》。

2020 年 6 月，农业农村部、国家发展改革委、教育部、科技部、财政部、人力资源社会保障部、自然资源部、退役军人部、银保监会 9 部门联合发布《关于深入实施农村创新创业带头人培育行动的意见》；国家发展改革委、公安部、财政部、自然资源部、生态环境部、住房城乡建设部、交通运输部、农业农村部、商务部、税务总局、市场监管总局、银保监会 12 部门联合发布《关于进一步优化发展环境促进生鲜农产品流通的实施意见》。

2020 年 7 月，中央农村工作领导小组办公室、农业农村部、国家发展和改革委员会、财政部、中国人民银行、中国银行保险监督管理委员会、中国证券监督管理委员会 8 部门联合发布《关于扩大农业农村有效投资加快补上"三农"领域突出短板的意见》。

2020 年 11 月，农业农村部、国家发展改革委、财政部、商务部、中国人民银行、国家税务总局、中国证券监督管理委员会、中华全国供销合作总社，8 部门联合发布农产发〔2020〕8 号《关于递补 128 家企业为农业产业化国家重点龙头企业的通知》。这一政策说明供应链核心企业的作用进一步受到重视，乡村振兴的战略意义一方面是提高农民的收入、促进农业现代化进程，另一方面是要进一步提高全民食品安全的基地保障水平，最根本的问题是能否把农民从"将收成转成收入"的困境中解放出来，让他们能够安心学习和提高种植水平，而储存、筛选、分级、包装、分销等活动由更专业的组织去完成，这些更专业的组织就是龙头企业、核心企业。

三、未来新趋势

如何让脱贫基础更加稳固、成效更加可持续，从而加快农业农村现代化步伐，促进农业高质量高效、乡村宜居宜业、农民富裕富足，乡村振兴任重而道远。

农产品供应链是一个极其复杂的多维网链结构，每一个政策的落地过程都是价值链的传递过程，若顶层设计出现偏差，不仅落地异常困难，而且偏差会逐级放大，若产生损失或不良影响，也有逐级放大的可能。因此，政策要突出前瞻性、落地性和指引性。而国家政策和地方政策相比较，国家政策应以宏观布局、指引和支持发展为主，地方政策应以落实、执行为主。

未来在政策领域两项工作最为艰巨：一是如何减少政策设计及落地过程中的偏差，二是如何让农民理解政策的目标，并主动执行。从发展趋势看主要有以下几个方面。

（一）利用产地大数据助力政策制定

政策是强力"供给侧"，由于各省市及地区人口组成、区域环境、产业基础等条件的不同，上下层政策应有区别。政策引导的行业/产业不一定是稀缺行业/产业，例如，产地冷库建设方面，部分地方落后欠缺，部分地区则已过剩，需要有更加可行的实质扶持和政策引导；"一村一品"则更需要进行科学的论证。若产地 GIS 系统（地理信息系统）得以快速建立并保证有效运行，产地大数据将有效助力政策制定、减少偏差、提高前瞻性和指引性。

（二）深入并融入农民生活，促进政策落地

广大农村中的农民兄弟、父老乡亲究竟需要什么样的生活、究竟适合什么样的转变，振兴之路可谓有千万条需要探索。在农产品供应链上，源头、产地基础最薄弱，种植户、养殖户抗风险的能力最弱，未来会有更多相应政策跟进。

农产品供应链与其他供应链相比较，链最长，涉及的人的因素也最为复杂，政策落地更难。因而更加考验政策的有形性、可靠性、响应性、保证性和移情性，深入并融入农民生活，获得各个关系方的认同与配合，将有效促进政策落地。（有形性指物化的有形的设施、设备、人员和沟通材料的外表；可靠性指可靠、准确地履行承诺；响应性指帮助农户和经营者并迅速提供服务的愿望；保证性指各级政策宣传和推广工作人员所具有的知识、礼节及表达出自信与可信的能力；移情性指政策制定者设身处地为农民农户和农产品流通经营者的生存与发展着想并措施得当。）

以下为某省烟草种植"稳控"政策的典型事例：该政策主旨为"稳定种植面积和控制收购总量"，在此政策下，烟农必须按照与烟草部门约定的种植面积和收购量进行种植，严禁超出合同约定面积种植，超出合同约定量生产的烟叶不予收购。在"稳控"政策下，市政府每年要求各地划地区划面积种植，要求在规定区域内种

植规定的数量，最后收购规定的数量。烟草种植过程中存在着很多不可控因素，根本做不到精确种植，不同年份都会出现或多或少的增产和减产，数量不足或远超合同数量的情况屡见不鲜，这些情况地方政府也没有合适的解决方法，烟农很多时候因损失自担而万般心酸。

（三）组织协同保障政策执行推进

乡村振兴战略指明了农产品供应链发展的方向，为了保证战略执行，组织协同过程中必须特别关注政策执行过程中的持续监督、调整和完善。2020年发布的政策文件中，两部门及以上发布的政策数占总发布数的50%，其中七部门及以上发布的政策数占总发布数的26.8%。其中，以下几例是具有多部门协作特点的典型。

2020年2月，国家发展改革委、中央宣传部、教育部、工业和信息化部、公安部、民政部、财政部、人力资源社会保障部、自然资源部、生态环境部、住房城乡建设部、交通运输部、农业农村部、商务部、文化和旅游部、卫生健康委、人民银行、海关总署、税务总局、市场监管总局、广电总局、体育总局、证监会23部门联合发布《关于促进消费扩容提质加快形成强大国内市场的实施意见》。

2020年6月，农业农村部、国家发展改革委、教育部、科技部、财政部、人力资源社会保障部、自然资源部、退役军人部、银保监会9部门联合发布《关于深入实施农村创新创业带头人培育行动的意见》。

2020年7月，国家发展改革委、中央网信办、工业和信息化部、教育部、人力资源社会保障部、交通运输部、农业农村部、商务部、文化和旅游部、国家卫生健康委、国资委、市场监管总局、国家医疗保障局13部门联合发布《关于支持新业态新模式健康发展激活消费市场带动扩大就业的意见》。

综上，部门间在政策制定和执行方面的组织协同将在一定时期面临重大挑战，有可能促进新一轮的机构改革。

（本节作者为北京物资学院物流学院副教授刘俐）

第二节　产地冷链物流建设为农业产业链全链赋能

一、产地冷链物流是农业产业链的关键也是薄弱环节

我国是大国小农，农产品总量大、产地分散、生产规模小。在大规模、长距离农产品流通体系下，冷链物流网络是保障农产品品质、减少产品损耗的重要支撑。冷链物流是包括产地预冷、仓储、运输、配送、零售全过程的供应链系统。产地预冷是冷链物流的第一个环节，也是最薄弱环节。时代在不断发展进步，各行各业也在迭代更新，生鲜农产品冷链物流行业也不例外。随着人们收入的增加、知识水平的增长，对生活品质的追求也在不断提高，吃的水果蔬菜要够新鲜，肉蛋奶要够健康。这无疑对生鲜农产品冷链物流提出了更高的要求。对整个冷链链条来讲，每一个环节都是环环相扣、相互关联的，不是仅仅加强某一环节就可以优化整个链条。对于果蔬来讲，想要整体提高生鲜农产品冷链物流效率，就需要从源头上解决，从产地开始，从农产品采摘后的冷链第一步预冷开始。我国是农业大国，但是种植地分散，产地基础设施建设跟不上现代供应链发展的需求，尤其是县城及以下的乡村。县域还是生鲜农产品供给的主力军，但是作为产区，农业是主要经济来源之一，经济发展相对较弱，加上农户种植地分散，种植标准不规范，产地冷库等基础设施不完善等问题带来的生鲜农产品的腐坏、贱卖等问题，不仅会造成经济损失，也很难带动整个县域经济的发展。

农业高质量发展，产业提档升级事关亿万农民的收入与美好生活，更是实施乡村振兴战略的重要支撑，是建设现代化农业强国的必由之路。我国需要重塑农业价值链，提高流通效率，降低损耗。未来的中国农业必须要靠产地冷链物流建设来重塑农业价值链，通过数字化和互联网技术，完成农产品"产供销"向"销供产"的转变。产地冷链物流逐渐成为我国产业升级的重中之重，也已然成为巨头们的必争之地。

二、产地冷链物流建设为农业产业链全链赋能方式

(一) 产地冷链物流可以有效调节农产品供给

冷链物流可以降低损耗，延长产品最佳状态保持时间。在供给大于需求的今天，

在一定程度上，可以有效调节农产品供给。我国农产品大规模、长距离调运已经成为常态。在空间上，冷链物流为农产品供给打破地域的限制，某种程度来说，和西气东输、南水北调一样有重大的战略和现实意义。举个例子，甘肃深居内陆，鱼类资源匮乏，要品尝海产品的美味，必须依靠冷链的支持，稀有需要冷藏的药品亦是如此。在时间上，产地可以通过冷链手段，将季节性农产品更好地保存，农产品"去季节化"，调节农产品供给在时间上的不均衡。冷链解决时间问题，物流解决空间问题。通过冷链物流建设，农产品就能够跨越"时空"，有效弥补周期间的空档。市场中流通的产品多的时候就收储，产品少就多出库，调节供给、减少波动、平衡物价。

（二）产地冷链物流可以促进农产品标准化

农产品的标准化可以大致分为两个环节：种植和筛选分级。种植涉及产地供应链，从选种到种植，甚至中间降水、施肥和土壤都要纳入管理。一方面，要制定与国际标准接轨的果蔬冷链物流标准；另一方面，要建立覆盖冷链全过程的标准。销售商目前更多是以定向采购方式与产地合作，从尝试做筛选分级的标准化开始。以河北省丰宁县的蘑菇为例，菇农种植的蘑菇按成色主要分为一级菇、二级菇、菜菇，价格依次下降，销售渠道也有区分，受众也各有不同。蘑菇从采摘到送到终端，如果不依托冷链，保鲜周期非常短，要实现菇的分级标准化，必须采摘后第一时间送到冷库中保存，才有充足的时间和条件挑拣分类，实现蘑菇的标准化。运输过程中也必须全程冷链，不同的农产品对冷链的依赖程度不同，但毋庸置疑，从产地开始的冷链物流可以促进农产品标准化。

（三）产地冷链物流建设确保农产品品质

我国是农产品生产大国，农产品具有易腐性，加之流通环节多、运输储存温度不适宜等诸多原因，腐烂损耗率非常高，每年造成损耗的果蔬产品超过 1 亿吨。农产品从产地采摘后一直到移交物流运输之前，保证食品质量与保鲜效果至关重要。很多农产品，如果常温贮藏和运输，无法保证到消费者手中的品质。过程中的磨损和腐烂会让产品的价值大打折扣，鲜花枯萎、水果受罪、蔬菜浪费，农产品品质无法保证。但依托冷链物流，严格把控从采摘开始的一系列过程中的温度，大大降低了农产品运输过程中的腐烂损耗，更有利于产品保鲜，确保在抵达消费者手中之时，仍然可以保持最佳状态。

（四）产地冷链物流可以塑造农产品品牌

农业品牌化是现代农业的一个重要标志，推进农业品牌化工作，有利于促进农业生产标准化、经营产业化、产品市场化和服务社会化，加快农业增长方式由数量型、粗放型向质量型和效益型转变。品牌建设贯穿农业全产业链，是助推农业转型升级、提质增效的重要支撑和持久动力。塑造农业品牌是促进农民增收的有力举措，品牌是信誉、信用的集中体现，是产品市场认可度的有力保证。我国是农业大国，但驰名中外的农产品品牌却屈指可数。以河北省丰宁县昌达公司为例，昌达公司种植有机蔬菜的同时，还承包丰宁县城内多个种植大户的上门收货、清理、销售等工作，昌达公司为更好地交付订单，配备有预冷冷库和地下冷库，方便农产品储藏和流通。通过冷链物流为农产品的质量保驾护航、拓宽企业销路，马太效应的增强，更有利于塑造农产品品牌。

（五）产地冷链物流可以促进价值链增值

在农产品的价值链核算中有两种方法：一是各经济主体单独核算其投入成本的多少和产出的价值多少，其增值部分即为该环节对农产品的价值增值；二是产业链整体核算法，即从育种开始到销售产品的全部成本费用与该产品销售市场价格的差额即为整个产业链对该农产品的价值增值。产地冷链物流可以更好更久地保存农产品，从采摘到低温保存、为订单农业实现经纪人上门收货，再通过冷链运输销往超市、批发市场等终端，整条产业链的价值不断增加，田间地头三毛一斤的白菜，到终端销售价值至少提升四倍。这其中，产地冷链物流可谓功不可没，可以说，产地冷链物流可以促进价值链增值。

三、产地冷链物流的发展现状、模式及问题

（一）现状

中央一号文件提出，继续调整优化农业结构，加强绿色食品、有机农产品、地理标志农产品认证和管理，打造地方知名农产品品牌，增加优质绿色农产品供给。同时，随着人民生活水平的不断提高、科学技术水平的不断进步，农产品冷链的需求也在持续增长。农产品本身具有鲜活性、多样性，需求大而相对脆弱，生产又具有很强的季节性、区域性和分散性，决定了其必须全国调配流通的市场特点。由于对新鲜程度的要求很高，在采摘、存储、预冷、运输过程中必须有相应的措施，才能保证新鲜，不易腐烂。

我国的农业生产主体包括小农户、专业大户、家庭农场、农民合作社、农业产业化龙头企业、国有农场。在很长时间以来，小农户一直是我国的基本甚至是主要的农业生产经营形态，虽然其他各种生产主体也不断发展，但是我国经营规模在50

亩以下的农户仍有 2.3 亿。至 2020 年底，全国有家庭农场 87.7 万户，其中纳入农业农村部名录管理的家庭农场达 60 万户，截至 2019 年底，全国依法登记的农民合作社达 220.3 万家，辐射带动全国近一半的农户，2019 年我国国有农场 1760 家。在所有的农业生产主体中有 90% 以上没有参与到产地预冷环节。在产地预冷设施中，据统计，全国冷库中约 50% 为产地型冷库，产地冷库在整体建造数量中以 20% 的比例增长。而农户在决定冷藏后，选择地窖储存的占比 25.45%，而选择冷库储存的占比 74.55%。而在采取冷库储存中采用自建冷库的占比 57%，租用冷库的占比 27%，自建冷库+租用冷库的占比 16%。但是冷库大部分存在功能单一的问题，无法处理多元化需求，当前冷库设施不能满足需求的比例达到了 64.29%，且存在着建造标准低、功能单一、利用率低等问题。

在每年的食品冷链物流总销售额中，集中上市的特色产地农产品冷链需求量大，占比最高。像 2018 年，仅顺丰在东港草莓基地的物流营业额就达到 7000 万元，在余姚杨梅产地的物流营业额达 4000 万美元。产地供应链是围绕生产地，从生产采摘开始，到清理、加工、包装、预冷、短途运送至干线运输的整体的一系列功能网链结构模式，在过去的研究中，通常被称为供应链的"最先一公里"，是供应链的重要环节，包括农户、养殖种植、农场、加工厂商等元素。冷链物流是产地供应链当中的重要一环，对农产品质量保证至关重要。近年来，冷链物流发展十分迅速，但与发达国家相比有着不小的差距。近十年的发展取得了积极成效和长足进步，但整体仍处于较低水平，市场主体规模较小、冷链产业链协作能力差、业务盈利水平较低、服务标准差异化明显、冷链人才缺乏等问题依然突出。

（二）模式

一是重投入模式，即产地仓为核心的数字农业。不同于以往单一存储功能的仓库模式，产地仓的最大亮点是数字化和自动化，集农产品贮存、保鲜、分选、包装、发货为一体，可以快速变农产品为商品发往全国各地。阿里巴巴数字农业的首个产地仓，位于长水国际机场附近的昆明集运加工中心就是以产地仓为核心的数字农业的典型代表。该仓定位是 2B2C（To Business，To Customers），消费者在阿里各平台下单后，农产品从这里发往全国，而产地仓的水果专列，则每天发车，运往北京、上海、武汉、南京、济南等地的 2B 客户。新鲜采摘的果品，经过初步抽检，以外观、口感、糖度的标准选合格的果子入库。数字化中控室可随时了解农产品数据和入库情况，水果被送上四通道的分选设备做"CT"，光电分选机可以测出每一颗水果的酸甜度、果面光洁度，是否有霉斑、皱皮和划痕。更可以精确果径到毫米，精确重量到 0.5 克。通过数字化智能分选，云南的数十种特色农产品有了分级标准。

二是自营模式，自营物流是指农产品生产者或相关企业（包括物品的买方和卖方）借助于自身的物质条件自行组织物流活动的一种物流模式，它追求"自给自足"，利用自有的设备去运营物流业务。在这一模式中，部分农业大户或者农产品加工企业也会向运输公司购买运输服务或向仓储企业购买仓储服务，但这些服务只限于一次性或一系列分散的物流功能，而且是临时性纯市场交易的服务，物流公司并不按照企业独特的业务程序提供独特的服务，即物流服务与企业价值链是松散的联系。

三是全产业链模式。也就是说龙头企业进入农业源头端，和农业生产、农业流通环节每一个农民、每一个企业一起承担整个产业的风险。持续深入农业源头端及农业生产、流通等各个环节，让农民和企业积极投身于生产流通环节，成本分摊、收益共享、风险分担、增强参与感、提高关注度、提升满意度。全产业链模式需要战略定力，即将其作为长线任务，不设置短期指标，目光放长远，不急于取得迅速可见的成果，而是制定长期战略，稳扎稳打、一步一个脚印、逐步实现目标。先战略规划，再战略布局，接着铺设网络、增加销路。希望用三年、五年甚至更长周期来看其成果。

（三）问题

近年来，冷链物流逐渐受到国家、社会和个人的重视，市场需求广阔，发展迅猛但与发达国家相比有着不小的差距。近十年的发展取得了积极成效和长足进步，但通过深入产地、走进田间地头，发现产地冷链物流整体仍处于较低水平，冷链意识薄弱，标准化、专业化程度低；冷链基础设施设备缺乏，使用成本高；冷链产业链协作能力差，盈利水平较低；未形成有效的组织形式和管理模式及冷链人才缺乏等问题依然突出。

1. 产地冷链物流意识薄弱，标准化、专业化程度低

目前我国乡村的农产经营主要是大量的农户自发进行，自己种的菜有条件路边卖，没条件自己吃，缺乏规模和计划，零星分散，无论是农产品的规格还是物流的运营都缺乏统一标准，全链条不成体系。再加上农村多分散在城市周围，零星围绕，缺乏来自城市的辐射效应，农产品分布广泛，数量庞大但分散，产地采摘、清洗、加工、包装、预冷等一系列环节专业化程度低，规模化效应差。

农户建立冷库、预冷等意识薄弱，通过河北、宁夏等地区尤其是贫困县调研发现，大部分农户认为在田间地头建立冷库是没有意义的。以河北省承德市丰宁县为例，丰宁县由于气候和土壤原因种植多以玉米、谷类和豆类为主，丰宁地区生产主体一部分属于散农，种植规模较小，属于自产自销供应链模式，在满足日常全家人的口粮份额之外会联系收粮的贩子将多余的粮食卖出或者换一些精米、精面，对他们来说，建立冷库和采取预冷是没有必要的；一部分是种植大户、供销社或小型企业，这些生产主体根据订单进行生产，订单要多少，农户就生产多少，生产完成时联系菜贩子或收菜公司将果蔬拉走，大部分人认为没有必要自建冷库；一部分是设有冷链储藏和运输设备的公司，以昌达农业为例，公司具有多个冷库、冷藏集装箱、冷藏车、一个能够冲氮气保鲜的地下冷库，其生产订单较普通农户、公司和供销社较多，完成生产后公司对果蔬进行低温冷藏，以保证在配送给采购商之前保持果蔬的新鲜度；一小部分农业产业化龙头企业已经建立了相对成熟的供应链系统，例如黄旗皇和御今集团，他们设有多个冷库，采取农民分红或入股的方式调动了农民生产的积极性，生产加工后及时存放入冷库，降低了农产品的损耗。

2. 产地冷链基础设施设备缺乏，使用成本高

农村地区物流基础建设相比城市更加落后薄弱，最多到镇，导致物流成本高，需求又较城市少，单位成本更高。而且由于没有数字化系统支撑、没有公共信息平台，在城市畅通无阻的信息追溯在乡村寸步难行，物流信息难以处理和发挥作用。冷链物流基础设施设备几乎没有，最先进的就是冰柜，鲜活农产品运出难、运出贵，运输储存难，更不说附加价值提升。即使有条件购置冷库的单位，冷库的存在只是为了更好地服务订单农业，用来储存非当季农产品，并不能增加销售渠道和营销方式。对于有冷链需求的个人，高昂的购买成本和租赁支出让他们望而却步。

3. 产地冷链产业链协作能力差，冷库闲置多、盈利水平较低

目前我国大部分农村地区农产品还是原始的交易方式，以订单农业为主，农户按照约定俗成的交易期限做好基础工作，等个人或者公司上门来收。对价格没有发言权，基本在默认收购价格上下浮动，收购后怎么卖、卖给谁、卖到哪儿、什么价，一无所知也不想关心。几乎所有的采收工作都是农户个人包揽，自负盈亏，产业链无协同。除了采收时冷库能派上用场，不少时间冷库处于闲置状态，造成资源浪费，盈利水平没有上升空间，也没有增加可能。这些都会影响产地冷链物流服务的创新发展和稳健经营。贫困地区交通不便，交通和物流道路迂回、环绕、交叉情况普遍，增加了时间成本。同时由于贫困地区地理原因的限制，农产品种类受限，生产受农时影响较大，即使建立冷库，冷库大部分时间也属于闲置状态。因此，在贫困地区建立冷库很大程度上并不能完善冷链体系的建设。

4. 产地冷链未形成有效的组织运作和管理模式

在计划经济年代，供销社系统、邮政系统承载了产地物流流通的大部分需求。随着我国经济体制改革，原有的运输体系土崩瓦解，新的物流体系未能建立，造成农村物流流通高质量服务的缺失。这样的现实导致生鲜农产品冷链物流"断链"是一种常态。全程标准化运作难以进行，由于个体农户规模小而散，且目前行业标准大部分为建议性标准，缺乏有效的监管，冷链物流起始于产地预冷、包装、经过仓储、运输、配送、零售等诸多环节，只要某一环节工作人员未按标准进行操作，就将导致"断链"。我国农村冷链物流正处于成长期，散小乱等现象普遍存在，集农产品收集、加工、运输、销售等环节的一体化物流体系尚未健全。冷链"断链"将降低物流效率，使生鲜产品质量大打折扣，运输效率低下，损耗率提高，效益大大降低。

5. 冷链相关人才缺乏，与产地冷链环境无法相互促进

就目前的产地冷链发展情况来看，产地对于冷链人才的要求仅仅在货物搬运和安全监督方面，即在农产品采摘后搬整箱入冷库，收购时从冷库搬出，负责出力装车、日常的安全检查和数目清点、腐损程度检查等简单工作。但其实具备物流专业知识储备、技术实践创新能力、抗压能力、责任心和执行力、顺应时代政策意识的冷链素质的人才，在一定程度上，可以促进产地冷链环境的更优建设，但目前，这种良性关系在产地冷链物流当中很少见到。冷链对货物的存放环境有着严格的要求，对温度、位置、距离、通风、衣着须严格把控；与此同时，还需要从业人员具备一定的制冷知识、供应链专业知识，对农产品、药品有一定的了解，具备经营管理的相关素质、极强的安全意识。

农产品冷链物流具有高成本、协调性要求高、环境复杂、易腐蚀等特点，生鲜程度是其品质的重要标准，所以"最先一公里"即与农户紧密相关的产地预冷环节是整个供应链上的关键环节。我国水果和肉类产量约占全球总产量的30%，蔬菜产量约占60%，然而预冷率却非常低，每年生产的果蔬损失率高达25%~30%，年损失近800亿元人民币，而发达国家果蔬损失率则普遍控制在5%以下。为此，国家大力支持生鲜农产品进行产地预冷，继续推动农产品仓储保鲜冷链设施建设及其水平提升，以鲜活农产品主产区、特色农产品优势区和贫困地区为重点，支持新型经营主体建设农产品仓储保鲜冷链设施，推动解决鲜活农产品流通出村进城"最先一公里"问题。近些年来对于预冷环节的冷链基础设施足够重视，也给予了巨大的投入，通过产地预冷环节来延缓生鲜农产品新鲜度的衰减，同时提高生鲜农产品的品

质，但是效果却并不理想。我国农产品的产地预冷保鲜率仅为30%，远低于欧美发达国家的80%。农户作为生鲜农产品产地预冷的实施主体，参与产地预冷的现状如何、影响因素有哪些、如何提高产地预冷参与率等，是之后需要解决的问题。

四、政策建议

（一）全面普及冷链物流常识前景，助力建设产地标准化、专业化

作为国民生活中不可或缺的一部分，冷链物流目前显然并没有受到国民的重视，国民的认识依然停留在"劳动力简单输出"的简单层面。政府、企业、农业、高校要加强对冷链物流行业的宣传和科普，悉数列举到生活的方方面面，详细阐述冷链物流与饮食的息息相关，让国民切实发掘冷链物流的重要性及冷链物流的广阔发展天地。以村为单位，统一培训冷链相关知识及相关标准和专业的普及，确保农户对农产品及冷藏食品运输中冷链发挥的作用有基本的了解，使消费者切身体会到冷链物流对自己生活品质的巨幅提升，对自种农产品销售收入的显著助力。同时，贯彻食品安全和食品营养与冷链物流密不可分的联系，彰显行业前景，从意识觉醒开始推进标准化、专业化。

（二）加强建设产地冷链基础设施设备，合理分配，降低成本

通过与合作方加强沟通，加强农产品产地冷藏保鲜设施建设，并逐门逐户合理有效分配，尽可能降低农户冷库使用成本是加快形成"双循环"新发展格局下的有效举措，是现代农业重大牵引性工程和促进产业消费"双升级"的重要内容，对提高重要农副产品供给保障能力、巩固拓展脱贫攻坚成果，同乡村振兴有效衔接、提升乡村产业链供应链现代化水平具有重要意义。

（三）加强产地冷链产业链协作，加大冷库利用率，高效运转

冷库一直是我国冷链建设的核心，冷链物流政策支持体系需要从过去以冷库建设为中心向两端延伸，包括前端农产品采摘后的预冷加工（最先一公里），以及末端的配送和消费（最后一公里），通过生产、加工、贸易、物流的进一步融合，逐步实现冷链产业链扶持政策的全覆盖。旺季按农产品种类分配，淡季按照入库时间、出库时间、保鲜时间合理分配，提高冷库使用率，促进高效运作，减少农产品浪费。

（四）用外部力量促进产地冷链未形成有效的组织运作和管理模式

以习近平新时代中国特色社会主义思想为指导，坚持供给侧结构性改革和注重需求侧管理，充分发挥市场在资源配置中的决定性作用，坚持"农有、农用、农享"的原则，围绕鲜活产品，聚焦新型主体，相对集中布局，标准规范引领，农民

自愿自建，政府以奖代补，助力降损增效，推动产地冷藏保鲜能力、商品化处理能力和服务带动能力显著提升，促进"互联网+"农产品出村进城加快实施、农产品产销对接更加顺畅、小农户与大市场有效衔接，更好满足城乡居民需求。积极引导冷链运输物流企业通过统一组织、按需配送、计划运输等方式整合资源，降低物流成本，提升物流效率。

（五）培养冷链相关人才，促进人才与产地冷链环境良性共生

重视冷链人才对产地冷链环境的良性促进作用，在日常的农作环境中，有意识地培养工人的冷链意识，除了简单搬运和日常检查，还应具备冷链物流专业知识相关储备、农产品技术实践能力、农产品价格当季抗压能力、责任心和执行力，以及了解冷链当下时代相关政策的意识。最大限度发挥冷链人才作用，增加产地冷链环境的产出和收入，培养高产出、高质量、高收入的产地环境，吸引更多的冷链人才，形成良性循环。由于冷链工作的特殊性，行业发展快，人才需求大，工作距离远、环境差，长期工作职业病多，所以需要增加岗位吸引力、创造就业、促进行业发展。

（本节作者为北京物资学院教授张喜才）

第三节　产地实例之烟台市樱桃产地物流降成本分析

一、烟台市物流业发展评估调研情况

近年来，烟台市高度重视发展现代物流产业，将之列入"八大主导产业"重点推动，大力发展航空物流、高铁快运和电商快递，加快发展现代供应链、智慧物流、冷链物流，先后成功入选中国最适宜发展物流城市、国家港口型物流承载城市、国家跨境贸易电子商务试点城市、国家"一带一路"倡议沿海支点城市等。

（一）积极为物流产业发展提供政策支持保障

烟台市政府及相关部门先后出台了《烟台市物流业发展中长期规划（2016—2025年）》《烟台市人民政府关于推动生产性服务业提升发展的实施意见》《烟台市物流业发展三年行动方案（2018—2020年）》《烟台市发展改革委等18部门关于贯彻落实降低物流成本实施意见的任务分工方案》等政策措施，围绕汽车制造、现代化工、特色农产品等优势产业，加快产业链物流、冷链物流和智慧供应链体系建设，推动多式联运、甩挂运输发展，着力打造环渤海国际航运枢纽、东北亚及环渤海物流枢纽中心，有力推动全市物流业发展。同时，编制了《烟台市现代物流业人才开发地图》《烟台市现代物流产业人才发展实施意见》，加快促进现代物流产才融合发展。近日，烟台市正在抓紧研究制定《烟台市物流业突破发展三年行动方案（2021—2023年）》，坚持高点定位、着眼长远、务实管用，突出构建"大动脉、大港口、大航空"和市级物流业中心区域发展重点，召开座谈会、协调会，有针对性地进行专题调研，目前正在抓紧起草当中。

（二）物流经济总量及产业比重持续增长

烟台市积极发挥传统物流优势，拓展新的业态，扩大物流市场规模，现代物流产业方兴未艾，物流总量快速增长。2020年，尽管受新冠肺炎疫情影响，全市物流业仍保持稳健发展态势，交通运输、仓储和邮政业完成增加值332.06亿元，增长4.8%；港口货物吞吐量3.99亿吨，增长3.51%；集装箱吞吐量330.02万标箱，增长6.38%。运营国际货运航线5条，完成货邮吞吐量6.74万吨，增长18.1%，在全国千万级机场中增幅排名第4位。实现邮政业务总量53.99亿元，增长25.87%，邮政业务收入34.66亿元，增长19.08%，快递服务网点2500余处，实现烟台市乡镇全覆盖。欧亚班列共计发运186列、9210车，是山东省内唯一可实现欧线、俄线、中亚线路和东南亚线路的全线路运营。

（三）物流企业和行业规模不断扩大

烟台市持续推进培强做大工程，形成了一批服务网络化、管理现代化的骨干园区和物流企业。截至目前，全市从事运输、仓储、配货等物流业务的企业3000余家，国家A级物流企业75家，其中5A级2家、4A级25家、3A级42家。传统运输、仓储业加速向现代物流业转型，农产品冷链物流、电商物流、共同配送、多式联运、保税物流和供应链等专业特色物流服务能力显著提升，宝能（烟台）国际物流中心、山东济铁烟台物流园、胶东智慧物流港、烟台国际商贸物流园、烟台传化智慧物流科技城等一批物流园区和骨干企业项目全面起势，行业规模成长迅速，现代物流产业体系初步形成。2020年，跨境电商进出口18.4亿元，总量列全省第三。烟台大樱桃、苹果、海鲜、葡萄酒等"名优特"产品触网热销。

（四）基础设施网络现代化水平逐步提高

作为"东方海上丝绸之路首航地"和"一带一路"倡议支点城市，国际供应链物流与中转联运物流需求快速增长，全市形成了由公路、铁路、港口、航空、管道组成的综合交通运输基础设施体系。2020年末，全市公路总里程19762公里，其中高速公路669.5公里；铁路营运总里程约600公里；全市港口拥有生产用码头泊位

242 个，拥有万吨级及以上泊位 108 个，其中 30 万吨级及以上 2 个，20 万吨级及以上 5 个、10 万吨级及以上 29 个、5 万吨级及以上 58 个；烟台蓬莱国际机场与 76 个城市通航，开通航线 122 条。

（五）烟台市物流业整体发展尚不充分

近年来，虽然烟台市物流业呈现快速健康发展势头，但总体来看，烟台港口城市优势不明显，现有物流设施布局较为分散，现代化仓储、多式联运转运、物流作业场地等设施不足，基础设施布局有待优化，物流园区功能亟须升级。多数物流企业装备技术水平和管理手段较为落后，提供一体化解决方案和物流增值服务能力不足，标准化、信息化程度低，市场竞争力不强。全市国家级 3A 以上的物流企业较少，特别是 5A 级物流企业少，在做大做强物流产业链条、促进物流业高质量发展方面拉动作用不足，物流业龙头企业培育引进力度还需加大。

二、典型农产品、物流企业的物流费用分析

（一）典型农产品：樱桃

1. 烟台樱桃–顺丰航运

（1）基本情况

樱桃是烟台的特色农产品。据烟台市樱桃协会介绍，烟台大樱桃为国家地理标准产品，目前栽培面积 35 万亩，占全国大樱桃栽培面积的 12%，产量 21 万吨，占全国大樱桃产量的 1/4，产量居全国首位。每年的 5 月中下旬到 6 月中旬为樱桃上市旺季，烟台顺丰速运有限公司配备充足的揽收人员和车辆，深入各乡镇樱桃批发市场设立便民寄递点，保障樱桃第一时间揽收和发出。每天设立三个班次，根据每一班次对应的运力资源，自动化匹配陆地干线（冷链、常温）、航空（全货机、散航）、高铁等最优时效的运输方式，其中 87% 的快件能够实现次日达。近年来，在烟台当地樱桃快递运输中，顺丰占据了 90% 的绝对份额。

（2）运量及收费价格

2020 年，烟台顺丰速运有限公司樱桃货运量 372 万票、9188 吨，平均运输距离约 1000 公里。从樱桃包装规格来看，平均重量 2.47kg，其中 2.5kg 的运单量占 60% 以上。据烟台顺丰速运有限公司统计，烟台樱桃运往全国实际平均收费价格为 31.8 元/单；运往北京的实际平均收费价格为 33.4 元/单，折合约 13.5 元/kg。

（3）运输成本情况

根据顺丰速运测算，烟台樱桃从农户经自有飞机冷链运输到北京客户手中，总成

本为 20.68 元/kg，包括：材料成本 1 元，收件成本 3.07 元，派件成本 2.41 元，网点管理成本 0.52 元，中转成本 1.16 元，中转管理成本 0.3 元，干线成本 0.09 元，支线成本 0.63 元，专机成本 11.26 元，其他成本 0.24 元。具体见表 4-1 所示。

表 4-1 顺丰运输成本

序号	项目	金额（元/kg）	占比（%）
1	专机成本	11.26	54.4
2	收件成本	3.07	14.8
3	派件成本	2.41	11.7
4	中转成本	1.16	5.6
5	材料成本	1.00	4.8
6	支线成本	0.63	3.0
7	网点管理成本	0.52	2.5
8	中转管理成本	0.30	1.5
9	其他成本	0.24	1.2
10	干线成本	0.09	0.4
合计		20.68	100.0

（4）物流费用率测算

据烟台市大樱桃协会介绍，烟台大樱桃中市场销量最多的为美早品种，质量好的商品价格不低于 40 元/kg，以 40 元/kg 及顺丰速运的平均收费价格 13.5 元/kg 测算，烟台大樱桃经顺丰自有航空运输并快递到北京的物流费用率为 34%。

2. 西安樱桃-京东物流航运

（1）基本情况

2020 年，京东物流承运樱桃快递件超 500 万单，其服务樱桃 B 端客户 800 家以上，服务樱桃 C 端客户超过 10 万家。其中西北樱桃项目累计揽收 39 万单，陕西西安为樱桃揽收最大地区。从订单流向看，西北占比最大，为 36%，其他占比较大的区域有华南（18%）、华东（15%）、华北（12%）。

（2）运量及收费价格

京东物流承运西安樱桃到北京总单量约 3 万单，单均收入约 25 元，单均重量 2.4kg，折合约 10.4 元/kg。

（3）运输成本情况

经京东物流测算，西安樱桃经散航快递至北京客户手中，总成本为 8.11 元/kg，其中散航干线成本约 4.6 元，揽派成本 2.2 元，分拣中心成本 0.86 元，支线成本 0.45 元，如表 4-2 所示。

表4-2　京东运输成本

序号	项目	金额（元/kg）	占比（%）
1	散航干线成本	4.60	56.7
2	揽派成本	2.20	27.1
3	分拣中心成本	0.86	10.6
4	支线成本	0.45	5.6
	合计	8.11	100.0

（4）物流费用率测算

以 40 元/kg 销售价格及京东物流平均收费价格 10.4 元/kg 测算，西安樱桃经散航空运并快递到北京的物流费用率为 26%。

（二）连锁超市行业：以山东家家悦物流有限公司为例

1. 企业简介

家家悦集团是以超市连锁为主业，以区域一体化物流为支撑的上市公司，目前拥有直营连锁门店 935 处，网络覆盖山东、北京、河北、安徽、江苏、内蒙古 60 多个市县。山东家家悦物流有限公司作为家家悦集团的全资子公司，负责集团下属 900 多家门店的商品配送、冷链运输等物流配送服务。目前在威海、青岛、烟台、济南、河北张家口、安徽淮北建设了 6 处常温物流中心和 7 处生鲜物流中心，总仓储面积约 30 万平方米，生鲜农产品日均吞吐量约 2600 吨，常温商品日均吞吐量约 30 万件。

根据山东家家悦物流有限公司统计，2019 年常温配送件数 4467 万件，生鲜配送 233002 吨，2020 年常温配送件数 4557 万件，生鲜配送 351572 吨。生鲜品类以配送重量计算，最大的 5 个品类为：蔬菜（43%）、水果（26%）、面食（8%）、肉禽（8%）。若以配送金额（相当于超市门店进货价格）计算，最大的 4 个品类为：肉禽（27%）、蔬菜（22%）、水果（21%）、熟食（8%）、低温乳品（7%）。

2. 物流成本结构分析

根据山东家家悦物流有限公司提供的成本情况表，运费、人力成本、折旧费三大费用是企业成本最大构成项目，2020 年约占总成本的 41.2%、28.2%、11.8%。具体如表 4-3 所示。

表4-3　家家悦物流有限公司成本构成情况表

序号	指标	2019 年		2020 年	
		金额（万元）	占比（%）	金额（万元）	占比（%）
1	运费	9184	45.7	11090	41.2
2	人工费	5735	28.5	7589	28.2
3	折旧费	1417	7.0	3167	11.8
4	耗材费用	946	4.7	1325	4.9
5	能源费用	569	2.8	553	2.1
6	其他费用	2249	11.2	3198	11.8
7	合计	20099	100.0	26922	100.0

3. 物流费用率分析

根据山东家家悦物流有限公司 2019 年物流收入 21074 万，配货额 708244 万计算，家家悦集团自配商品的物流费用率 2.98%，2020 年物流收入 27994 万，配货额 838318 万，物流费用率 3.34%。

经了解，家家悦各销售门店商品的零售价格在配货额基础上会有一定加价（加价率企业待提供），同时，商品在入库前由各供应商自行组织运输至山东家家悦物流有限公司各仓库，这部分物流费用在山东家家悦物流有限公司财务账中无法体现。因此，从整体来看，该物流费用率不能完整反映整个商品物流费用水平。

（三）快递运输行业：以京东物流为例

1. 企业简介

京东物流原为京东集团 2007 年成立的内部物流部门，2017 年 4 月正式成立京东物流集团，是目前中国最大的一体化供应物流服务商。2020 年，其收入的 53.4% 为京东商城平台商品提供仓储及配送等服务。据企业介绍，京东商场通过京东物流处理的线上订单总数中的 90% 可于下单当日或次日达。

2. 企业整体成本结构分析

根据京东物流提供的成本情况表，员工福利支出、外包成本（主要是向外部运输、配送公司支付的费用）、租金成本三大费用是企业成本最大构成项目，约占 2020 年总成本的 35.7%、35.7%、9.0%。具体见表4-4。

表4-4　京东物流成本表

成本项目	2019 年		2020 年	
	金额（亿元）	占比（%）	金额（亿元）	占比（%）
一、营业成本合计	464.2	90.4	670.8	91.8
（一）员工福利支出	196.9	38.4	260.6	35.7
（二）外包成本	163.1	31.8	260.9	35.7
（三）租金成本	46.5	9.1	65.9	9.0
（四）折旧及摊销	11.8	2.3	14.2	1.9
（五）其他	45.9	8.9	69.2	9.5
二、期间费用合计	49.3	9.6	60.0	8.2
（一）营业费用/销售费用	9.5	1.8	18.2	2.5
（二）研发费用	16.8	3.3	20.5	2.8
（三）管理费用	18.7	3.7	16.8	2.3
（四）财务费用	4.3	0.8	4.5	0.6
三、完全成本	513.5	100.0	730.8	100.0

3. 物流费用率分析

京东物流 2019 年、2020 年总收入分别为 498.5 亿元、733.7 亿元。为京东商场配送商品（企业称为内单商品）收入分别为 306.8 亿元、391.6 亿元，占比分别为 61.6%、53.4%。我们请京东集团财务人员统计了内单商品京东商城对应销售额，2019 年、2020 年分别为 5107.3 亿元、6518.8 亿元。据此测算，京东商场内单商品的 2019 年、2020 年的物流费用率均为 6.0%

三、关于温控物流的有关情况

（一）烟台市温控物流发展情况

烟台市地处北纬 37°，拥有 1038 公里海岸线，较为优越的地理位置和气候条件造就了烟台这座全国重要的渔业、水果、食品生产加工大市，是亚洲唯一的国际葡萄酒城，盛产海参、鲍鱼、对虾等海产品，烟台苹果、葡萄、莱阳梨、福山大樱桃等产品国内外知名度较高，大樱桃、苹果年产量约分别占全国总产量的 40%、10%，肉类、蔬菜、水产品等主要农产品产量均居全省前列。培育形成了肉类食品深加工企业集群、生产加工企业集群、水产品生产加工企业集群、医药研制生产企业集群，引进了与冷链有关的重点大型物流供应链平台企业，通过强化与上下游战略合作及资源整合，建设完善冷链物流配送网络，网络化、标准化、规模化的发展态势逐步形成。

全市目前从事两个环节以上物流业务的物流企业达到 3000 余家，从事冷链物流相关的企业 200 余家，其中，国家四星级冷链物流企业 1 家。据不完全统计，烟台市现有果蔬冷藏库和气调库近 200 座，冷藏能力 360 万吨，水产品冷冻库 500 余座，冷冻能力 200 万吨。冷链运输车辆 2000 余台，冷链城配车辆 600 余台，冷藏运输车数量居全省之首。烟台近年来先后入选全国农产品冷链流通标准化试点城市（2016年 12 月）、全国农产品冷链流通标准化示范城市（2018 年 4 月）、全国城乡高效配送首批试点城市（2019 年 2 月）。

（二）温控物流企业反映的主要问题

一是鲜活农产品冷链覆盖率和推广普及率仍较低。企业普遍反映目前冷链运输设备数量匮乏、冷藏运输能力较弱。如烟台顺丰速运有限公司反映，生鲜农产品产后预冷技术和低温环境下的分等级包装加工等处理手段尚未普及，公司在烟台能够联系到的冷链车辆不到 100 辆，占货运车辆的比例不足 0.3%，一些大型批发市场缺乏必要的冷冻冷藏功能。据京东物流反映，很多地区冷库设施集中在市内，而田间地头"最先一公里"冷藏设施严重缺乏，造成农产品损耗较高及上行困难。

二是冷链物流技术化标准化水平有待提高。调研中山东家家悦物流有限公司反映，部分物流标准化应用推广较慢，上下游衔接不畅。如国家对生鲜周转筐在尺寸上进行了统一，但在深度、形式上没有制定统一标准，造成全国各地供应商仍使用自有周转筐标准，卡槽、码垛、运输过程中易造成商品倒塌、破损，在入库、分拣、出库等环节造成大量损耗。据顺丰速运反映，目前各类产品储存、温控标准、规章制度缺乏，市场上廉价却无法保障运输质量的运输方式普遍存在，导致劣币驱逐良币，扰乱市场秩序。据京东物流反映，有的地区农户为了获取财政补贴大量占用耕地自建土库，使用二手压缩机设备并使用氨作为制冷剂，设备不规范存在严重的安全隐患。

三是冷链物流信息化技术化水平有待提高。调研中了解到，从产地到餐桌整个冷链流程的信息化管理系统尚未大范围普及，供应链各方在冷链运输、加工、仓储、配送等过程中的信息流及物流供需信息的不对称，造成资源利用率偏低，物联网、大数据等信息技术的应用偏少，缺乏追溯系统做保障，缺少冷链物流公共信息服务平台等第三方平台实现冷链物流行业的信息共享。烟台顺丰速运有限公司反映，第三方冷链物流企业目前仍以中小企业为主，服务标准不统一，缺乏具备资源整合和行业推动能力的大型冷链物流企业。

四是发展壮大存在资金、人才瓶颈。调研中了解到，物流企业在发展壮大的过程中，往往受到资金不足的制约，一些大的专业金融机构贷款程序复杂，审核过程冗长，致使企业只能承担着较高的利率从农信社等合作银行融资。另外，物流行业需要具有丰富理论知识及实践经验的复合型人才，而我国普通高校、职业院校冷链物流专业教育水平不足，调研中物流企业均不同程度存在物流专业人才匮乏及用工紧张、招工难的现象。

（三）有关建议

一是推进冷链基础设施升级改造。鼓励物流企业引进和使用先进的标准化、专业化冷链物流专用设备，提高农产品生产加工机械化、现代化程度，鼓励物流企业充分利用先进信息技术建立车辆定位跟踪、仓储管理、运输管理、订单管理、全程温度自动监测的信息化管理系统。推广应用标准化储藏箱、周转箱、托盘等流通器具，加强循环使用。

二是加快建设冷链物流信息化体系。搭建全国性的冷链物流公共信息服务平台，逐步打通冷链运输、仓储、加工、配送等多个环节的信息孤岛，实现整个供应链冷链物流数据动态查询和共享，优化配置、整合冷链物流车辆和货源，提高运行效率。同时，对冷链物流各个环节温度实行全程监控管理，提升冷链物流产品溯源能力。

三是推动金融服务提质增效。冷链物流投资大、成本高、收益低、回报周期长，要加大金融支持小微企业力度。进一步降低专业银行信贷标准，拓宽信贷扶持范围，逐步调低冷链物流贷款利息水平，将贷款贴息、低息贷款等政策性扶持手段应用到农村合作银行等基层金融机构。

四是大力培育冷链物流专业人才。大力开展冷链物流职业教育，形成多层次人才教育和培育体系，依托科研院所、行业协会、大专院校，加强对冷链物流行业从业人员的专业技术和实操技能的培训，同时提供在企业实习、实践的机会，培养一批具备现代冷链物流管理理论知识、掌握相应制冷技术、低温设备管理、物联网技术、农产品食品科学等方面知识的复合型冷链供应链管理人才及具有规范娴熟操作技能的作业人员。

调研中，烟台市物流协会及当地物流企业反映的其他物流方面问题包括：在公路运输方面，城市配送车辆限行导致门店配送难；高速路农副产品绿色通道需要开箱检查与冷链保温要求存在冲突；高速通行费从按重量改为按轴收费后，物流企业普遍反映费用较原来有所增加等问题。在纳税方面，普遍反映交通运输和仓储服务增值税率不统一，加大了企业计算难度，也增加了征税成本。

第五章
农产品食材供应链新链路

第五章共分为五节，本章内容由我国传统食材供应链现状切入分析，分别从农批市场发展现状、现存问题、转型升级方向、发展途径多方面分析。案例包括水果供应链模式的浅析、预制菜的现状及未来分析、火爆的社区团购的解读，以及未来餐饮食材核心中央厨房的现状及未来展望。

第一节　传统食材供应链发展现状与未来展望

我国具有全球最全的现代工业体系，目前已拥有 41 个工业大类、207 个工业中类、666 个工业小类。作为人口大国和美食丰富的餐饮强国，我国有较为完整的食品工业，并且食材品类齐全，拥有完整的产业链布局，也是食材供应链大国，食材产业规模位居全球第一。

一、我国传统食材供应链现状

（一）食材供应链规模不断扩大

经历多年的发展与市场竞争，我国餐饮业发展已经进入了经营业态多样化、经营模式连锁化、行业发展产业化和组织模式数字化的新阶段，国家统计局公布的最新数据显示，2020 年中国餐饮市场总收入 39527 亿元，预计 2021 年中国餐饮市场总收入将达 4.5 万亿元，2024 年中国餐饮市场规模将超 6.6 万亿元，按餐饮平均 30%～40% 的原材料成本测算，餐饮食材供应链市场规模至少有 1.98 万亿元。目前我国传统食材供应链行业的产品已经多达上万种，其涉及的食材主料和辅料繁多。按照食材流通方式，可将其划分常温食材和冷链食材，具体分类层级见表 5-1。

表 5-1　食材分类表

第一层级	第二层级	第三层级
常温食材	调味品	生抽、盐、味精等……
	粮油类	米、面、方便食品、食用油等……
	饮品类	饮料、纯净水、酒……
	干品类	核桃、花生、干米粉等……
冷链食材	蔬菜类	根菜、茎菜、叶菜、食用菌等……
	鲜果类	西瓜、火龙果、哈密瓜等……
	水产类	鱼类、虾类、贝类等……
	肉禽类	猪肉、牛肉、鸡肉、鸭肉、羊肉等……
	蛋奶类	禽蛋、牛奶、鲜奶等……
	火锅配料类	关东煮、肉丸、蟹棒、毛肚等……

数据来源：根据国家统计局、弗若斯特沙利文、中商产业研究院整理。

统计表明，2020 年我国传统食材供应链行业资产总额为 3705 亿元，同比增 7.5%，主营业务收入 1868 亿元，利润总额达 236 亿元。目前我国共有餐饮相关企业 960.8 万家，2020 年全年注册量达到 236.4 万家，同比增长 25.5%。可以看出，我国食材供应链行业规模整体呈现上升趋势，随着产业结构调整的深入，中高端食材供应链发展迅速，体量大增。

（二）本土食材供应链呈现持续增长态势

我国是食材供应链生产大国，市场快速增长促进了食材供应链行业规模的快速提升，行业竞争十分激烈。早期，外资龙头企业是食材供应链行业的重要组成部分。近十年来，中国本土食材供应链企业快速发展，外资龙头企业的市场份额及盈利能力反而降低。国内的食材供应链企业大部分成立较早、品牌价值高、运营体系成熟、产品质量好、价格相对外资企业低、产品覆盖全国、拥有忠实的客户群体，是中国食材供应链行业的中坚力量。未来，伴随食材供应链行业的某些专利到期，外资产品的优势将进一步被削弱，中国食材供应链企业的市场份额将进一步提升。企查查数据显示，自 2015 年起，食材供应链公司的注册数量在逐年递增，2015 年食材供应链注册数量仅 21 家，到了 2020 年，新注册的食材供应链公司则翻了 5 倍之多。同时 2020 年中国农产品食材供应链百强布局显示（见表 5-2），食材供应链重点企业年营业总收入近 3000 亿元，榜单 95% 以上的企业年营收突破亿元，表明国内供应链企业发展潜力巨大。

表 5-2　2020 年中国农产品食材供应链百强布局表

	华东区	华南区	华北区	华中区	西南区	东北区	西北区
上榜企业数量（家）	33	20	19	14	8	3	3

数据来源：根据国家统计局、弗若斯特沙利文、中商产业研究院整理。

（三）自建食材供应链为行业主要模式

得益于餐饮行业的整体规模增长，近几年，食材供应链发展迅猛，国际化食材供应加大、上游食品工业触角下沉、专业的供应链服务层出不穷。调查显示：目前我国成规模的连锁餐饮企业中 74% 已经自建中央厨房供应链。餐饮旅游行业报告显示餐饮企业开店近 20 家时自建的中央厨房能达到盈亏平衡点，另一方面，中央厨房可以解决西式快餐 90%、西餐 70%、中餐 40% 的标准化制作，所以绝大部分规模餐饮企业都倾向于采用自建供应链的模式。因为自建供应链能够最大程度保证食品安全质量，形成标准化、规模化的生产模式，且传统食材供应链体量大，很容易达到盈亏平衡点。如餐饮企业海底捞旗下控股企业蜀海供应链，帮助海底捞实现了全国平台化服务、集中化食材采购、标准化央厨处理、统一化质量管控和网络化物流系统，海底捞通过自建食材供应链营造了一个餐饮生态链。但是食材供应链搭建一定是一个重资产投入的战略规划，从研发、采购、仓储物流、信息化系统甚至中央厨房建设，等等，每一个环节都需要耗费巨大的人力、财力、物力。89%的企业自建中央厨房在前期成为企业负担，加上在模式创新、信息技术应用、冷链物流、源头采购等领域缺乏明显技术优势，与专业做食材供应链的企业相比，成本居高不下。

（四）食材供应链平台化趋势越来越明显

受互联网思维与互联网、云计算、大数据等技术影响，供应链市场催生了 O2O（online to offline，线上到线下）、C2B（customer to business，消费者到企业）、P2P（peer to peer，个人对个人）等"新业态"，传统模式受到冲击。之后，受疫情需求推动，外卖平台买菜及闪购等即时物流需求增长迅猛，一部分线下消失的餐饮消费需求分拆为食材原材料采购、食材半成品采购等需求，倒逼供应链直接协同外部资源，过往的经销商等节点不得不往平台化转型，提供主动支持的服务。在数字化转型和新技术的带动下，食材供应链冗长、分散的主要特征逐渐将得到改善，食材供应源、食材整合商、配套物流配送与售后服务等供应链体系运作效率倍增。望家欢等企业传统供应链底层升级和数字化转型，美菜网、叮咚买菜在疫情中的异军突起，每日优鲜云仓、前置仓的大量布局，都体现出平台化是食材供应链在时代背景下的必然选择，可通过此举来提升供应链的及时性，降低"长尾效应"的影响。

二、我国传统食材供应链发展过程中存在的问题

食材供应链是连接上游农产品和下游餐饮企业的桥梁，食材供应链的核心是供给侧匹配需求侧，为下游餐饮企业提供所需的各类食材。餐饮企业供应链的成熟度决定了企业未来发展的核心竞争力，高效的供应链能够帮助餐企保证食材安全和品质，提高采购和物流效率，在一定程度上控制食材成本，最终提高餐企的标准化程度。目前我国食材供应链呈现出产业链流通环节松散、核心组织功能弱、冷链物流服务水平低、供给侧失衡等问题。

（一）产业链流通环节松散，成本居高不下

传统食材供应链普遍存在"四高一低"问题，即受到租金成本、人工费用成本、原料成本、能源成本持续走高的影响，实际利润却在不断地降低。既要管控成本、减少支出，又要确保供应链体系高效、便捷，还要保证食材质量，一直都是传统食材供应链想要破解的共同难题。我国流通模式复杂多样，既有多级批发市场流通模式，也有农超对接直供模式，造成传统食材供应链流通环节过多且松散，供应

链上各节点协作程度低，自身水平专业化程度不高，生鲜食材从农户经过多级分销转运到终端，加上运输过程中的产品损耗，成本大幅增加。目前生鲜食材总加价率超过100%，总体流通损耗率2%～8%，其中果蔬流通损耗率超20%。优秀的供应链管理是餐饮品牌规模化发展的重要前提，食材供应链作为连接食材与餐、企之间的纽带，需有效减少中间环节的成本。

（二）食材供应链核心组织能力较弱

食材供应链核心组织能力较弱的原因主要有以下三点：第一，目前我国虽有农产品生产头部企业发展良好，但数量少，占据整体行业市场比例较小，大部分农业生产企业还相对滞后，标准化程度低，服务能力不足，无法起到核心带动作用；第二，我国不乏大型农贸市场和批发市场，但是大部分农批市场地域化属性强，经营品类单一，缺乏规范化管理，像新发地、海吉星、河南万邦等具备全国影响力，乃至世界影响力的综合型批发市场非常少，供应链组织能力较弱；第三，在新冠肺炎疫情对经济的巨大冲击下，传统食材供应链行业重新洗牌，投资融资主要集中于食材供应链中的头部企业，大部分中小企业缺乏技术和资金，链路烦琐加上缺乏核心竞争力，供应链的协同作用无法发挥，食材供应链还面临着巨大挑战。

（三）中国食材特性加大食材供应链的操作难度

我国地貌多样、疆域广阔，中国餐饮行业食材与烹调手段丰富，食材的地域性、季节周期性和需求不均衡性决定了我国食材供应链复杂程度远超欧美国家。我国生鲜食材产量和供给能力整体呈现出"东密西疏"的基本格局，5000万吨以上规模的生鲜食材产地主要集中在河北、山东、河南、江苏、湖南、湖北、四川、广东、广西等省份，山东和河南食材产量居全国首位（见表5-3）。另一方面，农业技术的革新和冷库冷藏车的出现，推进了反季食材生产和冷链物流的发展，降低了食材季节供给不均衡性，但整体上看，季节性强、需求弹性小、易腐坏、不耐运等食材固有特征依然存在，给食材供应链供给侧增加了相当的操作难度。

表5-3　我国生鲜食材产量地域分布表

序号	产量（万吨）	地区分布
1	10000 以上	河南省、山东省
2	5000～10000	河北省、江苏省、湖南省、湖北省、四川省、广东省、广西壮族自治区
3	3000～5000	辽宁省、安徽省、浙江省、陕西省、贵州省、云南省

序号	产量（万吨）	地区分布
4	3000 以下	西藏自治区、青海省、甘肃省、宁夏回族自治区、内蒙古自治区、山西省、黑龙江省、吉林省、天津市、北京市、上海市、重庆市、海南省、台湾省、香港特别行政区、澳门特别行政区

资料来源：各地方农业农村部、中国农业大学数据库整理。

（四）冷链物流专业化程度较低

重投入、重营运、高技术要求是冷链物流首要行业壁垒，目前我国食材流通方式还是以常温物流为主，很多食材产地缺乏缺少预冷库、保鲜库、冷藏车、电子结算等基础设施，没有形成区域化、规模化、专业化的市场服务体系。尤其是贫困地区，农户的专业运作意识较低，田间地头的分级、分选、包装多由人工完成，农户生产出来的农产品也不能及时保鲜储存或者及时运出，供应链中损耗非常大。

（五）食材供应链信息不对称致使供需失衡

食材供应链的两端，是大小不一的农户，以及分散的百万家餐馆，供应链上存在多级经销商、批发商，但消息经过几次传播后，信息的失真度越来越高，供应链两端的信息匹配度极低，长尾效应十分明显。在食材生产方面，只有国家统计局、农业农村部和国家粮食和物资储备局等才开展大规模监测，小宗农产品信息监测和共享水平依然偏低，农业数据开放不足，无论是食材生产商还是餐饮从业者，很容易处于信息孤岛。多层分销链路也大大削弱了食材供应链盈利能力和核心竞争力，限制了供应链上各企业的能力发挥。

三、我国传统食材供应链的发展建议与展望

（一）投建综合型食材物流基地，形成枢纽型服务模式

虽然传统食材料供应链多以自建为主，但是对于中小型食材供应者而言，在供给与需求都没有形成规模的条件下，需要有综合型食材物流基地作为平台保障，形成规模化、组织化的运作模式。在此基础上政府合理配置土地、车辆通行权限、企业运作资质等产业运作资源，集中改善冷链设施所需的电力等市政基础条件，统一部署实施区域交通提升计划，构建区域、产业协同发展的枢纽型服务模式。基于枢纽型的服务模式，投建基础设施设备，为食材品牌商或者供应商等提供良好的仓储条件和销售、展示、结算中心；并设立中央厨房，提供食材采购、选菜、切菜、配菜、调料等标准化服务。大力强化与餐饮、电商企业的业务协同，实现产业空间集

聚，开展"线上+线下"云仓服务，实现产业交叉与跨界融合，为餐饮企业提供集合研发、采购、生产、品保、仓储、运输、信息、金融的一体化综合型服务，形成集群效应，构建新型食材供应链运作机制，真正节约供应链成本。

（二）打造产地特色食材品牌，强化差异化竞争力

传统生鲜农产品供应链中，小农经济特点突出，农户很难打造属于自己的品牌。加上新鲜食材具有高度同质性的特点，供应商很难通过直接销售在市场竞争中获取更大的利益。合作社、产地供应商长期同数量众多的农户进行合作，形成规模效应，相对更容易打造具有地理标志的食材品牌。一方面，合作社、产地供应商根据品牌的要求，联络和组织众多农户按照品质标准进行种养、选品和分级；同时，合作社、产地供应商与食品加工商深度合作，将部分生鲜农产品转变为具有地理标志的各类生鲜食材或者预制品，共创优势产地食材品牌。另一方面，合作社、产地供应商应该充分利用"互联网+"营销策略，强化同集团型客户的合作，充分发挥零售商与社群消费者的"粉丝"效应，不断向市场推广和强化产地特色品牌。最终以产品差异化提升市场竞争力，协同带动全链条发展。

（三）建立高效食材管理信息系统，增加响应速度

建立高效的食材供需信息系统，提高客户响应速度，是供应链发展的重要条件。一是要做到共用共享数据和信息，由此来减少供应链整体成本，提高整条供应链的效率。二是提升基层作业人员作业的操作准确率和速度，提高管理阶层的决策分析能力。大部分供应链通过 ERP（enterprise resource planning，企业资源计划）对每天的供销存进行分类统计，将信息汇总到后台数据库中，分析消费者的消费倾向及短时期内的消费趋势，帮助餐饮新产品的设计与研发。而且餐饮连锁企业总部也可根据这些数据进行食材的配送。信息平台的搭建，可以彻底解决运输车队、门店、中央厨房和采购等部门间信息系统的无缝衔接，从而提高整个供应链的水平。

（四）实现全程温控物流管理，重视食材安全

食材供应链的核心竞争力就是打造"从产地到餐桌"全产业链，随着消费升级，消费者对食材品质、时效和个性化要求越来越高。目前我国法制与政策不健全、基础设施陈旧、冷链断链带来的食品安全等问题加剧供应链风险，设计食材供应链全程温控解决方案对于提升供应链核心竞争力非常必要。结合各地食材资源禀赋，制定高标准的技术方案和作业规程，确保全程可监管、可追溯、可视化，以防止食材在途解冻或超温变质，并且保证运输时效。供应链上各节点企业统一采用冷链全程溯源管理平台，所有冷链设备，通过高精度温（湿）度探头，采集数据上传平台

和云端，冷链设备所收集的货品、环境、监控、库存、车辆路径等信息将通过平台实现监测和分析，达到对生鲜食材冷链数据进行全覆盖、全链条监管。

（五）赋能食材供应链数字化转型，发展新模式

除了餐饮企业自身发力，巨大的市场潜力也吸引各大资本纷纷入局，并形成了自营和平台两大供应链模式。尤其在互联网技术助推下，餐饮食材供应链 B2B（business to business，企业到企业）平台得到快速发展，餐厅需求直通农户，信息得到准确传递。另外餐饮企业、超市、便利店等针对 C 端提供的半成品食材越来越受到市场欢迎。这些新的模式将传统线下的交易转向线上。据艾媒咨询统计，2020 年中国直播电商行业的总规模将超过 9000 亿元，拼多多市县长助农直播超 205 场，辐射 375 位市、县、区，成为参与推介、缔结联通农产品商家和终端消费者的重要纽带。丰富多样的商业模式会进一步催化供应链数字化转型，协同农户、生产商、物流商进行产品规划和供应，实现供应链增值。

（六）深化餐饮产业供给侧改革，提高资源利用率

餐饮业传统作坊模式，如农贸市场采购、商家配送、后厨加工的夫妻店等比重偏高；而现代餐饮业态，如集中采购和源头采购、中央厨房等比重偏低。提高餐饮业供给水平，首先，需要从食材供应链优化内部行业结构，通过资本投入、科技注入和增加智力保障，提升餐饮业全要素生产率。其次，通过颁布餐饮业生态化发展管理制度，配套建立和实施餐饮业生态化认证体系、环境监测预警机制和餐饮企业资源能源交易市场制度等法制化现代化手段，保证餐饮企业的生态化运营。第三，对全产业链进行资源整合，将去过剩产能行动腾出的资源和市场转移到科技含量高的现代餐饮业态，提高资源利用率，进而提高传统食材供应链的能力。

（本节内容由吴砚峰支持。）

第二节　我国农产品食材供应链发展分析

近年来，党中央、国务院高度重视我国农产品供应链体系建设。2017—2021 年，中央一号文件始终强调需要加强我国农产品现代流通体系，提升农产品流通效率，为我国进一步加强农产品供应链体系建设营造了良好的政策环境。2021 年 2 月 21 日，中央一号文件《中共中央 国务院关于全面推进乡村振兴加快农业农村现代化的意见》发布。针对乡村建设提出了一系列工作规划，包括加强乡村公共基础设

施建设，打造数字乡村，提升农村基本公共服务水平，加快完善县乡村三级农村物流体系等。

为切实落实《中共中央 国务院关于全面推进乡村振兴加快农业农村现代化的意见》要求和中央农村工作会议部署，进一步加强农产品供应链体系建设，2021 年 05 月 18 日，财政部、商务部联合印发《关于进一步加强农产品供应链体系建设的通知》，明确提出，将坚持紧紧围绕畅通国内大循环、助力构建新发展格局，遵循"强节点、建链条、优网络"的工作思路，以省、自治区、直辖市为实施主体开展农产品供应链体系建设，着力完善农产品流通骨干网络，强化长期稳定的产销对接机制，加快建设畅通高效、贯通城乡、安全规范的农产品现代流通体系。通过两年时间，支持加快形成农商联系更为紧密、产销衔接更为畅通的农产品供应链体系。

我国农产品供应链体系建设迎来了加速发展的新机遇，本文在对农产品食材供应链进行界定的基础上，系统分析了我国农产品食材供应链的现状与特征，并提出了相应的政策建议。

一、农产品供应链与农产品食材供应链

（一）概念界定

根据《中华人民共和国农产品质量安全法》，农产品是指来源于农业的初级产品，包括农业活动中获得的植物、动物、微生物及其产品。广义的农产品既包括初级农产品，又包括以初级农产品为原料的加工产品。

农产品食材和农产品食材供应链还没有形成统一的定义。1994 年《食品工业基本术语》对食品的定义中可以看出，食材被定义为食品的一部分。食品是指可供人类食用或饮用的物质，包括加工食品、半成品和未加工食品，不包括烟草或只作药品用的物质。从食品卫生立法和管理的角度，广义的食品概念还涉及所生产食品的原料、食品原料种植、养殖过程接触的物质和环境、食品的添加物质、所有直接或间接接触食品的包装材料、设施，以及影响食品原有品质的环境。因此，作为生产食品原料的食材属于食品的范畴。农产品食材是指作为生产食品原料的初级农产品和加工农产品，要比广义的食品的概念小。

我们可以根据农产品供应链的概念来界定农产品食材供应链，是指围绕核心企业，通过对物流、资金流和信息流的控制，从农产品食材采购开始，到中间产品及最终产品，最后通过销售网络到消费者手中，它将供应商、制造商、分销商、零售商及用户连成了一个整体的功能网链结构模式。实现农产品从农户到消费者的转移，

完成供应链上的相关组织的利润分配。

可以看出，农产品食材供应链包括从食材的初级生产者到消费者各环节的经济利益主体，涉及农户、农村合作社、加工企业、分销中心、配送中心、连锁超市、零售店、批发市场、集贸市场、消费者等。

（二）农产品食材供应链分类及主要特征

根据农产品食材供应链的发展阶段，我们可以将其分为传统模式的农产品食材供应链和现代农产品食材供应链。传统模式的农产品食材供应链是指农户、批发商、小商贩、集贸市场和农产品食材零售店等为主要参与主体的渠道系统。主要包括以批发市场为核心的供应链模式和以超市为核心的"农超对接"模式。在传统的农产品食材供应链里，各主体规模相对较小，主体间横向或纵向协作相对较少，农产品分销范围有限。

随着农户组织化程度的不断提高，农业经营主体之间的合作不断加强及网络技术和电子商务的迅速发展，中间经销环节逐渐减少，农产品食材供应链趋于扁平化和多渠道化，产生了现代农产品食材供应链。现代农产品食材供应链可以分为自营供应链的重资产模式和平台型的轻资产模式，轻资产模式主要是通过信息平台赋能传统餐饮食材供应链，为餐饮企业和经销商提供信息对接交流服务，成本较低，但利润有限。重资产模式是通过自建物流或食材生产企业参与食材供应链的各个环节，能够掌控食材从采购、运输、销售、配送和售后的全部环节，成本和利润均较高。其中，重资产模式主要包括两类：一是餐饮企业向上游延伸，成为供应链企业，这是从传统餐饮企业发展起来的供应链企业，典型的如海底捞的蜀海供应链；二是互联网电商平台模式，它们拥有独立的仓储物流和配送体系，典型的如针对中小餐饮企业的美菜网。

按照农产品食材的供应对象，可以将农产品食材分为直接面向个体消费者食材和面向餐饮企业的食材。现阶段，我国的农产品食材供应链多指面向餐饮企业的食材供应链。

二、我国餐饮业发展现状及餐饮食材需求现状

随着收入水平的不断提高，我国居民消费需求持续升级。"十四五"规划提出，坚持扩大内需这个战略基点，把实施扩大内需战略同深化供给侧结构性改革有机结合起来，以创新驱动、高质量供给引领和创造新需求，加快构建以国内大循环为主体、国内国际双循环相互促进的新发展格局。餐饮作为人民生活中最基本的需求，

居民消费向高品质方向发展，对餐饮行业提出了更高的要求，也给餐饮业和餐饮食材的发展提供了更加广阔的市场，需要掌握我国餐饮业发展的现状，进而了解我国农产品餐饮食材需求的典型特点及其对农产品食材供应链产生的影响。整体来看，近年来我国餐饮业发展主要呈现出以下几个特点。

一是餐饮行业规模不断扩大，对经济增长贡献率不断提升。随着我国经济的高速增长，居民生活水平和消费水平不断提高，我国餐饮业快速增长。2010—2019年，我国餐饮收入呈现出波动中上升的趋势。十年间，我国餐饮业收入的平均增长率为 11.4%，餐饮业收入占社会消费品零售总额的比重均稳定在 10% 左右，餐饮业对整个消费市场增长贡献率保持在 13% 左右，餐饮业经济贡献稳居第三产业前列。2019 年我国餐饮业收入规模为 4.67 万亿元，较 2018 年增长 9.4%，高于同期社会消费品零售总额增速 1.4%，高于国内生产总值增速 3.3%。2020 年受新冠肺炎疫情影响，我国餐饮业收入下降 16.6%，随着疫情稳定控制，餐饮业收入逐步回升，并保持较高增长率，餐饮业在扩内需、促消费、稳增长、惠民生方面作用强劲，餐饮市场呈现出稳步增长态势。

二是小规模餐饮主体占比较大，餐饮产业集中度低。虽然餐饮业规模庞大，但是产业集中度较低。中国烹饪协会数据显示，2019 年限额以上单位餐饮企业收入为 9445 亿元，占全国餐饮业整体收入的 20.2%，餐饮业百强企业收入为 3273.8 亿元，占全国餐饮业总收入比例仅为 7.0%。由此可以看出我国餐饮业产业集中度较低，数量庞大的中小餐饮商家在行业中占据了主导地位。

三是餐饮利润逐渐压缩，对餐饮食材成本控制的要求不断提高。餐饮业有着高人力成本、高食材成本、高地租成本、低利润"三高一低"的特征，再加上餐饮业准入门槛低，行业内部竞争激烈，使得餐饮企业的净利率在不断降低，经营难度较大。在《2020 中国餐饮业年度报告》中显示，被调研企业中原料进货成本占营业收入的比例最高，均值为 41.87%；其次是人力成本，占营业收入比例为 21.35%；再次是销售、管理和财务成本，三项费用合计占营业收入的比例为 21.27%。因此，稳定、低成本的餐饮食材供应成为餐饮企业控制成本的关键，也影响着餐饮门店能否长期运营。

四是"互联网+餐饮"带动餐饮业快速发展。除了实体餐饮业，我国线上餐饮业逐渐兴起。2019 年中国餐饮外卖产业规模为 6536 亿元，相比 2018 年增长 39.3%，与此同时，外卖产业的渗透率也继续提升，2019 年全年外卖产业渗透率达到 14.0%，较 2018 年提升了 3 个百分点。2020 年的新冠肺炎疫情加速推动了餐饮行业数字化进程，外卖成为助力产业转型的重要手段。据国家统计局数据，截至 2020 年 12 月，我国网上外卖用户规模达到 41883 万人，较 2020 年 3 月增长 2106 万人，使用率达 42.3%。此外，2020 年我国外卖总计订单量达到 171.2 亿单，同比增长 7.5%，工商登记注册的外卖相关企业超过 67 万家，同比增长 1487%。2020 年以来，在疫情之下催生的"居家消费""宅配到家"发展成为互联网经济新模式，带动了餐饮包装食品、餐饮半成品和餐饮食材等业态融合的外卖行业快速发展。

五是餐饮市场规模扩大拉动农产品食材需求。从餐饮市场需求方面看，随着经济繁荣发展与人民生活水平的提高，人们的消费行为也正在发生着变化。餐饮的消费主体也由过去的商务接待、公款宴请等转向以家庭和个人为主的消费方式，餐饮行业的规模在稳步扩大。此外，外卖业务的发展也在一定程度上改变了人们的生活方式，促进了线上餐饮的快速增长。旺盛的餐饮需求拉动了农产品食材需求，根据各年《中国餐饮业年度报告》中的数据，餐饮企业中原料进货成本占营业收入的比例最高，占比在 30% ~ 40% 之间，2020 年我国餐饮收入规模为 3.95 万亿元，按这一比例计算，我国餐饮业中食材进货成本大致规模为 1.4 万亿元，农产品食材市场规模巨大。

三、我国餐饮食材供给及产业链发展现状

巨大的食材市场为我国餐饮食材产业链的发展提供了广阔空间。近年来，随着"互联网+餐饮"的深入发展，其上下游产业也成为餐饮实体之后比较明显的改善方向，食材供应链产业在面临挑战的同时也迎来了新的发展机遇。现阶段，我国餐饮食材供应链呈现出以下几个显著特征。

一是从生产端来看，餐饮食材供应链上游源头分散，食材规范化程度低。根据全国农业普查数据，2016 年我国农业经营主体发生了巨大变化，由原来的小农户主体转变为小农户和新型农业经营主体并存。但即便如此，小农户数量仍然占到农业经营主体总量的 98% 以上，小农户的耕地经营面积占耕地总面积 70% 以上。由于小农户仍然是我国农产品的主要生产者，生产规模小且位置分散，集中采购难度较大。

二是从流通端来看，我国餐饮食材种类繁多，同一餐饮企业多供应商模式普遍。中餐的菜品种类繁多，对相应食材的种类需求更多，同一种类食材也因产地环境、种养殖方式的不同而衍生出不同的品类。同时，随着收入水平的大幅度提高，我国消费者的食物消费水平和消费结构发生了较大变化，消费者对食物多样性的需求呈现出不断增长的趋势。客观上需要供应商提供更多的个性化产品满足消费者不断增

长和变化的餐饮需求。而长期以来，单个产地或经销商能够提供的食材品类有限，一般餐饮企业都会选择多供应商模式来满足多样化的食材采购需求。根据中物联冷链委数据，我国 70% 的餐饮企业供应商数量超过 100 个。

三是食材供应链条关系复杂，农贸市场仍是最主要的供应渠道。现阶段，我国餐饮企业的采购渠道仍以农贸市场采购为主，全国约 4200 个城市农贸批发市场的采购额约占全部餐饮食材采购额的 70% 以上。主要原因还在于现阶段规模较小的餐饮企业占比较大，这些分布较散的中小型餐饮企业一般会选择到附近的农贸市场采购，规模较大的餐饮企业一般会与当地食材配送企业或大型商超进行合作采购，因此农贸市场仍然是现阶段主要的农产品餐饮食材供应的主要渠道。

四是温控物流设施不足，餐饮食材损失率较高。大部分餐饮食材为生鲜品，需要在流通过程中保持全程温控运输。现阶段，我国物流设施设备配置不足，尚不能实现餐饮食材的全程冷链运输，餐饮食材的损失率较高。根据数据，我国餐饮食材流通过程中的保鲜率仅为 35%，远低于发达国家平均 90% 的水平。生鲜商品流通过程中的损耗率也远高于发达国家水平。同时，更多的损耗也加剧了流通过程中的质量问题，无法保障质量和安全的食材也威胁到消费者的身体健康。

四、我国农产品食材供应链体系建设重点

整体来看，我国农产品食材供应链的上下游都具有较高的分散性，中间商无法实现规模化采购，也无法实现规模化销售，导致供应链整体供给效率较低。针对我国农产品食材供应链的主要特点及存在的问题，梳理出现阶段我国农产品食材供应体系的建设重点。

一是加强农批市场数字化建设，提高农批市场餐饮食材供给质量和供给效率。在今后相当长的时期内，农批市场仍是餐饮食材的主要供应渠道，一方面要加强与电商平台合作，发展农批电商业务，拓宽农产品食材销售渠道；另一方面需要建设和完善批发市场数字化指挥调度平台、供应链服务平台和市场运行大数据中心等基础设施，加强农批市场全面管理；另外，对于农产品供应链来说，供应链开端的关键是需求预测，需要农批市场运用电子信息技术汇集用户数据、农产品销量及价格数据，形成餐饮食材需求信息平台，准确分析市场需求，实现农产品餐饮食材有效供给。

二是畅通农产品食材供应链体系，形成产销对接长效机制。针对现阶段我国农产品食材供应链上游仍以数量较多的小农户为主，以及全链规模化、专业化流通企业数量不足，部分农产品食材产销对接不畅的现状，一方面，根据市场需求，结合

产地资源禀赋，培育县域内具有一定产业化、规模化基础的重点优质特色农产品，促进形成产销一体化农产品食材电商供应链；另一方面，需要支持部分地区农批市场、食材电商、连锁超市等各类农产品流通企业，进一步做大做强农产品食材销售专柜、专区、专档，拓宽农产品销售渠道；同时，健全法律法规，推动"互联网+食材"产业规范发展，以市场为导向促进下游多元化主体发展，全面整合营销网络，提高流通效率。

三是数字化升级赋能食材供应链降本增效，实现绿色低碳流通。现阶段我国农产品食材供应链条关系复杂、冗余，造成了严重的资源损耗。需要依托互联网、物联网、人工智能等信息技术手段，培育农产品食材智慧流通新业态，鼓励流通主体探索智能生产、平台经济和资源共享新模式，促进形成一定规模的供应链集采，在提高运营效率、降低食材供应链成本的同时保证食材的标准化、规范化供应。

四是加快创新农产品食材流通方式，发展高质量温控物流。温控物流发展滞后与市场需求不断增长之间的矛盾，是制约农产品餐饮食材消费增长的重要因素。一方面，需要加快实施农产品产地冷藏保鲜设施建设工程，完善产区"最先一公里"初加工设施设备，推动农产品冷链技术装备标准化，减少农产品食材流通损耗，降低流通成本；另一方面，需要在农产品食材产地发展农产品冷链集散中心、分拨中心，增强流通渠道温控服务能力，加快形成农商联系更为紧密、产销衔接更为畅通的农产品食材供应链体系。同时，要鼓励多元流通主体发展节能高效的运输方式，升级改造高耗能的仓储设施，减少农产品因采后商品化处理和贮藏不当造成的损失，提升农产品流通现代化水平。

（本节内容由中国农业大学国家农业市场研究中心主任、中国农业大学经济管理学院教授韩一军和中国农业大学国家农业市场研究中心研究员、中国农业大学经济管理学院副教授高颖支持。）

第三节　生鲜社区团购背后的逻辑

对于目前来说，生鲜社区团购早已不是什么新鲜事物。从 2014 年开始，爱鲜蜂作为一家初创公司就已经开始进行社区团购模式的探索。但在两年多的发展时间里，因整体行业并没有得到足够的资本加持，而未能成为一个重要的风口。在 2018 年，社区团购的影子已经绰约显现，以湖南的兴盛优选为代表，一批创业公司随之发展。

2020 年，由于新冠肺炎疫情防控期间的流通限制，使得社区团购成为投资风口，各大电商巨头和资本巨头纷纷入圈。2020 年末中央媒体对于社区团购进行明令约束。在明确"九个不"后，社区团购在市场中经历了短暂的沉寂。

一、"野蛮生长"下的社区团购

2020 年是生鲜社区团购疯狂发展的一年，跨界入圈的新玩家比比皆是。短短一年时间，大量资本冲击着社区团购市场，但企业经营情况各不相同，部分企业出现经营困难，最后只能惨淡收场。

从世界经济及技术发展的角度而言，中国对于新技术、新思维的态度相对宽容。常态下，我国电商零售总额在社会消费零售总额中的占比已经突破了 15%，甚至在 2021 年春节，部分行业电商订单已经达到 50%，而全世界没有任何一个国家能有这样的比例，这也恰恰说明国人对于新模式的态度是欢迎的。

社区团购模式在国内的"野蛮生长"引发了全社会的高度关注。人民日报 2020 年 12 月 11 日晚发表评论文章《"社区团购"争议背后，是对互联网巨头科技创新的更多期待》指出：社区团购的发展，要着眼于科技创新的星辰大海。

2021 年 3 月，国家市场监管总局针对 2020 年下半年，部分社区团购企业利用资金优势，大量开展价格补贴，扰乱市场价格秩序的做法，直接对橙心优选（北京）科技发展有限公司、上海禹璨信息技术有限公司、深圳美团优选科技有限公司、北京十荟科技有限公司等四家社区团购企业分别处以 150 万元人民币罚款的行政处罚，对武汉七种美味科技有限公司处以 50 万元人民币罚款的行政处罚，合计 650 万元的顶格处罚。

对于消费者而言，对于社区团购的评价更多是满意的声音，方便、便宜、闪赔秒退等服务成了群众选择的理由，在尾货、生鲜低价、资本补贴等因素的助力下，各家社团公司的订单量节节攀升，社区团购受到消费者喜爱绝对是毋庸置疑的事实。

消费者的满意、恶性行业竞争、国家媒体呼吁、相关单位的顶格处罚等一系列热点事件充斥在社区团购发展环境中，"野蛮生长"的生鲜社区团购的未来发展之道还需要时间的沉淀。

二、社区团购的"火爆"背后充满了"混乱"

仅仅一年多的时间，全国诸多电商公司及资本巨头都疯狂涌入社区团购市场当中。2020 年以来社区团购市场的进入者如表 5-4 所示。

表5-4　社区团购融资情况

企业名称	时间（月）	融资情况
十荟团	1、5、7、11	B轮8830万美元、C轮8140万美元、C+轮8000万美元、阿里巴巴2亿美元
同程生活	6	C轮2亿美元融资
兴盛优选	6、12	F轮4亿美元融资、京东入股7亿美元
美团优选	7	正式进军社区团购，每日补贴近1亿元
饿了么	7	推出"社区购"
滴滴"橙心优选"	8、11	正式上线，订单突破700万，成为行业第一
拼多多	9	"多多买菜"上线
盒马	9	盒马优选投入达到40亿美元的规模
沃尔玛	12	沃尔玛布局社区团购
淘宝	12	淘宝买菜上线
金龙鱼	12	金龙鱼布局社区团购

2021年2月，以腾讯为代表的企业继续入局兴盛优选，追加30亿美元；紧接着3月份，阿里重构B端供应链，将盒马优选并入集团B2B事业群。

在社区团购领域，众多跨界企业入局，阿里系的盒马优选、饿了么、十荟团三线齐上，以城市出行起家的滴滴、外卖配送起家的美团、旅游服务起家的同程、京东、宝能集团、拼多多等都在社区团购的赛道上，兴盛优选靠着腾讯注资一直在领跑。无论是互联网巨头不设限的投入，还是高榕、今日、红杉、腾讯等资本界巨头的疯狂助推，俨然让社区团购成了这两年中国资本最受瞩目的宠儿。

据初步预估和统计，从2020年以来对社区团购投入的总的资金量已经达到100亿美元。从以上的数据和各家的进入情况来看，社区团购确实是当前为数不多且值得投资的"风口"，但是这个"风口"暂时还充斥着"混乱"。社区团购目前没有一个正确的引路标杆，主要体现在行业整体环境杂乱、各企业运营及管控没有章法、市场中存在恶意竞争情况等。

三、社区团购为何"火爆"

社区团购之所以发展火爆的原因，主要有以下几点：

第一，市场容量判断。对于风险投资和互联网巨头而言，万亿市场是起步规模。以兴盛优选400亿每年的规模计算，湖南省的总人口占全国人口的5%，再考虑到消费和营销刺激，社区团购全国预计就是万亿市场。

第二，流量规模的保障。在科学和管理中存在着一个重要的命题："边际效应递减"。所有"边际效应递减"原则就是投入在从零到无限大的过程中，收益存在正态分布效应。用阿里巴巴拓展社区团购赛道三线并行的事情分析，2020年9月，阿里的月活跃用户数为 8.81 亿人，与上一季度的 8.74 亿人相比，环比增长不足1%，与市场预期的 8.99 亿人相差了 1800 多万。在过去的两年里，阿里月活跃用户数的季度增量一直保持在 2200 万 ~ 3900 万这一区间，而本季度仅实现了 700 万的环比增长，可以说是创下了历史新低。而拼多多则以 7.31 亿人紧随其后，尽管目前阿里仍然领先于对手并实现了 1500 万的季度增长，但与拼多多 4810 万的增速相比，阿里在年活跃用户数上被后者赶超，只是时间问题。这就是流量的焦虑，阿里现在每新增一个客户需要花 900 元；而美团优选每日亏损 1 亿元，但是每天有 30000 万 ~ 40000 万订单，其中 10% 是新增用户，那么一个新增用户的花费也才 333 元。更何况，看到拼多多也是高资源投入，阿里采用"三箭齐发"（盒马优选、饿了吗、淘宝买菜），通过多赛道保持现有流量规模。

第三，去中间层判断。我国生鲜果蔬市场流通层级较多，从地头到产地市场，再到销地市场，配送到周边超市，最后到消费者终端，至少存在五级市场。以白菜为例：农民手中的白菜 0.15 元/斤，运输商或菜贩集货 0.3 元/斤，到了新发地市场 0.45 元/斤，再到达八里桥市场大约 0.6 元/斤，最终卖到客户手中 0.8 元/斤，从 0.15 元增长到 0.8 元，一共增长了 433%。若可省去中间一道环节，先要让消费者吃上新发地的菜，成本就降低了 43.75%。若产销两地直接对接，那消费者就节约了 62.5%，企业还有一半的利润可赚。

四、强大物流环节是否可以成为社区团购的"护城河"

社区团购对于客户价值提升的一切体验都体现在两个字"履约"，而物流就是对"履约率"最有力的支持。仓配工作是否做得到位直接影响着履约的情况，也就是购物者的服务体验，相对于社区团购业务的"闪退秒赔"的服务机制而言，物流的重要性也就不言而喻了。

物流的重要作用主要体现在 5R 的效果上，所谓的 5R，就是以最少的成本，将正确的商品（right goods）在正确的时间（right time），以正确的条件（right condition）送到正确地点（right location）的正确顾客（right customer）手中。

为了保证 5R 的效果，所有的社区团购公司都在实施仓配活动的优化。

首先是为了成本，在当前的情况下，社区团购公司第一要务是成本绝对要在可控范围内。大家都很清楚，社区团购的商品价格相对较低，因此在客户购买的过程中，大多遵循"双15法则"，即15元钱、15秒钟选择，而物流成本的高低直接决定了毛利是否足够，所以"1元成本定律"是社团公司的底线，单件物流综合成本必须控制在1元以内，即使是这样物流费用率也在6%～7%之间，如果超过了8%的物流费用率就可以直接出局了。

为了保证1元的单件物流成本可以达成，社区团购公司在仓配上大多采取人员外包的分包模式，在仓储商大多是"共享仓、中心仓、网格仓、自提点"的节点设置模式，在运配上都是通过单人加盟的模式进行运作，凡是组织化地进行网格仓运作仓配业务的企业基本上都是亏损的状态，以上是这种模式的弊端。

从新零售的角度而言，零售要素的重构，也就是"人、货、场"的要素重构的过程。

首先是人，也就是客户，会选择社区团购的原因，主要是便宜、方便，便宜就是15元钱，即使是吃亏也无所谓，大不了下次不买了，更何况社区团购公司的服务还能实现"闪退秒赔"，所以接纳的客户都存在无所谓的态度；方便是因为就在家门口，下单的时候可以选择最近的自提点，而不像自提柜一样以企业为主导。

其次是货，商品问题其实就是品控问题。以生鲜为引流的模式导致最大的问题就是品类不能过多，一定要有合格的品控管理人员进行把控，但是在当前很难做到这一点；另外就是品类如何实现扩充，客户的疑虑如何处理等问题。还有隐私商品是否适合社区团购，这些都是社团公司需要考虑的事情。

再次是场，也就是购物场所，这里的场所是两个，第一是购物是否方便，第二是自提是否方便。尤其是现在的自提点，大多是居民家里、门口的小超市或者生鲜店等，条件并不是特别好，有时候会影响客户感受。

那么，从仓配业务的运营情况来看，整体的仓储及节点的布局大多遵循"共享仓、中心仓、网格仓、自提点"的模式。

（1）共享仓一般都是围绕着社团公司的中心仓而建的临时存放供应商商品的仓库，能够实现快速送货，这种模式大多是由社会化公司来操作，通过关系与社团公司的中心仓进行业务合作，可以实现供应商成本的降低和快速供货，还是非常好的一种业务模式。

（2）中心仓一般都是社团公司自己直接管理，大多都是夜间操作，并且众多的社团公司理论上是不会大规模存储货物的，因此就会造成入库作业、库内作业、出货作业高度聚集的情况，从而使得现场管理相当混乱。

（3）网格仓又称之为前置仓，是围绕着前端客户进行网格化区域配送的中心节点，这种网格仓大多是外包给社会化企业来操作，当前的网格仓作业成本含仓储、作业、配送等业务，基本上在0.3~0.5元一单件，除非是所处区域订单密集度、订单量极大，否则很难赚钱，因此不能成为独立的业务模型，一定要有其他业务为支撑，甚至得以社区团购公司的配送业务为辅才能生存。

（4）自提点也就是最末端顾客提货的地点，大多是宝妈家里、门口的保安点、生鲜店、小超市、小饭店等希望能够增加流量的地方，大多数的自提点是需要拉人头引流的，以佣金为主，大部分在10%左右，也有达到20%的情况。因此，通过整体的节点设置，成本降低主要依靠前端的库存成本降低，社团公司本身并不购买货物进行存储，不存在沉没成本，但是未来如果共享仓的成本并入到中心仓，这块成本也将会增加。另外一块可降低的成本就是末端的自提点成本，自提点可以节约大量的配送成本，而随着物流服务的提升，如果实现了送货上门或者是211（是指当日11：00前提交的现货订单，当日送达；当日23：00前提交的现货订单，次日15：00前送达）两次送货的话，那么运输成本和配送成本都会上升，从而抹掉了社团服务成本较低的优势。

运输与配送的角度上，当前的社团公司大多是提供一次配送，基本上从凌晨四点开始从中心仓往网格仓进行送货，按照当前配送到户的履约情况来看，整体的效果并不是特别好，准时率差、货损率高、丢失或错发情况非常严重。基本上所有的配送业务都是外包配送，随着中心仓与网格仓数量的不断增加，配送距离越来越短，导致配送收入也随之降低，这块业务的服务保障越来越难。为了提升物流企业的配送收入，同时为了提升服务质量，未来一定会走向211模式，这样无疑会使得客户满意度提升。

从仓、配整体模型的建立上可以看出，成本与服务时效都能对终端客户形成有力的支撑，是当前较好的一种模式。因此可以说物流仓配是社区团购"履约率"的最重要的保障，只有这样才可以说"好物流好履约，好履约有客户，有客户才能有流量，有流量才能有未来"。

五、社区团购当前面临的问题分析及解决之道

虽然说社区团购的物流仓配整体模型是成立的，能够对履约起到很好的支持作用，但是，当前的社团公司整体的物流管理水平却依然存在着很多的问题。下面就

当前的问题进行简单分析并尝试给出一些解决的办法。

一是服务承诺问题。社区团购模式根据服务可分为两种模式，一种是单点聚集发货的模式，一种是产地直发的模式。无论是哪种模式都尽量不要给出具体的明细化的服务承诺，明确的服务承诺代表着必须性，模糊的承诺代表着可能性，必须性所要付出的成本是非常高的，因此，对于大多数的客户而言，单点聚集模式基本上是次日送达，尤其是对于上班族而言，实际上在第二天晚上下班时就能取到就足够了，不要轻易地提高服务标准，包括一日两次配送、送货上门等，如果提供这样的服务标准，必然导致成本模型发生变化，就不可能达成"1 元成本底线"的效果，从而使得履约成本大幅提升，造成最终毛利降低、客户感受度变差等后果。

二是商品 SKU（库存量单位）品类、量级及品质管理问题。对于社区团购业务而言，应尽量遵循"双 15 法则"，单件均价不宜提升过高。虽然说有些公司在尝试茅台酒和金条的售卖，但是必须明确这些人是不是你的客户群体，不能因为个别人的需求提供普遍性商品服务；另外，即使你能够保证自己的东西是真的，然而在所有的手段不足以支撑的情况下，到了客户手中有可能就变成了"国台"酒了，所以围绕着你的客户提供适合的产品是最好的；还有就是量级问题，突破上万的 SKU 数量对于社团公司将会是非常恐怖的事情，精选在 500SKU 之内将会是最有效的，客户选择、供应链把控也是最得力的，除非你是真的想把自己变成一家电商零售公司，否则不要轻易去尝试；最重要的运营问题之一就是商品品质管理，尤其对于生鲜商品的品相、克重、大小、色泽、成熟度、日期等方面的管理，一定要招聘有经验的管理操作人员，而且要尽量要配备简易的快检设备，对于农药残留进行检测，食品安全问题是未来的主要民生问题之一，在这一点上千万不要心存侥幸。

三是节点设置问题。节点设置中中心仓和自提点的问题较多，中心仓尽量在城市周边，在北京、上海等经济发达地区，很难有满足条件的仓库，合规合格仓库的成本非常高，但是社区团购公司本身并不存储商品，所以无论是从空间高度还是日常平面来看都是极大的浪费，白天空荡荡晚上乱哄哄的是常态，因此如何实现共享仓和中心仓的有效联动，中心仓的快速接驳、跨仓作业模式如何能够有效实现将会是一个重点的运营问题。而对于自提点而言已经出现了混乱的情况，一个小区十几个自提点的情况已经较为普遍，邻里关系将来都会出现问题，这一点需要不断地进行优化汰换。

四是仓库内部运营问题。这一点是所有的社区团购公司都非常差的一点，因为当前的社团公司普遍不存货，在一定的时间段会出现收货、库内拣货、检验、打包、分货、发货等作业重叠进行，从而造成现场混乱。同时由于波次管理设置不合理，导致收发作业和车辆排布情况混乱，经常导致发错货的情况发生。另外，库内商品准确率极低，有个别公司标品的商品准确率也才达到 80%，更不用说生鲜品。此外，大多数的社团物流业务都是夜间操作，对于现场管理人员和操作人员的身体素质要求较高，而所有的公司都是将人力外包，造成的健康问题无人顾及，所以才会出现拼多多新疆送菜女死亡的悲剧发生。

五是流程缺失、技术和硬件条件落后等问题。社区团购模式是较新的一种模式，至今许多公司都还处于摸着石头过河的状态，而没有进行经验的总结，软硬件水平尚未发展到行业应有状态。

以上仅就当前存在的一些主要问题进行解析，相信随着社团业务的不断发展，管理的精细化也会不断深入，管理水平和技术实力也会不断提升，最终会使得物流仓配真正成为社区团购通路的重要支撑，为满足客户履约作出自己重要的贡献。

（本章节内容由白光利支持。）

第四节　深化精准赋能——中央厨房

一、何为中央厨房

（一）中央厨房的定义

中央厨房负责集中完成食品的成品、半成品制作，并配送到餐饮门店。因此，在广义上，我国的中央厨房包括了大量的"小作坊"，整体上看自动化程度很低，基本为手工或者半自动，面积差异也很大，面积最小的在 200 平方米以下，最大的超过 10000 平方米，也已不乏数万平方米的大型中央厨房。

中央厨房所制作的食品种类繁多，这也导致自动化设施主要集中在清洗、搅拌、切剁等粗加工环节，而更关键的烹调、分装环节更依赖人工，这是未来中央厨房必须突破的方向，如表 5-5 所示。

表5-5　中央厨房产品种类

类别	品种
冷冻饮品	冰激凌、棒冰雪糕、冰霜刨冰、其他冷冻饮品
饮料	果蔬汁、蛋白饮料、水基调味饮料、茶、咖啡、植物饮料、固体饮料、乳酸菌饮料、其他饮料
酒	蒸馏酒、配制酒、发酵酒（葡萄酒、黄酒、啤酒、果酒）、其他酒类
焙烤食品	面包、糕点、饼干、其他焙烤食品
肉制品	预制肉制品、熟肉制品
蛋及蛋制品	再制蛋、蛋制品、其他蛋制品
水产及其制品	冷冻水产制品、预制水产制品、熟制水产品
调味品	酱及酱制品、复合调味料、其他调味品
糖果、可可制品、巧克力制品	可可制品、巧克力和巧克力制品（包括类巧克力和代巧克力）、糖果
粮食制品	大米制品；小麦制品、杂粮粉制品、淀粉制品、即食谷物（包括碾轧燕麦/燕麦片）、方便米面制品
果蔬	水果类、蔬菜类、食用菌和藻类、豆类制品、坚果和籽类
其他食品	果冻、茶叶、咖啡豆、油炸食品、膨化食品、其他食品

资料来源：《中央厨房深度报告》华创证券。

（1）根据成品化程度，将中央厨房的产品分为以下类别：

①生制半成品：经挑选、清洗、分割、切配等初加工及不经热加工处理的非即食半成品。如半成品净菜、发酵面团、半成品肉馅、调理肉制品及水产品、蛋制品等。

②热加工半成品：原料经初步热加工处理后，仍须进一步加工制作的阶段性成品。例如经热加工的调理肉制品、速冻米面制品等。

③成品：在餐饮门店无须经过清洗消毒或煮熟处理，直接或简单加热后即可食用的食品。如熟食、糕点、面包、冰激凌、豆浆、甜品、调味酱汁、即食果蔬等，如表5-6所示。

表5-6　操作定义

分类	定义	类别
生制半成品	挑选、清洗、分割、切配等初加工及不经热加工处理的非即食半成品	净菜、发酵面团、肉馅、虾滑、蛋液
热加工半成品	原料经初步热加工处理后，仍须进一步加工制作的阶段性成品	底汤、底料、熟成肉制品
成品（熟食）	在餐饮门店无须经过清洗消毒或煮熟处理，直接或简单加热后即可食用	面包糕点、甜品冷品、即食果蔬、调味酱汁

资料来源：《中央厨房深度报告》华创证券。

（2）按经营模式、服务业态划分：团餐中央厨房、连锁餐饮厨房、生鲜净菜或配菜中央厨房，"互联网+"中央厨房、第三方中央厨房（含主食）、中央厨房产业园。

（3）按工艺划分：全热链、全冷链、冷热链混合。

（4）按业态多少划分：单业态专业性、多业态专业性。

（5）按流程划分：全流程工艺、半流程工艺。

（二）中央厨房的优势

中央厨房的优点包括：集中采购、统一加工、易于质检、统一标准、综合信息处理，因此具备质量、成本和扩张迭代上的优势。

1. 规模化降低成本：有望提升 13 个百分点的利润率

（1）规模提升带来议价能力，上游采购的品质提升、价格下降、供给更稳定。按照目前餐饮业 30%～40% 的食材成本占比计算，假设议价能力带来 10% 的销售成本控制，将影响 3～4 个百分点的利润率。

（2）集采更能取得增值税票。2016 年营改增后，餐饮业原本缴纳 5% 的营业税改为缴纳 6% 的增值税；2018 年 5 月起，农产品增值税率从 11% 下调为 10%。按照目前餐饮业 30%～40% 的食材成本占比计算，能否取得进项的增值税票直接影响 3～4 个百分点的利润率。

（3）降低人力成本：餐饮业厨师成本高昂，月薪在 5000～10000 元之间，平均月薪约为 5500 元，达到普通服务员 2～3 倍，个别招牌菜厨师议价能力更强，中央厨房提升标准化水平后可以减少对大厨的依赖。另外，通过中央厨房统一处理制作流程，可以减少后厨的洗、切、配等内容，降低后厨人员配置。一般而言，不配备中央厨房的餐饮门店，后厨部人员将达到总人数的 40%，因为厨师因素，后厨成本将占到总人工成本的 45%。如果通过中央厨房能减少厨师等后厨人力成本近 35%，按总人力成本占营收约 25% 计算，能够提高 3～4 个百分点的利润率。

（4）减少门店租赁面积。对于前厅和后厨的面积规划，行业惯用的面积配比通常为中餐 3∶1、西餐 7∶3，后厨面积占比 25%～35%。按照目前租金占餐饮业营收比例 8%～15% 的水平计算，若能缩减 60% 的后厨面积，将带来 0.8～1.5 个百分点的利润率提升。

2. 产品标准化，加速产品更新迭代

中央厨房统一原料、配方、加工流程，减少门店对产品质量的干涉，在提高标准化的同时促进研发。从 2010 年开始，商圈兴起，与餐饮联动加强，餐饮在商圈中的地位上升，已是商圈最重要的引流手段，商圈的购物、餐饮、娱乐占比从 7 : 2 : 1 变化为 1 : 1 : 1，部分商圈中的餐饮占比已经达到 40% ~ 50%。商圈出于调性、成熟品牌和吸引客流的考虑，基本上只引进连锁餐饮品牌，由此餐饮业出现了菜单缩短、简化门店制作流程、高速自我迭代的特征。

中央厨房稳定的品质控制是目前品牌连锁化的最根本保障，以确保食品安全、食品口味一致性。

同时，中央厨房利于配备专业的研发团队进行产品研发，不断改进产品形态、口味及推出新产品，加速产品更新迭代，以适应更追求新口味、优质产品的新一代消费者需求。过去餐饮产品的更新和口味改良依赖于大厨的个人创新，属于"手工作坊"的形式，迭代较慢。

3. 仓配一体化，节省 30% 配送成本

仓储、配送全程管控，一方面减少餐饮企业制冷设备投资和电力能源消耗，另一方面配送可规划可调配，保障菜品新鲜的同时也降低了采购配送成本，通常采用中央厨房配送后比传统配送要节约 30% 成本。

此外，仓配集中管理也降低了代理问题。例如，500 平方米的餐厅，以 80 桌、2.5 次翻台计算，每次每桌消耗肉类 0.5 ~ 1kg，每月需要 3000 ~ 6000kg 肉类，由门店采购不容易控制品质及利益跑漏问题。如果按照 500 平方米、坪效 1.5 万元、食材占营业额比重 30% 计算，3% 的潜在回扣即是 0.9 个百分点的利润率。

4. 中央厨房的政府青睐性

中央厨房以其大投资和高就业解决率颇得地方政府的青睐。很多地方政府认为，在辖区引进中央厨房，是供应链与数字化技术相结合的具体实践，对于提升地区现代服务业智能化、集约化、标准化生产水平，做大食品产业，培育发展新的业态产业模式，推进产业结构转型升级和经济高质量发展，都具有重要的意义。

二、中央厨房市场及行业格局

（一）中央厨房市场规模

目前我国中央厨房已经普及到大部分连锁餐饮业，随着中央厨房数量的增加，国内中央厨房行业市场规模也处于不断增长态势，2019 年，国内中央厨房市场规模约 137 亿元，到了 2020 年，国内中央厨房行业市场规模已经达到了 145 亿元，较上年增长 5.84%，如图 5-1 所示。

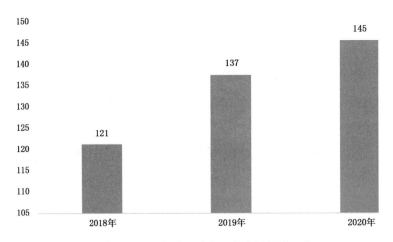

图 5-1　2018—2020 年中国中央厨房市场规模（亿元）

资料来源：《2021 年中央厨房行业市场规模分析》，中研普华产业研究院。

（二）2018—2020 年中央厨房行业市场饱和度

目前，国内中央厨房市场已经开始存在产能过剩的问题，国内建中央厨房动辄千万上亿元的投入，非理性、热启动、预见性不足，导致大部分中央厨房产能严重过剩，反噬企业利润。中央厨房生产的食材与商户或餐厅能匹配上已经是一件很困难的事情。

从中央厨房在连锁企业中的渗透率来看，我国中央厨房行业市场已经逐渐趋于饱和状态，2014 年，中央厨房在连锁餐饮行业的渗透率为 64.4%，到了 2018 年，中央厨房的渗透率已经达到了 72.4%，2020 年中央厨房的渗透率在 80%，如图 5-2 所示。

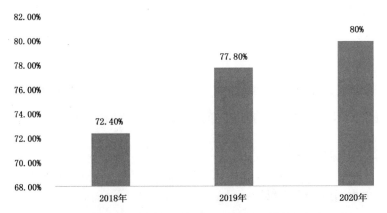

图 5-2　2018—2020 年我国规模以上连锁餐饮中央厨房渗透率

资料来源：《2021 年中央厨房行业市场规模分析》，中研普华产业研究院。

（三）中央厨房市场主要参与者

舶来引入的中央厨房概念，在国外通常是由连锁餐饮企业建立的、直接为餐饮企业服务的。但我国行业发展虽较晚，但随着市场竞争环境的快速变化，中央厨房的经营早已不局限于餐饮，市场参与者更加多样化，来自餐饮、零售、互联网等行业不同背景的各方纷纷着手建设中央厨房。经梳理，目前我国中央厨房参与者大致分为以下几类。

1. 餐饮连锁企业

中国连锁经营协会发布的一项调查显示，目前，我国成规模的连锁餐饮企业中，74%已经自建中央厨房。知名连锁如海底捞、西贝、外婆家、避风塘、眉州东坡、鼎泰丰、丰收日，以及大娘水饺、真功夫、永和大王等快餐品牌，均有自己的中央厨房体系，其中海底捞旗下的蜀海供应链已成为国内第三方中央厨房的龙头企业。

作为行业内的传统玩家，餐饮企业通常采用"中央厨房+连锁门店"的传统模式。然而随着网购、外卖、最后一公里到家等新消费的基础设施加速完善，我国中食产业（区别于内食、外食，定义为在外购买带回家简单加工的即食食品）快速崛起，传统模式逐渐迭代演变出了"中央厨房半成品+全渠道销售至终端用户"的模式。

主营湘菜的望湘园从2018年3月在天猫超市上线半成品产品，包括剁椒鱼头、夫妻肺片和酸汤肥牛等菜品，售价30~70元之间，分量偏小以适合小型家庭。据悉，招牌菜品剁椒鱼头首发三天内在天猫售出5000份，相当于一家门店近三个月的销量。无独有偶，小南国母公司国际天食也成立零售部，发展零售子品牌"煮好面"和"家宴"；湘鄂情也在京东上销售包括啤酒鸭、瓦罐红烧肉等半成品。

2. 团餐企业

在美国、日本等发达国家，中央厨房工程的另一个作用是服务于学生或团体午餐。团餐行业作为餐饮业的重要组成部分，主要服务于学校、机关、事业单位等团体用餐需求，团餐由于用餐规模较大，一直是中央厨房传统的参与者。目前中国的大型团餐企业品牌包括千喜鹤、快客利、北京健力源、上海麦金地、蜀王餐饮等，超过半数均拥有自己的中央厨房。

从团餐企业的中央厨房面积来看，1000~5000平方米面积的中央厨房最为普遍，几近于半数的企业在此范围内；从中央厨房的设计能力来看，团餐企业对建设中央厨房的自我评估中，设计能力在1000万人以下占团餐企业中的绝对数，但结合中央厨房实际的生产能力而言，数据显示，75%的中央厨房设计能力大于实际能力，说明团餐企业中央厨房存在未实现满负荷运转的产能浪费。

从中央厨房投资额来看，投资额在1000万元以下的企业有8家，占被调查企业总数的30.77%；中央厨房投资额在1000万~5000万元的企业有16家，占被调查企业总数的 61.54%；中央厨房投资额在 5000 万元以上的企业有 2 家，占被调查企业的 7.69%。可以看出，投资额在 1000 万~5000 万元的企业占据了半壁江山。

3. 零售企业

随着中央厨房技术逐渐成熟，而零售渠道企业以生鲜、熟食为切入口不断向食品上游供应链延伸，中央厨房的经营已发展成对接零售业的新业态，发展成为"生产基地+中央厨房+连锁零售网点"的模式。目前零售企业中超市和便利店业态涉及中央厨房项目较为普遍。超市企业中，永辉超市、家家悦、中百集团等均大力推进中央厨房的投入和建设，用于供给自身超市渠道中的熟食、半成品及生鲜商品。

4. 互联网背景的新零售企业

新零售概念催生了一波零售企业逐渐向餐饮端延伸，"互联网+"的新力量也加入了中央厨房的建设。其中较为突出的一是阿里系下首提"超市+餐饮"概念的盒马，另一个则是背靠传统餐饮品牌望湘园的净菜电商我厨。

（四）2021—2025 年中央厨房行业市场规模及增速预测

目前，国内中央厨房市场已经出现部分产能过剩的现象，未来几年，整个行业的发展方向应该会集中在中央厨房的闲置产能整合上，通过整合闲置产能开放给行业使用，以尽量降低损失。也有部分中央厨房开始开设属于自己的经营超市和餐厅，形成从食材的生产到出售食用完整的供应链，以达到盈利的目的。预计未来几年整个中央厨房市场规模仍将处于增长态势，到 2025 年，整个行业市场规模将达到 189.4 亿元，如图 5-3 所示。

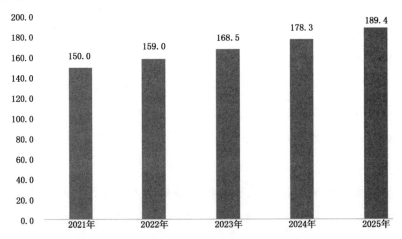

图 5-3 2021—2025 年中央厨房市场规模（亿元）

资料来源：《2021 年中央厨房行业市场规模分析》，中研普华产业研究院。

三、中央厨房的进阶之路

现在算来，大概 2010 年以来，中央厨房就逐渐引起行业关注，尤其是连锁品牌的餐饮玩家。2016 年华创证券在《中央厨房深度报告》里说，中国年营业额 200 万以上的连锁餐厅有 900 多家，其中 70% 都普及了中央厨房。人们耳熟能详的海底捞、外婆家、避风塘、真功夫、永和大王等连锁餐饮企业，均建设有自己的中央厨房体系。

所谓中央厨房，主要是指集中配餐配送的中心，主要任务是通过标准化操作和管理，统一对餐厅所需食材、调配料等，分别进行清洗、分解、配比等预处理，再配送至各个门店进行二次加热，或者组合后销售给顾客。大体上，中央厨房有两种加工方式：第一种是半成品加工，把批量购入的菜品放在单独一个地方加工成半成品，包括清洗、切配、包装，然后再用冷藏车运输到各个店里使用（大多数时候我们提及中央厨房指代的即是如此）；第二种是成品加工，通过强大的生产线，把米饭做熟配上做好的菜，直接送到需求量大的办公楼或快餐店售卖。对很多连锁餐厅来说，中央厨房效果显著。

首先，从餐饮企业总部的角度来看：它既可以在很大程度上保证产品品质、卫生标准、产品口味的一致性，解决中餐标准化的问题，让消费者在不同的门店吃到同样味道的餐品；又能通过集采的方式，大幅节省采购成本和物流成本。

其次，从餐饮企业分店的角度来看：它既可以解放后厨的一部分采购和清洗配菜的人员，从而降低人力成本；又能节省后厨的一部分空间，从而降低房租成本。

目前中央厨房已从快餐业逐步进入到正餐业。这也导致中央厨房设备需求量不断增加，2015 年，我国中央厨房设备市场规模达到 86.2 亿元。预计到 2021 年，市场规模将超过 150 亿元。当然，硬币的另一面，中央厨房并非没有风险，就像和君咨询合伙人、连锁经营负责人文志宏所言，建设中央厨房是重大决策，属于重资产建设，"有的餐饮企业在发展之初过早建设中央厨房，巨大的投资金额反而让企业受到拖累。中央厨房的建设还是要与企业整体规划、发展阶段相匹配"。

但对于有些餐饮领域而言，中央厨房则尤为关键，比如火锅和中餐其他品类不同，火锅是将半成品菜直接端上桌，食材新鲜与否至关重要。因此在重庆一直流传着这样的说法，排队越久的店越好吃，是因为足够大的客流量能保证其食材的足够新鲜。数据显示，2020 年国内火锅行业市场规模已经超过万亿，火锅门店数量接近40 万家，但仍未能脱离餐饮市场极度分散的背景，大量的市场分散在一些区域性品牌、独立运营的小品牌手中。在海量的火锅品牌中，吴晓波在预见2021年终秀上举了最近很火的巴奴的例子："2020年火锅行业做了一个品牌榜，第一名是海底捞，第二名是呷哺呷哺，第三名是一个毛肚火锅——巴奴。巴奴只干了一件事，把火锅中用得最多的产品毛肚，通过技术创新的方式做到极致，在红海中撕开了市场缺口。"

这与其供应链管理密切相关，他们在行业中推出了所谓的"第三代供应链"理念。沈帅波在得到APP上"跟巴奴学供应链打造"的课程中这样解释：第一代的代表就是肯德基和麦当劳这些西式快餐，追求的是工业化生产，尽量长的保质期，应该说国内餐饮行业标准化的启蒙，就是通过这两家企业完成的；第二代是指传统意义上的中央厨房，加工半成品再配送到门店加热，完成了中餐的标准化，供应稳定是它的核心价值；第三代则是在前两代的基础上，做了很多个性化改造，核心就在于"能冷鲜不冷冻、能天然不添加、能当天不隔夜"。

拿拽面来举例子，市场上有成熟的烩面坯，但如果买市场上的产品，一方面没法保证没添加剂，另一方面如果用跟市场上一样的产品，就削弱了口味的竞争力。因此巴奴跟上游供应商联合研发了一套拽面机，专门做零添加的拽面。

所以不难发现，就像英国经济学家马丁·克里斯多夫所言，21世纪不是公司与公司之间的竞争，而是供应链与供应链之间的竞争——在目前中式餐饮第一大品类的火锅行业，更是如此。

四、新中央厨房运营特点

（一）数智化

中央厨房作为餐饮供应链中的关键性功能节点，数字化、智能化等技术将进一步应用于相关环节。通过对于全链条操作的拆解，进一步实现执行的标准化，引进机械自动化设备，释放人力投入，提高整体作业效率。同时依靠全程的数据化管控，提高食材质量安全可靠性，降低安全风险。依托于大数据挖掘，构建中央厨房全链路决策支持系统，支持全链路结构性及操作层优化。通过系统，打造全链路信息网络，实现全行业的数据及资料的互通，形成高效、精准的业务链条。

（二）规模化（多元化）

伴随着国内餐饮市场的进一步发展，加之餐饮企业对于中央厨房模式的深化探索，中央厨房也将扩充自身业务体量，引领模式创新升维。在现阶段，高额的前期投入，让不少相关企业望而却步，或艰难维系。在体量进一步扩增的基础上，中央厨房模式逐步形成规模效应，实现全链条成本的优化，增强中央厨房模式的可行性。同时积极推进跨企业中央厨房体系的建立，从行业发展的角度出发，实现餐饮业务的深度融合。

（三）个性化

中国饮食与国外饮食相比，其原材料及操作工艺复杂多样等特点突显。中央厨房作为简化终端操作工艺的关键手段，也将根据各类不同客户需求，深度开发个性化业务操作，进一步提升中央厨房模式与客户需求的匹配程度。在积极推进个性化功能的同时，还应根据实际情况，整合业务操作，避免出现过度的资源投入，从而造成投入产出比不当的情况发生，确保各项业务可以处于良性发展状态。

（四）专业化

中央厨房是餐饮供应链中重要的过程加工节点。因此在食材处理的环节，还应充分体现其操作的专业性，为客户提供安全、新鲜、满足需求的食材。加大相关技术投入，实现科技赋能，推动全链条的效率提升。针对具体业务操作，还将进一步向上下游延伸，通过专业化操作，提升自身全链赋能能力，提升链条地位，增加客户黏性，实现多元化业务体系打造。

（五）高速化

中央厨房未来还将进一步提升相关货品的物流活性，通过高响应、快处理的方式，缩短各类食材的停留时间，压缩全链路周期。通过有效的上下游衔接，进一步优化全链库存量，提升食材新鲜程度，为终端客户提供品质更高的食材原料。

第五节 预制菜市场现状及未来发展趋势

一、预制菜模式的前世今生

根据天猫 2020 年公布的十大新年货数据，预制菜的销量同比去年增长了 16 倍。2020 年受到新冠肺炎疫情的影响，之前在消费市场默默无名的预制菜模块，如今存在感几何状倍增。如果究其预制菜历史，起源可以追溯到 20 世纪，1920 年，世界上第一台快速冷冻机在美国试制成功后，速冻加工品随即问世，速冻食品越来越受到欢迎。在 20 世纪 80 年代，预制菜在日本、加拿大及部分欧洲国家也开始兴起，在国内市场，预制菜近两年开始在 C 端大展拳脚，它的优势在一、二线城市越来越明显，对餐饮企业而言，预制菜对缓解成本压力和提升效率方面都有较大的价值，一方面是受大环境的影响，让人们不得不重新审视自己和厨房的关系，餐饮企业开始不断探索新消费场景，在疫情催化之下，将预制菜品推向零售化的趋势愈加明显。另一方面，基于新一代消费者生活方式的变革，消费市场的观念在逐渐改变，一部分来源于认知升级，但更核心的因素是年龄结构的问题，随着"90后""95后"逐渐成为消费主力，传统的消费观受到了很大的冲击，预制菜广泛进入餐桌，能够解决不擅长做饭、生活节奏快、同时追求品质的刚需。

二、预制菜典型企业案例

预制菜兴起的背后，是 B 端厨房工业化降成本和提效率的要求，以及 C 端生活方式的变革——变得更忙、更懒的现实需求。目前上游预制菜企业大概有 2 万家，平均年销售额在 1500 万元左右，也就是当前预制菜的市场存量约在 3000 亿元，占食材总体的比重不到 10%。中国预制菜行业目前处于巨大的蓝海市场，竞争也日益递增。

（一）典型案例代表

信良记为典型代表，最早发力预制菜市场，同时进军预制食材超市，打造中国预制食材创领品牌，以健康品质、便捷服务、实惠价格作为主打消费优势，以此来满足全类消费者的不同需求，从品质层面，信良记拥有极其庞大的生产养殖源头，其合建20万亩养殖基地、4大现代化的生产工厂、20大物流分仓，再者信良记从自有产业链新鲜供应，满足消费者健康需求，从源头到终端各个环节层层把控产品质量，通过整合搭建优质的第三方物流体系，节省物流成本，使得消费者在感受到健康的同时企业自身成本也得到了降低，实力与品质双双得到见证。为客户打造全新的品牌效应，引领全球食品行业迈上新的征程，展示着自有的独特魅力，让全国的市场更加羽翼丰满，在市场行业中实现且满足了家喻户晓的爆品及预制菜产品，推动了全民消费水平。

（二）信良记渠道拓建创新

疫情极大程度上刺激了消费市场对预制菜需求的增长，起源于 B 端餐饮的预制菜在 C 端的发展也进入了快车道，所以国内的整个预制菜赛道上仍存在大量机会，在疫情期间信良记形成了逆势增长，不仅在了 B2B 上完成了业绩的增长，也在 B2C 上完成了业绩 100% 的增幅。仅仅一年时间，供应链品牌信良记就完成了商户端向消费者端的品牌转型，全面布局新零售。不仅上线天猫、盒马鲜生等平台，还布局了商超、便利店和社区团购，对供应链技术研发、工厂生产、物流交付、渠道建设、品牌营销全链路进行了数字化升级改造。信良记的核心资源在于商品的数据信息，通过管理现有的销售数据及流通信息流，信良记搭建起了自己的信息化系统，这套系统能够帮助信良记自下而上地对生产和流通进行计划性的规划。正因为整个市场大，就更需要找准定位，确定用户群体。信良记有一个渠道能力，主要表现在B+C的概念，信良记最早是做2B的，是因为有量，如果一开始做2C的话，可能很难对上游工厂进行较大规模的收购和整合，所以先做了2B，在2B上建立了极强的生产和履约能力，同时通过品牌的包装和渠道的优化，把履约能力转变为2C。信良记也有信心在标准化产品上做到"B+C"的履约能力，所以在渠道端进行了深度的布局，包括B、C，包括线上线下信良记未来的方向。信良记在2C上深度做品牌，能够给消费者提供很便捷的消费体验，同时成为新品销售的试验田，用此来试探消费者的市场反应度，之后再把销售排名靠前的商品，下沉到其他各渠道。信良记在B端加快下沉市场渠道的开发，在除一、二线城市外的市场下沉，渠道覆盖更加广阔，更具深度。下沉市场拥有全国近七成的人口，消费能力稳健提升，背后蕴藏巨大的市场潜力。同时，渠道下沉不单是渠道绝对数量的简单增加，而是对目标市场的又一层细分，针对目标市场状况，提供更加适合的产品来满足当地消费者的需要。同时，不断跟进市场上销售模式的变化，一方面，积极布局零售渠道，在C端，信良记在天猫、京东、苏宁易购等电商渠道上线，同时也拿下盒马、大润发等商超渠道；另一方面，在B端渠道上，不断在加大针对销售网络中合伙人的扶持力度，"B+C"整体结合起来又互相成为一个集团军，可以互相补力，互相助力。

（三）信良记业务模式创新

2B和2C在履约交付方面完全是两个思维模式，2C端的损耗相对更大，消费者针对产品提出的问题比较零散，对产品质量的要求也更为严苛。同时，2C的需求也更讲求灵活和个性，更需要柔性化的供应链，最终会倒逼整个供应链的品控和技术进一步迭代。中国市场很大，无论从2B还是从2C角度去整合都很难全部覆盖，单纯发展好一条产品线就能拥有很大的市场份额。当专注在一个赛道的时候，无论是自己的产品力还是消费者的认知，都更容易构建，所以信良记会选择专注于水产领域，然后再做延伸。与此同时，信良记在完成渠道建设的同时，为了满足不同渠道的消费需求，洞悉渠道的重点和难点，构建了五个核心能力，分别是技术研发的能力、深度供应链生产管理的能力、全网冷链交付和履约能力、全渠道运营能力和品牌运营的能力，构建了信良记从头到尾全产业链标准化的一个矩阵，源源不断地推出好的标准化美食产品，第一是美味，第二是方便。也许有一天你的家庭冰箱里或者货架上可能会有一到两个产品是信良记提供的，这些产品无一例外让你对信良记的品牌感知是很好吃。也许我们生产的一款产品你觉得很好吃、很方便、很便捷，只要这样一个消费者的品牌认知能够形成的话，信良记就有机会源源不断地向市场推出非常多的产品。我们既可以把小龙虾做得很好吃，也可以把其他产品做得很美味，也可以把水产品做得很棒，信良记未来在渠道拓展的同时，大概也会在这些方面进行布局和延展。

三、预制菜行业发展前景分析

对预制菜行业的发展前景，要保持肯定态度，因为预制菜是餐饮行业发展的必然趋势，除了餐饮从业者，还包括消费者本身。本质而言，火锅、串串、烧烤全都属于预制菜的范畴，如果平时消费这些品类，就已经接触到预制菜了。随着市场环境的变化，预制菜行业市场的需求量也在逐步加大。

（一）中国预制菜行业市场环境分析

首先，从需求端来看，经济发展带来主粮消费下降，消费者购买能力上升，而国内"90 后"大多数不会做菜、工作节奏加快、老龄化加重、女性职业化，人工做饭增加了时间成本，加上劳动力人口比例的下降导致人工成本的上升、市场竞争的激烈，也促使餐饮企业更多地使用预制菜来降本增效。而人的懒惰天性，促使预制菜消费习惯一旦养成便容易固化。换句话说就是，大家工作都很累了，不想做饭，又想吃好的，怎么办？那么预制菜就是一个好的选择。其次，农业工业化带来农牧产品成本降低，生物技术的提高推动养殖效率的提高，因为成本的降低间接地提高了消费者的购买能力。再次，随着冷链物流的发展和完善，尤其是低成本国产速冻设备和冷链运输车辆的推广，为预制菜延长保质期、扩大配送范围、降低物流成本提供了基础条件。最后，大数据的发展及渠道的多元化便利化，也为预制菜实现了精准营销，将损失降到最低又推进一步，让消费者购物更为便捷，让预制菜的消费体验更为完美。

而信良记的小龙虾则完全贴合了上述所说的种种因素：虾稻共生的养殖模式，保证了小龙虾源头质量安全；凭借国际领先的"秒冻锁鲜，复合入味"技术，使得小龙虾入味更充足，口感更佳；北京、上海、西安、深圳、武汉、成都等地，均设有冷链大仓，配送范围可覆盖周边及全国，保证了食品品质；线上线下全面渠道资源整合能力建设，等等，依托以上种种，使得信良记小龙虾一经上市，迅速风靡市场，占领了大部分市场份额。

（二）中国预制菜行业市场未来发展规模预测

目前中国的预制菜占食材总体的比重还不到10%，而日本的预制菜占比却达到了60%以上，以日本60%的渗透率来看，且随着中国预制菜行业慢慢发展成熟，上文也提到，中国预制菜行业目前处于巨大的蓝海市场，预制菜行业市场规模也从2017年的约1000亿元增长至2020年的约2600亿元，复合年均增长率为37.5%，预计2021年超过3000亿元，在未来5年后规模可能迅速成长为上万亿，长期来看甚至超过3万亿元。

（三）2021年中国预制菜行业前景

半成品菜在过去更多是面向餐饮企业，而受2020年新冠肺炎疫情影响，人们在外用餐的次数有所减少，加上2021年"就地过年"的政策，让半成品菜出现在了更多的家庭消费场景之中。2020年天猫数据显示，预制半成品菜销售同比增长111%，催生半成品菜相关企业在近两年快速崛起，相关大数据显示，截至2020年，企业名称或经营范围中包含"速冻、预制菜、预制食品、半成品食品、即食、净菜"的国内企业已有超过6.9万家，而半成品菜相关企业2020年注册量也达到了十年之最，全年共新注册1.25万家，同比增长9%，这些数据表明，预制菜相关企业数量越来越多，代表越来越多的企业已经看到了预制菜行业的巨大发展前景。

尽管与发达国家餐饮发展过程相比较，中国餐饮行业标准化程度低及产品质量不稳定持续影响着餐饮行业的整体效率，但就目前的市场环境来看，消费者的消费场景逐渐转变为去餐厅用餐和订购外卖两种形式，而从外卖市场的增量，不难看出，消费者对高品质标准化产品有着极大的需求。以信良记为例，作为餐饮供应链品牌、中餐爆品标准化资深企业，在拥有强大的供应链背景和帮助餐饮商户解决具体痛点的硬实力后，选择通过爆品标准化这一高势能路径切入餐饮市场，并迅速占领较高的市场份额。信良记等这类预制菜头部企业在未来会有一个飞速的发展，会将自身餐饮供应链及一站式服务的优势发挥到最大化，尽早实现企业愿景。

（四）2021年中国预制菜行业企业投资策略

鉴于预制菜行业的兴起，资本也在逐步撒向预制菜行业市场。自2021年开年以来，已有多个预制菜企业融资，冻品在线集团独立孵化的新零售项目"三餐有料"

成立三个月内连续完成两轮融资，投资方包括梅花创投、英诺天使基金等；"日日煮"宣布完成 2500 万美元 C1 轮融资，主要用于推广快速烹饪产品及拓展食品科技研发业务；2021 年 4 月 28 日，苏州味知香也正式登陆上交所主板，成为"预制菜第一股"，其招股书显示，2018—2020 年期间，这家公司三年年复合增长率为 32.57%。信良记自 2017—2019 年也相继融资 4.7 亿元，其中 2019 年信良记融资 3 亿元，本轮投资由国内领先的资产管理机构——远洋资本有限公司独家领投，钟鼎资本、峰瑞资本跟投，此笔投资也一举创下了 2019 年国内餐饮供应链领域的融资金额之最。

综上，市场环境的变化，中国巨大的蓝海市场，越来越多的预制菜企业的加入，加上资本的推动，使得打算进入预制菜行业的企业对预制菜行业的前景发展充满了期待。

（五）预制菜行业发展的阻力

虽前景可观，但国内预制菜行业依然面临着不小的挑战，尽管国内的预制菜行业发展历程较长，但是由于行业发展一直缺乏规范标准且发展规模普遍比较小，因此市场和消费者现在对于预制菜的认可度并不是很高，消费零售端的市场渗透率也比较低，其原因包括：一方面部分预制菜生产企业规模限制，生产所需的食材供给以自农贸市场、菜农收购为主，食材的品质参差不齐，另外，很多企业没有建立自己的食材种植、养殖基地，没有优质食材资源的持续供应；另一方面，受到快餐文化和外卖的影响，消费者认为预制菜价格不能贴近消费市场的原因是产品的卖价与菜品本身的分量、口味等不成正比，很多消费者为此感到性价比不高，实惠性不够。

综上挑战因素，未来的预制菜行业必将朝着规模化方向发展，以前传统的原料初加工、切配、烹调等老式技术都要与食品生产企业的清洗技术、解冻技术、加工技术、贮藏技术、灭菌技术等科学结合起来，特别是灭菌技术方面，在确保预制菜的微生物指标控制在合格的基本条件下，如何兼顾预制菜的口感和营养。而未来的预制菜中央厨房或集中食材加工中心，在传统制作工艺的基础上，将积极引用现代食品科学技术和先进装备，以标准化、机械化、自动化加工设备，逐步取代传统烹饪原料清洗、解冻、切配、加热、包装等以手工或半机械化的操作环节，不仅提高了食品卫生安全，也降低了人工成本、提高了工作效率，对保证产品标准具有非常重要的作用。

虽然国内市场依然面临着不小的挑战，但是预制菜行业发展的趋势不可逆，一切都在有序地朝着好的方向发展，尽管我国已有几家优秀的预制菜企业，却依然存在不小的挑战，以信良记为例，目前还是主打单品爆品，未来需要增加更多更丰富的产品线，来满足消费者多样化的需求，同时敲门砖的产品在客单价更低的下沉市场不具备竞争优势，虽然在一二三线城市已经达到了很高的品牌影响力。但在四五线城市渗透还略显不足。

（本节内容由信良记支持。）

第六章
生鲜农产品新跨境

　　本章共分为四节，依次重点研究水果、蔬菜、肉类、水产品、乳制品五大品类的进出口贸易，以及港口配套设施及政策等情况，分析了各大品类的进出口趋势。

第一节 全球跨境生鲜农产品进出口贸易情况

一、全球跨境农产品进出口情况

2020 年，全球食品贸易价值目前已经达到 1.87 万亿美元，并正在快速增长。其中，中国食品贸易市场规模达到 8629 亿美元，几乎占到全球份额的半壁江山，同比增长 3.2% （1.7% ~3.3% 属于健康发展区间，3.3% ~6.0% 属于高爆发不稳定发展区间）。受疫情不稳定因素影响，时效性大幅下降，预计 2021 年全年，全球食品贸易价值缩水到 1.7 万亿美元，中国食品贸易市场贸易价值将小幅度下降，预估 7750 亿美元。在双循环的加持下，在继续稳步发展的同时，还将继续加强疫情病毒的检验检疫，提高生鲜农产品质量的把关，强化入关监管。

2020 年面对严峻复杂的国内外形势和新冠肺炎疫情的严重冲击，我国成为全球实现经济正增长的主要经济体，外贸进出口明显好于预期，外贸规模再创历史新高，外贸继续保持稳中提质的势头。

全年我国外贸进出口总值 32.16 万亿元人民币，同比增长 1.9%，其中出口 17.93 万亿元，增长 4%；进口 14.23 万亿元，微降 0.7%。贸易顺差 3.7 万亿元，增长 27.4%。全球贸易多元化发展，各国经济融合是大势所趋，农产品是保障居民生活的必需品，未来食品贸易往来更是频繁，在各项贸易合作中占据的比例越来越大。

二、我国跨境生鲜农产品进出口发展背景因素

(一) 经济的快速发展为进口食品市场提供了良好的外部环境

上海、北京、广州等一级城市已经形成了比较成熟的市场，消费群体也逐步成型，但在北方、西部等地区还处在萌芽状态，市场也存在很大的潜力，随着发达城市的市场饱和，市场开始向不发达地区渗透是必然的选择。

进口食品消费人群定位于高收入人群，在中国定居的外国人及海归人群等。这部分人群收入较高，受西方文化熏陶，追求注重西化的生活方式，对价格不是很敏感。

(二) 优化促进国内农产品供应链发展

发力温控供应链，对于我国食品流通安全有着重大意义，进口食品温控市场扩大，供应链竞争的加剧、先进技术与装备的应用、资本力量的助推、全球化趋势与

演变、相关扶持政策，等等，都成为促进跨境温控发展的重要推动力。

（三）精准攻破我国农产品各环节管理困难

发现问题、精准解决，是企业发展的必经之路。跨境流通难度很大，主要体现在"控温"叠加了"跨境"。跨境，意味着周期长、不可抗力因素多、遵循国际贸易法则等特征，并且货物流、资金流、信息流的流程长，人、货、场更迭频繁等。生鲜农产品，则意味着对品质、时效、精准、体验等方面的高要求。控温运行涉及跨境的每一环节，如境外采购、运输、通关、商检、税务、仓储等所涉专业领域众多，对相关知识、经验和语言等本就具有较高要求，再加上温控在仓储、转运、分拣、合单等环节，还具有全程温度一致、全程可监控、可追溯及运输时间方面的要求等。

（四）间接推动农产品基础建设的发展

海外产品中存在大量安全优质、价格低廉的产品，可丰富居民菜篮子、满足健康、多样化食品需求及精神享受和生活品位提升。部分国家农产品产业化程度高、标准化水平高，其产品即使加上运费仍具有相对国产同类温控产品的价格优势，这些产品的进口对于平抑国内 CPI（consumer price index，消费者物价指数）、平抑细分温控产品季节性波动、压低基尼系数、稳定百姓生活等方面，都起到了重要作用，都是值得国内学习的。

（五）打造我国贸易口碑，凸显港口地位

加速推动集"装卸、仓储、加工、配送、中转、贸易、金融、信息"八大功能于一体的集装箱温控物流信息平台建设，促进港口温控传统业务与新兴业务平衡发展，以港口聚贸易，以贸易促物流。一是农产品流通枢纽功能明显增强。我国多港口增加多条跨境区域航线，增加温控食品流通渠道，形成小批量多频次的进口方式，港口温控物流枢纽能力大大提高。二是重点商品口岸通关顺畅。针对常态化通关，海关不断优化水果、冷冻水产品、肉制品等重点货类通关流程，口岸便利化措施大幅度缩短通关时间，经过温控运输流入各地农批市场。三是智慧港口效果显著。大力推进无纸化办单，为跨境港口开放协作、口岸监管数据互联互通奠定基础。四是绿色港口持续提升。大力推进船舶使用清洁能源，积极推动绿色生态港口建设工作。五是企业治理规范高效。内控体系升级，严格规范日常管理和信息披露，建立健全内控制度。六是重点货类势头良好。温控食品克服中美贸易摩擦等因素影响，保持全年稳定增长。

三、我国跨境生鲜农产品进出口情况

2020年汇总跨境农产品进口额达到4664亿元人民币，出口额2772亿元人民币。伴随疫情影响减退，预估2021年第二季度增速回弹，2021年有望进出口总额突破7500亿元人民币，如图6-1所示。

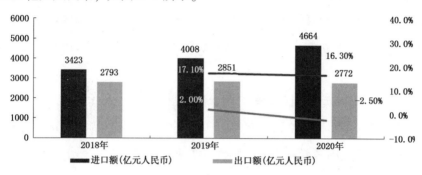

图6-1　2018—2020年我国六大类农产品进出口情况

数据来源：海关总署。

2020年跨境农产品需求同比2019年总体增长8.5%，其中进口增长16.3%，出口基本保持稳定。2020年我国跨境农产品进口量同比增长20.19%，出口量保持3%稳定增长。

（一）我国跨境农产品优劣势分析

2020年，受新冠肺炎疫情影响，全球贸易受阻，但我国还在扩大贸易顺差，缩短贸易逆差，从需求趋势分析，疫情严重影响我国进出口贸易，但总体没有过于上浮下沉。说明我国的农产品在国际市场的知名度和口碑逐步变好，受益于我国对农产品产业发展的重视与支持，国内流通技术水平逐步提高，成功的管理模式进一步复制推广。让农产品以高质量的商品化模式，进入国际市场。同时，有利于国外大型食品加工企业来华，赋予更多的竞争力，拔高国内温控市场环境，间接促进我国产地发展。

2020年我国出口生鲜农产品体量回增，间接反映国外产销需求不匹配，整体供需不平衡。生鲜农产品与市场需求增长量趋同，价格影响较小，表明国内内循环健全或需求未到迫切状态。2020年，受短暂的外力因素影响，部分产品需求浮动，但整体进出口生鲜农产品体量增大、价格下调、出口量增加、出口金额下降，主要原因还是没有品牌效应，单纯的特色产区的农产品还是无法提高附加值。

2020年，我国肉类进口增加迅猛，给国内运输和生产企业带来不小的压力，迫使国内多家企业跨界养猪，农批市场存储条件不断向发达国家靠拢，从而提高食用肉的食品安全和质量保障。反向促进我国农批市场升级转型，提高保鲜仓储能力。扩大肉类、水

产品等精确温控品类的冷库面积,提高加工工艺,普及全程控温。从屠宰、分割加工、冷却成熟等环节低温处理起步,消费者对进口温控产品青睐程度逐渐加大,相关企业逐渐向储藏、运输、批发和零售环节延伸,向着全程低温控制的方向快速发展。

受疫情直接影响最大的是进口水海产品,国家海关严格监管进口水海产品的入关条件,消费者的短期需求疲软,水海产品需求下降。同时也反映出我国存在温控运输卫生安全隐患,消毒消杀环节不到位等问题,须提高食品运输环节的把控,明确各环节物流信息报送和交换机制,提高政府监管部门的温控信息采集和处理能力,提高行业监管和质量保证水平。

(二) 影响我国农产品出口竞争力因素评价指标

影响我国农产品出口价格因素有很多,根据中物联农产品供应分会整理,筛选出影响力较大的八类因素着重分析,如图6-2所示。

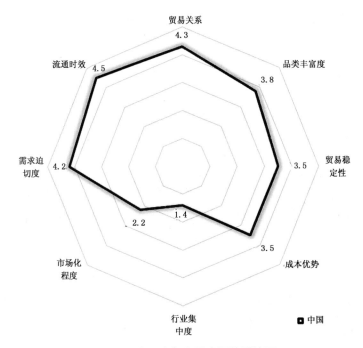

图6-2 出口竞争力因素评价雷达图

数据来源:中物联农产品供应链分会。

根据中物联农产品供应链分会分析,我国农产品出口竞争力相对雄厚,与我国进行生鲜农产品贸易的国家非常多,生鲜农产品产地品类丰富。我国农产品贸易主要呈现出以下四方面特点。

(1) 我国贸易通道相对稳定,贸易口碑较好。

(2) 市场化是提高农产品出口竞争力的引擎。我国需要大力发展新型农业(如订单农业），建立市场意识，规避市场风险。

（3）我国生鲜农产品行业集中度不高，要提高农产品出口竞争力，就需要相对完善和稳定的市场环境，创造独特的经营模式和成熟的扩张网络，要深度挖掘市场空间广阔的农产品出口市场。此外要熟悉各国的法律法规和传统习俗，能够利用这些传统力量使得出口地易于接受出口的农产品。

（4）根据评价体系数据来看，我国生鲜农产品出口竞争力存在明显短板。

针对行业发展短板，中物联农产品供应链分会提出以下三点建议。

（1）提高农业和农产品生产的市场组织化程度，发展高附加值农业、发展农村非农产业及快速城市化，在此基础上适度规模经营发展。

（2）强化土地使用权等产权概念和农民、农民工等劳动力市场概念，巩固农业系统生态的可持续性，并使各级政府建立正确的激励机制。

（3）完善政府职能，规范市场秩序，明确界定包括公共投资、民营资本、外商投资等各类投资的范围、品种、规模和质量。

（三）各国农产品进口竞争力因素评价指标

吸引我国进口农产品的条件诸多，根据中物联农产品供应分会整理，筛选出影响力较大的九类因素着重分析，如图6-3所示。

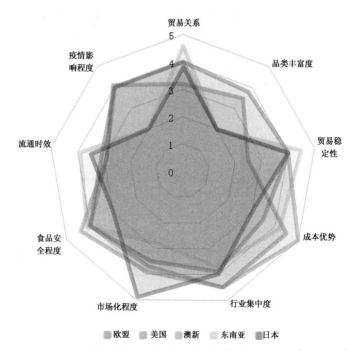

图6-3　进口竞争力因素评价雷达图

数据来源：中物联农产品供应链分会。

　　根据中物联农产品供应链分会分析，出口我国生鲜农产品的国家和地区，贸易关系常受国与国之间政策导向影响，部分国家贸易关系密切且稳定，部分国家贸易关系较为复杂，进口方面受到波及影响较大。

　　（1）进口生鲜农产品日益增加，不仅仅反映出居民可支配收入的提高，刺激了生鲜农产品市场的发展，同时也间接反映出国内生鲜农产品结构调整落后于消费者需求的变化。

　　（2）国内食品安全事件频发打击了消费者信心，国外食品更加安全的刻板印象在我国居民消费者心里仍然深刻。

　　（3）国外生鲜农产品发展规模还在继续扩大，供给量的增加使得进口生鲜农产品的价格不断下降，物美价廉的进口生鲜农产品更具优势，更有利于其占据国内生鲜农产品市场。

　　（4）我国流通领域发展迅猛，对于跨境电商所征收的税率远远低于其他进口商品所征收的贸易税税率。由于通过跨境电商平台所购买的商品所需缴纳的税金较低，因此其商品具备明显的价格优势，从而使得消费者的购买意愿更为强烈。

第二节　主要输华国家、地区基本市场情况及分析

　　2020 年，受到全球经济波动影响，各地区进口板块出现不同程度的波动，我国对各大洲进口生鲜农产品市场需求也呈现出不同程度的增长，进口国品类和金额如表6-1 所示。

表6-1　进口国品类和金额

年份	输出地区	输入国	金额（人民币亿元）	主打农产品品类
2020	亚洲地区	中国	1800	水果、淡水产品
2020	欧洲地区	中国	890	肉类、海水产品、乳制品
2020	北美洲地区	中国	1000	肉类。水产品
2020	大洋洲地区	中国	1380	肉类，乳制品
2020	南美洲地区	中国	480	水果、肉类
2020	非洲地区	中国	11	水果

数据来源：海关总署。

一、欧洲地区输华进口情况

2020 年欧洲地区输华果蔬、蛋奶等农副产品相对少，但输华肉及杂碎类比较丰富，同比增长 45%。整体欧洲输华主要以高端水海产品、高端奶制品（奶酪）和肉类为主，共占总体量的 95%，欧洲地区农产品进口额如图 6-4 所示。

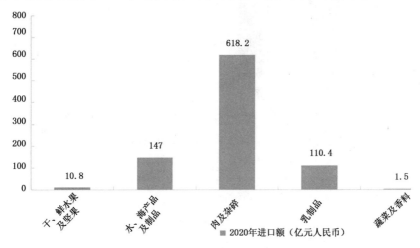

图 6-4　欧洲地区农产品进口额

数据来源：海关总署。

欧盟是我国进口水海高端产品的主要输出国，2020 受新冠肺炎疫情及进口海鲜事件影响，欧盟输华进口水海产品大幅降低，打破了欧盟的绿色贸易壁垒，欧盟的水海产品食品安全全程追溯受到质疑，同时为我国水产品出口增加竞争力，进一步完善水产品质量安全标准体系，缩短与欧盟水产品质量安全标准体系的差距。高端蛋奶等的进口没有受到影响，市场较为稳定。肉类需求大幅度上扬，反映了国内肉品的供给不足。

二、东南亚地区输华进口情况

2020 年东南亚地区输华农产品主要是水果、水产品和香料，水果增量稳步上升，同比增长 32%，2020 年 11 月份，榴莲输华体量首次超过车厘子，成为第一大进口温控水果品类，东南亚地区农产品进口额如图 6-5 所示。

东南亚国家水海产品主要输出国是泰国、越南、马来西亚、印度尼西亚，其中以海产品为主的马来西亚和印度尼西亚同比下降 17.7%。泰国和越南的水产品温控市场需求（冻品鱼肉为主）增长 24.1%，巴沙鱼、罗非鱼、虾成为东盟渔业发展主要产品，连续 3 年持续 20% 增长，水果的进口没有受到影响，市场较为稳定，需求逐步增长。东南亚输华肉类主要以禽类为主，主要产区为泰国。

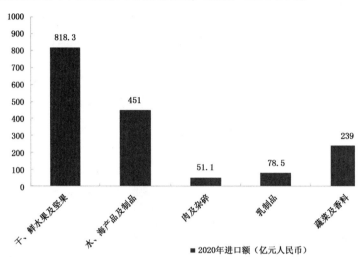

图 6-5　东南亚地区农产品进口额

数据来源：海关总署。

三、美洲地区输华进口情况

2020 年美国输华果蔬、蛋奶等农副产品相对稳定，巴西、阿根廷输华肉及杂碎最高，同比增长 1.8 倍。整体美洲输华水海产品，同比减少三成，美洲地区农产品进口额如图 6-6 所示。

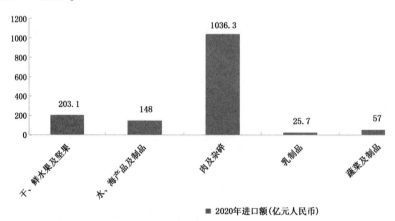

图 6-6　美洲地区农产品进口额

数据来源：海关总署。

2020 年受新冠肺炎疫情影响，美国输华进口水海产品小幅降低，但整体并不会对进口温控产品造成太大的影响，政策会对相关温控水产品进行严格的检验检疫。疫情影响减退，水海产品进口市场逐步反弹。肉类和果蔬的进口没有受到影响，肉类受到国内非洲猪瘟影响，价格上浮，产需不平衡，转向中美贸易进口肉类（主要肉类品质是冷鲜猪肉），进口量暴增。

四、澳新地区输华进口情况

2020 年澳新输华主要农副产品为蛋奶及其制品和肉类等，乳制品是我国居民蛋白质的优质来源，得天独厚的地理条件和成熟的供应链市场体系也让消费者对澳新产地的肉类评价较高，澳新地区农产品进口额如图 6-7 所示。

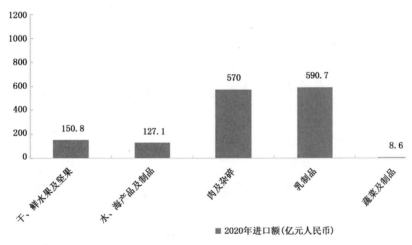

图 6-7　澳新地区农产品进口额

数据来源：海关总署。

澳大利亚和新西兰是我国进口水海产品的主要输出国家，同时也是我国进口肉类及乳制品产品的主要输出国家。2020 受新冠肺炎疫情及三文鱼事件影响，输华进口水海产品大幅降低。与此同时，澳大利亚政府实施对华压力政策（5 月启动），使得下半年肉类进口量大幅减少，国内从他国转移需求，减少澳大利亚肉品的供给。蛋奶制品进口也大幅缩减，2021 我国的奶业的供给缺口仍是核心问题。

五、日韩地区输华进口情况

2020 年日韩主要输华农产品为水海产品及其制品、少量的高端特色水果和部分乳制品（蛋奶），日韩地区农产品进口额如图 6-8 所示。

2020 年新冠肺炎疫情对日本水海产品输华有较大影响。部分高端水海产品断货现象较为严重。日本受负面新闻影响，未来水海产品的输华可能会大幅受挫。高端特色水果的进口没有受到影响，受运输时效的影响，价格上浮，但进口量仍保持着逐年上升。

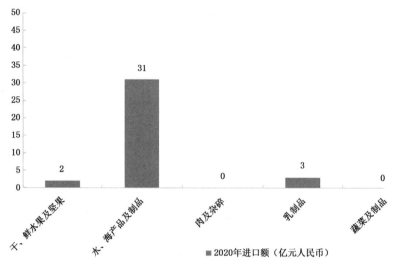

图 6-8　日韩地区农产品进口额

数据来源：海关总署。

第三节　口岸通关及运输方式发展分析

一、跨境生鲜农产品运输方式

众所周知，生鲜农产品区别于其他一般农产品，因为其本身的时效性和易腐性，所以对运输的要求很高。随着温控技术的发展，生鲜农产品温控物流运输也逐渐完善。

跨境生鲜农产品运输方式主要有三种类型，一是通过陆路运输，包括铁路运输和公路运输；二是采用水路运输，在江、河、湖泊、人工水道及海洋上运送货物；三是通过航空运输，是使用飞机、直升机及其他航空器运送货物。在这些运输全过程中，无论是装卸搬运、变更运输方式、更换包装设备等过程，都让生鲜农产品始终保持一定温度的运输，也就是所谓的温控运输。

（一）公路运输

公路运输可以实现门对门一条龙服务，虽载运量相对火车轮船较小，但运输价格也相对较低，而且机动灵活性较大，连续性较强，适合于中短距离和高档生鲜农产品的运输。公路运输主要使用冷藏车和冷藏集装箱半挂车。冷藏车具有能保持一定低温的货厢，用于载运需要保持低温或易腐货物的专用汽车。货厢能密闭，厢壁为双层结构，以保持低温。随着科技的进步发展，冷藏车的种类开始细分，货主可以通过温度、生鲜种类和制冷方式等，来选择不同类型的冷藏车。冷藏车建造投资少，操作管理方便，并且可以配合铁路、水路等进行转运。冷藏集装箱半挂车就是把冷藏集装箱放于骨架车上面。冷藏集装箱已经是跨境生鲜农产品运输不可缺少的一环，是指一种有良好隔热，且能维持一定低温要求，适用于各类易腐食品的运送、贮存的特殊集装箱。冷藏集装箱可用于多种交通运输工具（火车、轮船）进行联运，可以从产地到销售点，实现"国到国"直达运输，在一定条件下，也可以当作活动式冷库使用。使用中可以整箱吊装，装卸效率高，运输费用相对较低。装载容积利用率高，营运调度灵活，使用经济性强。新型冷藏集装箱结构和技术性能更合理先进，有广泛适用性。冷藏集装箱半挂车可以提升载重量，一直是中长途冷链运输的主力军，与我国接壤的越南、老挝、蒙古、巴基斯坦等国采用公路运输较多。

（二）铁路运输

铁路运输载运量大，连续性强，行驶速度较高，运费较低，运行一般不受气候、地形等自然条件的影响，适合于中长途生鲜农产品运输。铁路运输也分为冷藏列车和冷藏集装箱列车。冷藏集装箱列车是冷藏集装箱装载形式的货运列车，通过冷藏集装箱贮存生鲜农产品，再通过火车运输冷藏集装箱。冷藏列车是利用冰、干冰、冷冻板、液化气等制冷方式，而不是用机械制冷的运输冷藏物品的铁路列车。随着我国大力倡导建设一带一路，中欧铁路与泛亚铁路等成为我国进出口生鲜农产品的重要铁路网，来自欧洲和东南亚的生鲜能快速便捷地到达我们的餐桌之上。

（三）水路运输

水路运输是以船舶为主要运输工具、以港口或港站为运输基地、以水域包括海洋、河流和湖泊为运输活动范围的一种运输方式。水运至今仍是世界许多国家最重要的运输方式之一。水运（包括内河和海上运输）具有载运量大、运输成本低、投资少、速度较慢、灵活性和连续性较差等特点，适于大宗、低值和多种散装生鲜农产品的运输。水路运输主要分为冷藏船和冷藏集装箱船。冷藏船是使鱼、肉、水果、蔬菜等易腐食品处于冻结状态或某种低温条件下进行载运的专用运输船舶。冷藏集装箱船是将冷藏集装箱放于货轮之上的运输船舶。目前，用于装运冷藏货物的冷藏集装箱发展迅速，由于其运输方便，所以在某种程度上取代了冷藏船的运输。其中国际海运是国际贸易中最主要的运输方式，占国际贸易总运量中的 2/3 以上，我国绝大部分生鲜进出口农产品，都是通过海洋运输方式运输的。

（四）航空运输

航空运输又称飞机运输，简称"空运"，它是在具有航空线路和飞机场的条件下，利用飞机作为运输工具进行货物运输的一种运输方式。航空运输具有速度快、不受地方地形条件限制、能进行长距离运输等优点，也存在载运量小、运输成本高、易受气候条件影响等缺点，适合于运输高档生鲜农产品与急需农产品。当采用航空运输时，一般将生鲜农产品装入航空温控集装箱中，再使用飞机运输。国际空运以其迅捷、安全、准时的效率赢得了相当大的市场，大大缩短了交货期，具有快速、机动的特点，是国际贸易中贵重物品、鲜活货物和精密仪器运输所不可缺少的方式。

（五）演化历史

近年来，随着现代化集装箱码头在世界各地的新建及集装箱码头基础设施和设备的不断革新完善，国到国、门到门的冷藏集装箱运输为生鲜冷链运营提供了广阔的发展空间。因为满载生鲜农产品的冷藏集装箱可以直接从产地或者加工厂配送到市场仓库或者物流中心，而拥有自足或者辅助电力供应系统的冷藏集装箱本身也是冷藏食品的临时仓库，可以在远洋货轮、火车或者卡车上长途运输，并保证生鲜产品的质量。现代化集装箱船可以把大批生鲜农产品从拉丁美洲、欧洲、中东等地长途跋涉地运到中国。冷藏集装箱的脱颖而出，让传统的冷藏运输模式转为以冷藏集装箱为主的运输模式。国内各大沿海跨境口岸逐步形成冷库群及冷链物流配套产业群，以冷藏集装箱为主体通过跨境口岸，再以火车、汽车等交通方式将冷藏集装箱带到全国各地。我国遴选出国家骨干冷链物流基地、国家物流枢纽，加速全国冷链物流基础设施布局，为推动国内冷链物流行业高速发展打好产业基础。随着各种政策的出台和冷链基础设施的完善，现代智慧物流技术的应用，中国的冷链物流行业将进入新的篇章。

二、跨境农产品监管及通关情况

（一）农产品特色监管和通关情况

表 6-2　疫情前的海关通关政策

地方	主要方向	简要内容
上海港海关、浦东机场海关	进口鲜活货	绿色通道，"边检边放、随到随检"，实行 7×24 小时、365 天全天候通关查验制度，确保鲜活货随到随检。

地方	主要方向	简要内容
大连口岸海关	鲜活水产品、温控食品等	辽宁省和大连市先后出台《加快推进东北亚经贸合作打造对外开放新前沿的意见》《优化口岸营商环境促进跨境贸易便利化工作实施意见》《大连口岸优化营商环境促进跨境贸易便利化工作实施方案（2019—2021年）》等政策，探索建设大连自由贸易港，加快时效性商品通关速度，在风险可控前提下优化鲜活产品检验检疫流程。大连港是全国首个拿到国际中转水产品货物原产地证明的港口。
青岛海关	农产品示范	为促进食品农产品示范口岸建设，加快形成东北亚水产品交易中心，青岛海关全力优化冰鲜水产品海关检验检疫流程，实现货物到港后"即查即检"，未被抽样检测的冰鲜水产品"即报即放"，当天报检当天放行，抽中检测的冰鲜水产品，实行实验室优先检测。
宁波海关	进口鲜活货、水产品等	2019年进口的海产品通关时长由2016年的10天压缩到4天左右。空港方面，宁波海关制定专门监管保障方案，开通"冰鲜产品直通车"，全力保障通关时效。对于部分进口水产品需要获得进境动植物检疫审批许可证的，宁波海关推出网上申报便利服务，将审批时间从10天缩减至5天。
天津海关	鲜活、易腐特点部分水产品等	为满足消费者进口食品需求，天津海关采取多项措施优化营商环境，提高进口食品通关速度。实施"审单放行"措施，未抽中查验进口食品即刻放行；加快肉类通关速度，保证国储肉类进境优先审批优先通关，随到随检保供稳价；采取"边检边放"措施，便利三文鱼等冰鲜水产品及时投入市场；加快实验室检测，减少抽中送检各类进口食品通关等待时间等；还采取"提前申报""船边直提"等措施促进优质食品从天津口岸进口。此外，结合不同进出口货物特点"量身定制"相关通关措施，例如针对具有鲜活、易腐特点的部分水产品，推出"空中申报、落地放行"等支持温控类商品进口的一揽子便利化措施。

数据来源：各地方海关

（二）疫情常态化下的农产品特色监管和通关情况

2020年受全球新冠肺炎疫情的影响，我国进出口生鲜农产品受阻，海外农产品包装存在病毒，我国严格把控国门，重点政策如表6-3所示，让我国进口农产品放心入关，让消费者放心购买。

表6-3 部分摘取与生鲜农产品相关的海关政策

政策名称	发文时间	描述
《关于新冠病毒检测试剂盒等疫情防控物资申报相关事项的公告》	海关总署公告 2020 年第 138 号 2021-01-01	添加可追溯的商品编码
《对检出新冠病毒核酸阳性的进口冷链食品境外生产企业实施紧急预防性措施的公告》	海关总署公告 2020 年第 103 号 2020-09-11	同一境外生产企业输华冷链食品或其包装第 1 次和第 2 次被检出新冠病毒核酸阳性的，海关分别暂停接受该企业产品进口申报 1 周，期满后自动恢复；同一境外生产企业先后被检出新冠病毒核酸阳性 3 次及以上的，海关暂停接受该企业产品进口申报 4 周，期满后自动恢复
《关于进口厄瓜多尔冷冻南美白虾检验检疫要求的公告》	海关总署公告 2020 年第 93 号 2020-08-14	进口厄瓜多尔冷冻南美白虾检验检疫要求

三、跨境生鲜农产品运输方式发展

全球跨境最主要的运输方式是海运，我国是贸易大国，沿海省份多，港口贸易居多，同样跨境生鲜农产品还是主要以海运口岸通关为主，其次是空港口岸进口一些高端农产品。公路铁路是我国近几年来新兴的运输方式，依托"一带一路"倡议，沿线国家是中国大米、小麦、大豆及猪肉等农产品的重要进口来源地。

生鲜农产品进出口已经成为"十四五"期间各大港口集团发展的重点。2020 年已初步形成沿海跨境口岸冷库群及温控物流配套产业群，海南自贸港也将成为规模化、集约化的国际温控产品中转的枢纽港，各大沿海口岸逐步发展成为温控食品进出口中转地+货物清关分销地的格局。不断发展港口冷库布局，打造辐射周边的温控物流园区，丰富业务需求，使得进口生鲜农产品市场有广阔的空间。

四、农产品主要进出港情况

（一）上海口岸

1. 生鲜农产品进出口情况

2020 年，上海口岸对欧盟进出口关区生鲜农产品占比 33%，澳新地区通过上海口岸进口肉类总值 270 亿元，同关区占比 45%，牛肉占 97%；欧盟通过上海口岸进口肉类总额 250.5 亿元，同比增长 100.4%。进口水果批次 2.5 万次，增长

13.56%，进口量 99.9 万吨，增长 20.1%，主要为菲律宾香蕉、埃及橙、泰国椰子、秘鲁葡萄、智利油桃和李子等品种。

2. 市场趋势分析

截至 2020 年，92.3% 智利车厘子出口至亚洲，而进入中国市场的车厘子占到亚洲市场的 95%。进口水果市场前景非常好，需求量大，消费主导趋势。牛肉进口占绝大部分，羊肉进口增幅低于牛肉。进口牛肉激增说明市场需求量大。我国牛羊肉供给增长较为缓慢，而消费需求旺盛。进口关税逐年调低，使进口牛肉的价格远低于国内同类牛肉价格，但牛肉品质和食品安全信誉度等方面却高于同类国内生产的牛肉，因此，进口牛肉已形成了较强的产品竞争力。洋山口岸是上海重要的水果进口口岸之一。依托自贸区新片区优势，洋山海关落实"提前申报""快检快放"等改革便利措施，在严把国门安全关、质量关的同时，将进口水果的通关时间缩短至 1 天以内，既确保进口水果的新鲜口感，也降低了企业的物流和时间成本。

（二）天津口岸

1. 温控食品进口情况

2020 年，天津口岸对欧盟进出口生鲜农产品占比 39%，天津口岸对欧盟温控食品出口额 221 亿元，占比 29%；对欧盟猪肉进口额 109 亿元，占比 95%；欧盟通过天津口岸出口的猪肉产品达到 224 万吨，增长 58%。港口温控通过能力提升 80%，进口肉类通关流转率提升 93%，

2. 市场趋势分析

基于中国市场的需求还在上升，欧盟预计其猪肉出货量可能会在 2022 年达到峰值，欧盟定下了要将对华猪肉产品的出口量提升至 300 万吨的供应目标，天津作为主要的肉类进口口岸，会加大温控设施的建设和集装箱堆码的电插存放面积。天津港具有非常好的温控食品贸易基础，天津港东疆港区先后获批商务部"国家进口贸易创新示范区"、天津市"津台温控物流试点园区"等荣誉。天津港花费 1300 余万元完成冷藏箱堆场扩容改造，为进口温控食品安全、通关流转提供保障。

（三）宁波口岸

1. 温控食品进口情况

2020 年，宁波港对美国进出口生鲜农产品占比 26%，宁波口岸对欧盟生鲜农产品进口额 23 亿元，占宁波口岸对欧盟总体的近三成；宁波口岸对美国温控食品进口额 27 亿元，占对美国总体进口额的 16%；对美国温控食品出口额 637 亿元，占比 40%，同比增长 7%。码头场存温控能力提升 60%。

2. 市场趋势分析

宁波口岸为促进外贸发展出台了多条政策,推行优先检查、优先引航、优先进港、优先卸货等相关措施。宁波口岸对温控食品的重视程度愈来愈高,港口服务能力会有显著提升。

未来宁波口岸会加大温控食品的贸易发展,促进进口温控市场的规模,加大温控流通机制。宁波口岸还研发了温控物流监管系统,实现对冷鲜产品从入库、存库到出库的链式监管,同时在大数据风险分析基础上,对企业采取审单放行、即查即放等便利化措施,为消费者提供产品从国外生产到国内通关、储运、销售等信息的查询服务,实现源头可掌控、过程可控制、流向可追溯。

五、航运和贸易港基本情况

航运是我国贸易进出口的重要渠道,国际贸易总运量的75%都是通过海运来实现的,我国出口货运总量的88%都是利用海运方式流通的,如表6-4所示。

表6-4 船公司、航线及港口情况

船公司名称(排名不分先后)	
(MSC)地中海航运	(KLINE)川崎汽船
(APL)美国总统	(EVERGREEN)长荣海运
(MAERSK)马士基海运	(PIL)太平船务
(HANJIN)韩进海运	(CSCL)中海
(P&O)铁行渣华	(ZIM)以星
(NYK)日本邮船	(HPL)赫伯特
(CMA-CGM)法国达飞轮船	(MOL)商船三井
(OOCL)东方海外	(MISC)马航
(COSCO)中远集运	(TSL)德翔海运
(HMM)现代商船	(NORASIA)北欧亚
(YML)阳明海运	(WHL)万海航运
主要航线(排名不分先后)	
东北亚航线	南非航线
美西航线	西地中海航线
美东航线	东地中海航线
加拿大航线	中东(以色列)航线
澳洲航线	中东航线

主要航线（排名不分先后）	
新西兰航线	印度洋航线
欧洲航线	南美西航线
北欧航线	南美东航线
葡萄牙航线	中南美航线
北非航线	西非航线
黑海航线	
贸易港口（排名不分先后）	
日本基本港	奥地利基本港
韩国基本港	爱尔兰基本港
台湾基本港	匈牙利基本港
印度尼西亚基本港	加拿大基本港
越南基本港	波兰基本港
马来西亚基本港	捷克斯洛伐克基本港
泰国基本港	丹麦基本港
缅甸基本港	瑞典基本港
菲律宾基本港	挪威基本港
美西基本港	芬兰基本港
美东基本港	葡萄牙基本港
加拿大基本港	南非基本港
澳大利亚基本港	意大利基本港
新西兰基本港	西班牙基本港
比利时基本港	法国基本港
德国基本港	摩洛哥基本港
荷兰基本港	突尼斯基本港
法国基本港	土耳其基本港
英国基本港	希腊基本港
巴西基本港	塞浦路斯基本港
乌拉圭基本港	埃及基本港
巴拉圭基本港	黎巴嫩基本港
墨西哥基本港	叙利亚基本港
委内瑞拉基本港	以色列基本港
危地马拉基本港	阿联酋基本港
厄瓜多尔基本港	科威特基本港

贸易港口（排名不分先后）	
秘鲁基本港	伊朗基本港
尼日利亚基本港	沙特基本港
加纳基本港	约旦基本港
贝宁基本港	斯里兰卡基本港
多哥基本港	印度基本港
阿尔及利亚基本港	巴基斯坦基本港
乌克兰基本港	孟加拉国基本港
罗马尼亚基本港	智利基本港
保加利亚基本港	巴拿马基本港
阿根廷基本港	

第四节　跨境农产品市场走势和发展布局

一、跨境生鲜农产品行业发展走势

（一）融资主要模式

1. 订单融资

大部分的生鲜农产品生产企业规模小，资金匮乏，无法购入在进行农业生产前所需要的农业生产资料，如种子、化肥、农药、饲料等，但通过银行与数量巨大的生鲜农产品生产企业直接建立借贷关系是不现实的，因此，可以以生产企业未来的预期收入为标的抵押给银行，同时由下游的核心企业向银行承诺收购其标的资产，银行向生产企业发放生产所需要的资金，下游核心企业在收购其农产品后，直接将货款支付给银行。

2. 存货质押融资

存货质押融资是银行针对生鲜农产品生产企业在生产过程中提供的融资服务，而物流公司对存货的真实性和价值进行保证。

生鲜农产品生产企业在申请融资前，首先将其合法拥有的货物交付银行认定的仓储监管方，仓储监管方在鉴别货物、对货物作出估价之后，根据实际情况开出仓单，并对其真实性做出承诺。生产企业凭借仓单向银行申请融资。银行以取得的该批货物的质押权作为投信担保，并根据估价提供一定的融资额度，并以客户支付的货款为信号，指令监管企业发货，但必须保持与贷款余额相当的质押物作为保证金。如果客户不能按时归还贷款，银行可以行使其质押权作为还款来源。

3. 保理业务融资

保理业务是指生鲜农产品生产企业为了获取营运资金，由银行受让其向龙头企业销售商品或者提供服务所形成的应收账款，由银行代为管理其应收账款的收回、坏账准备的计提等事宜，银行将资金注入供应链上游的生产企业，以解决其短期的资金不足问题。这种模式主要针对生鲜农产品企业的销售阶段，龙头企业利用其自身的强势地位往往拖欠货款，造成生鲜农产品生产企业的资金不足。而通过保理商可以实现资金快速的收回，提高资金的周转率，解决生产加工所花费的劳动成本和到期应付账款，或者支付提前进入下一个生产运营周期所需资金。因为大多数的生鲜农产品生产企业都存在一定的应收账款，且该业务不需要提供办理贷款模式中的烦琐的手续，所以很受中小企业的欢迎。

（二）融资规模

2020 年中国物流产业整体融资案例有 100 笔，融资总额为 457.11 亿元，其中生鲜保鲜领域的融资案例有 12 笔，金额占比达到 15.7%，生鲜保鲜领域是物流行业投融资关注的焦点，如表 6-5 所示。

表6-5　2020 年中国温控物流行业投融资规模

	物流行业	其中：生鲜保鲜领域	占比（%）
融资案例数（笔）	100	12	12
涉及金额（亿元）	457.11	71.59	15.70

（三）主要事件汇总

近年来，中国温控物流行业的资本市场运作较为火热。国内食品安全、消费升级所带来的市场红利，促使生鲜行业已成商业、资本博弈的兵家必争之地，而温控物流成为其中的主战场。

以瑞云冷链为例，2020 年 6 月瑞云冷链成立，7 月即获得由青松基金和磐霖资本共同领投的天使轮融资，到 2020 年 12 月，时隔不到半年，企业再次获得数亿"天使+轮"融资，足见在冷链物流这条赛道上，行业企业成功获得用户和资本市场的认可，如表 6-6 所示。

表 6-6　2020 年中国冷链物流行业主要投融资事件

时间	企业名称	地区	轮次	金额	投资方
2020-12-14	瑞云冷链	深圳	天使+轮	未披露	磐霖资本领投、招商局创投跟投
2020-11-20	蓝海宏业	天津	被收购	未披露	嘉里物流
2020-11-10	小码大众	北京	战略投资	数千万元人民币	韵达股份领投
2020-07-14	万泽冷链	莱芜	新三板定增	3348.8 万元人民币	莱芜财金控股有限公司
2020-05-11	雪链物联网	福州	A+轮	未披露	隐山资本
2020-04-30	小码大众	北京	A+轮	未披露	住友商事亚洲资本
2020-04-29	九曳供应链	上海	战略投资	未披雾	远洋资本
2020-04-02	中央冷藏	大连	股权转让	2047 万元人民币	獐子岛
2020-04-02	中央冷藏	大连	被收购	1.37 亿元人民币	普冷公司
2020-03-01	蜀易信	四川	种子轮	20 万元人民币	福友资本
2020-01-02	壹号食品	广州	战略投资	数亿元人民币	美团

资料来源：前瞻产业研究院。

二、跨境农产品发展背景

（一）中国经济稳定发展提供了源动力

在我国积极强有力的抗疫措施下，我国成为 2020 年全球唯一实现经济正增长的主要经济体。习近平总书记表示"危机从产业链供应链的供应端向需求端扩散，共同维护全球产业链供应链稳定是治本之策"。我国迅速展开复工复产，并且及时对中小企业进行针对性帮扶，使得产业链和供应链运转逐渐恢复通畅运转。解封后我国疫情防控进入常态化阶段，而国外疫情严重的国家依旧实行封闭管理，我国农户和农产品加工企业复工保证了跨境电商平台农产品的有效供给。

（二）对外开放深入发展提供良好外贸环境

"一带一路"倡议引领，给我国跨境农产品发展带来重要机遇。"一带一路"沿线国家农业资源丰富，开展农业合作的基础牢靠，能够有效推动我国与"一带一路"沿线国家的农产品贸易，依托"一带一路"经济带，释放沿线国家对农产品的巨大需求，激发市场活力，助力我国跨境农产品的发展。2019 年 1 月的达沃斯电子商务非正式部长级会议上，我国与 76 个世贸组织成员签署了《关于电子商务的联合声明》，我国与世界多国的电子商务合作程度进一步深入。"丝路电商"为跨境电商规模迅速扩大奠定了贸易基础和市场背景，与 22 个国家签订的电子商务合作深入推进了自贸区网络建设，这些都为我国农产品跨境销售提供了良好的发展环境。

（三）跨境电商海外仓建设

我国的海外仓建设自 2015 年商务部发布《"互联网+流通"行动计划》开始，该文件指出我国的目标是在两年内推动建设 100 个电子商务海外仓。2016—2020 年相关部门相继发布关于海外仓建设的文件，2020 年商务部发布《关于应对新冠肺炎疫情做好稳外贸稳外资促消费工作的通知》中指出要指导跨境电商综试区提供海外仓信息服务，帮助企业利用海外仓扩大出口，建设内循环与外循环衔接的重要枢纽。海外仓的建设有助于加速我国在全球范围内发展跨境电商零售市场，对于储存时间较长的农产品或者是可以低温冷藏的水产品可以放入海外仓，消费者下单后海外仓可以立即进行分拣、包装和发货，不仅能节省物流时间，一定程度上也减少了农产品因路途过远而产生的损失。

三、跨境农产品面临的困境

（一）农产品出口企业观念落后

跨境电商的销售以全球网络为平台，对企业管理者的管理理念有着更高要求，一家企业要想在众多商家中脱颖而出，对其产品质量、品牌、供应链等方面会有更高的要求。目前，我国大部分农产品出口企业在质量标准、品牌意识、供应链管理等方面距离发达国家仍有一定差距，在吸引消费者方面力度较弱。在竞争日益激烈的国际局势大背景下，也容易遭受各国越来越繁多苛刻的贸易壁垒。另外，由于我国跨境电商模式起步较晚，很多中小企业在发展互联网思维方面意识淡薄，品牌观念不强，再加上不熟悉跨境网络销售渠道，严重制约了我国跨境电商模式下农产品出口的发展。

（二）全球跨境农产品监管体系尚未形成统一标准

中国跨境电商起步较晚，规范方式有待健全，对跨境电商交易过程中存在的支付、赔偿等具体问题没有划分责任，而欧美市场的跨境电商法律已相对成熟。但各国的法律法规存在差异性，知识产权等法律纠纷层出不穷。特别是农产品跨境电商交易，产品中的农药浓度等都会牵扯到不同国家和地区的法律体系、监督体系，需要在这方面加大对法律法规的制定研究，积极融入全球跨境农产品体系。

（三）农产品跨境电商物流成本高

农产品跨境电商物流的复杂性决定了跨境电商交易物流成本高于国内物流成本。跨国交易由于交易主体来自世界各地，两国之间的物流设施条件、海关检查标准不同、运途长短等因素都将导致昂贵的物流成本。农产品自身固有的易腐坏、季节性强、对贮藏环境要求高等因素也会增加运输途中的贮藏成本。生鲜农产品的运输对配套温控物流具有较高的要求，而相较于国外已经发展成熟的温控物流系统，我国温控物流建设比较落后，生鲜类农产品跨境电商发展受到较大的阻碍。再加上疫情的影响，疫情较为严重的国家采取贸易保护措施及疫情隔离措施，跨境物流过程中严格的检疫措施和进出口管制措施也使得国际物流配送成本增加。

（四）国内农产品质量标准体系有待完善

相比医药等行业严格的标准规范，当前我国针对跨境电商出口农产品并未构建出一套相对标准、规范及完善的质量体系。尤其是质量检验监控机制仍然存在一些问题，跨境电商企业内部本身没有对出口农产品的品质进行更严格的动态监控及规范管理，导致出口农产品的品质参差不齐，达不到"三品一标"的基本要求，即使改进了出口模式，也无法将质量提升上去。首先，许多农产品的生产流程过于落后，导致农产品的各项生产指标不合格。其次，许多企业只注重简易生产，对产品的生产质量把关不够严格，有时候甚至为了增加生产的数量而忽视了质量检测环节，导致产品的有害物质含量超过相关标准；或是盲目地追求生产量，过度使用各种农药及激素，导致出口检疫不合格，商品检疫不过关，对我国农产品的出口品牌造成了直接影响，损害了我国出口农产品的口碑，导致农产品出口困难。

四、跨境农产品未来发展布局

（一）跨境农产品发展趋势

1. 跨境农产品的数字化

利用数字技术为跨境农产品赋能，促进我国农产品产业转型升级。利用数字化技术提高我国跨境农产品产业的贸易水平，在需求端的推动下不断进行农产品外贸企业销售模式创新。建立完备的打通生产、物流和销售全过程的数字化供应链，提升农产品外贸企业的数字化运营能力，提升外贸企业对于农产品供应链的管理能力。

2. 农产品品牌化和标准化

为了更有效地发挥跨境电商助力经济增长的作用，应加快推进农产品的品牌化和标准化建设。一方面，跨境电子商务模式依靠互联网平台向国外市场销售农产品，能够提升企业的海外知名度，提高企业的经营利润。在大众消费心理中，消费者通常更倾向于购买品牌化的农产品，这类有口碑加持的农产品更容易受到青睐。另一方面，农产品品质的标准化是提升农产品国际竞争力的重中之重，更是发展农村跨境电商的关键。同时，要想推进农产品品牌化的进程，农产品标准化是必经之路。

因此，政府应引导农产品出口企业注重实施农产品等级标准，做到与时俱进，推进农产品品牌化和标准化体系同步建设，进而更好地促进跨境电商的发展。

3. 特色农产品品牌国际化

对我国农产品进行品牌赋能，以我国农耕文化为背景依托，从农产品包装设计等方面突出各地农产品的特色，提升各地区特色农产品的国际知名度。在农产品包装中放入关于农产品产地及农作物原料产于该地区的优势介绍，不断强化我国特色农产品品牌在海外消费者心中的印象。对于销往不同国家的生鲜农产品，可以吸取不同国家的文化习俗、饮食习惯设计包装，凸显我国农产品品牌特色。继续建设特色地理标志农产品，扩大与国外地理标志农产品保护合作，融入当地文化氛围，为我国农产品跨境销售提供高水平的保护，保证高品质农产品跨境销售。

4. 营销方式多元化

农产品与机械、服饰等产品不同，其电商销售方法也应其独特性而改变。企业可以通过体验式营销、直播售卖、为客户拍摄产品视频及订单查询原产地等形式减轻客户对产品质量的担忧，使客户直接参与到产品销售的各个环节，在短时间内了解和认可产品，促进产品的网络销售。

根据国家"质量兴农，品牌强农"政策，中小农产品企业可直接与农村和国家进行双挂钩，企业发挥市场作用，政府发挥引导和协调作用，根据农产品优势和企业优势，把品牌与当地实际、产品特点相结合。促进乡村振兴，使企业借助政府补贴与帮扶来减轻电商成本。打造优质品牌，提升品牌知名度。

(二) 优化促进国内农产品供应链发展

1. 提升供应链管理意识

随着越来越多的电商企业开展生鲜农产品跨境电商业务，生鲜跨境电商行业竞争持续升级。供应链管理能力作为决定生鲜跨境电商发展趋势最重要的能力，是企业获得市场竞争力的关键。生鲜农产品跨境电商供应链管理理念不断深化，应该将大数据、人工智能、物联网等先进技术不断应用于供应链管理，从而达到追踪用户行为、精准预测市场需求、提高生鲜农产品品控的目的，进而精简生鲜农产品跨境电商供应链环节、降低运营成本。

2. 加大供应链建设力度

生鲜农产品具有保鲜期短、易腐烂等特征，同时，由于供应链各环节企业位于不同国境，因此货物流通时间较长，对于供应链管理能力提出了更高要求，要求生鲜农产品跨境电商供应链响应速度快、运作效率高、应急措施完善。因此，生鲜农产品跨境电商企业需不断加大对供应链管理信息系统、冷链物流基础设施设备、专业管理人才体系的建设。

3. 加大供应链资源整合力度

近年来，食品安全问题不断出现，加大了公众对于食品安全的保障要求。跨境进口生鲜农产品产地位于国外，供应链环节复杂，因此，消费者对于跨境进口生鲜产品的质量要求更为严苛。消费者对于品质和体验的高要求，促使生鲜农产品跨境电商企业更加严格地选品、全程把控供应链。生鲜跨境电商龙头企业，如天猫国际、京东国际等，加快了全球供应链资源整合的步伐，通过全球买手、产地直供等方式保障产品质量，与国际物流龙头企业形成战略合作伙伴关系，保障生鲜产品安全性及物流时效性。

（三）精准攻破跨境各环节管理困难

1. 各环节主体

（1）跨境电商平台。跨境电商平台企业是生鲜农产品跨境电商供应链的核心企业。核心企业是指跨境生鲜农产品供应链中具有主导地位的企业，在供应链协同管理过程中对协调资源及处理冲突等问题具有话语权。作为核心企业，生鲜农产品跨境电商平台企业在运营管理、信息获取与共享、人力资源等方面比其他节点企业更具有优势。

（2）海外仓企业。海外仓是指海外仓运营企业在生鲜农产品生产商所在国家或集中地区预先建设或租赁仓库，根据跨境电商平台的消费数据信息和采购趋势，选择一定数量的品类直接发运入仓。进入海外仓中的商品已经完成了质量检查与清关，国内消费者下单后，直接从海外仓发出。从而达到缩短交易时间的目的，也提升了跨境生鲜农产品订单处理的时效和客户忠诚度。

（3）物流服务商。物流服务商是生鲜农产品跨境电商供应链关键的节点企业，它决定了订单完成的时效性、产品的保质性、商家的信誉度、顾客的满意度。从商品流向的地理角度来看，跨境生鲜农产品会经过生产国物流、生产国海关、国际运输、消费国海关、消费国物流，因此生鲜农产品跨境电商业务通常由两个或两个以上的物流服务商完成。

2. 跨境电商农产品知识产权法律保护

通过我国跨境农产品知识产权侵权案例进行分析，发现很多问题的根源在于侵权者的胆大妄为，为了提高农产品销售额而不择手段。这类行为之所以难以管控，主要因为在相关法律法规中存在很多空白之处和漏洞问题，为不法分子提供了可乘之机。因此，为了促进跨境电商行业和农业产业的健康发展，必须尽快完善我国电商知识产权相关法律条款，同时加大执法力度，为农产品在跨境电商渠道中的合法经营提供法律保障。从我国现行的与跨境电商农产品知识产权保护相关法律制度上看，虽然在促进农产品国际贸易中发挥出一定的保障作用，但与快速提升的跨境电商农产品知识产权保护需求相比，在法律制度的更新与完善方面仍然存在一定的滞后性与制约性。有些法律制度已经不再适用于当前的实际情况，还有法律制度之间存在一定矛盾性，导致在执法过程中遇到较大阻碍。这些问题的存在，使得跨境电商农产品知识产权无法得到有效的法律保障，甚至面临着"无法可依"的危害境地。因此，当务之急是结合我国农产品跨境电商知识产权保护的实际需要，建立起一部内容健全完善的、切实可行的、带有统领性的农产品知识产权法律制度，其内容要涵盖农产品专利权、农产品商标权、农产品地理标志权、植物新品种权等几个主要方面。

在我国农产品"走出去"过程中，政府有关部门要及时针对现有法律制度进行重新梳理和修改完善，确保各项条款的法律效力，为农产品知识产权保护提供有效支撑。除此之外，一部高质量的法律制度，必须具备较高的执法力度。只有通过强有力的执行，才能将其法律效力充分体现出来，使各种违法行为得到有效控制，从根本上减少违法乱纪现象的发生。在这一方面，建议政府部门加强国内、国际执法协作配合，从这一层面入手，通过联合执法的方式对各种违法侵权行为进行严厉打击。而且在执法过程中，要做到国内外企业一视同仁，杜绝出现差别待遇和歧视待遇现象。为了确保执法过程中的公正、公平性，要加强对执法人员的培训教育和素质提升，努力打造一批高水平、专业知识过硬并且处理问题公正果断的工作人员。

3. 生鲜农产品运输方式选择的原则

在经济全球化的今天，生鲜农产品的生产基地、配送中心及需求地来自全国甚至全球，生鲜农产品的跨地区运输或者跨国运输将越来越普遍，物流配送距离越来越远，但是对运输时间及运输成本的要求越来越高，跨境农产品企业希望以最小的成本在最短的时间内将货物运送到顾客手中。另外，面对全球逐渐变暖的威胁，越来越多的人开始关注社会的生态效益，物流行业也同样如此，企业在追逐经济利益的同时也需兼顾社会的生态效益。因此常用的传统单一运输方式的物流模式已不能满足物流行业发展的需求，多种运输方式的联合运输将成为未来最有效的手段。生鲜农产品具有易腐特性，故其运输对温度保障要求很高，但不可能一味追求时间，同时也要兼顾经济效益及社会效益，因此在生鲜农产品多式联运运输方式选择过程中需要依据这些优缺点对其进行合理的组合，即挑选合适的联运方式，如公-铁、公-航、公-铁-航等，来弥补单一运输方式的不足。其选择原则为以下几点。

（1）安全性。安全性原则是指在运输过程中，确保所运输的生鲜农产品数量及价值的完整，确保运输设备及相关人员的安全等。如若无法保证所运货物的安全，货物的使用价值遭到破坏，则会给托运人、承运人及顾客都造成不同程度的经济损失。不同的运输方式由于其舒适度或路线不同，其运输的安全性会有较大差别。在选择运输方式时，安全性是影响决策的一大重要因素。

（2）经济性。经济性是所有运输参与者所追求的一大重要目标，都希望以最小的运输成本将货物运输到目的地。经济性原则是影响运输方式选择的重要因素之一，可以通过简化运输环节、组合不同运输方式、挑选合理的运输工具及运输路线等方法来降低运输费用。

（3）及时性。及时性原则是指在托运人规定的时间内将货物运输到目的地。运输工具、运输路线、转运过程中的衔接是否顺利都会影响货物的运输时间。运输时间过长不仅可能会降低顾客的满意度，还可能会产生一定的惩罚成本，尤其是像生鲜一类对时间敏感度特别高的产品，可能会造成不必要的损失，对时间要求特别高。为了确保顾客的满意度、避免惩罚成本或者保证生产产品的品质，在进行运输方式选择时一定要遵循及时性原则。

（4）便利性。便利性原则是指能否为顾客提供高质量、高水平、高效率的服务。托运手续是否简便、完成托运人的托运要求是否及时、运输信息是否更新及时等都是运输是否便利的影响因素。托运人在选择运输方式时也很看重这些方面的问题，因此便利性也是挑选运输方式的一个重要原则。

选择合理运输方式可以使企业的经济利益最大化，也可以最大限度上满足客户的需求，提高物流企业的信誉度。依据以上原则，选择运输方式的决策内容包括：多式联运运输方案选择是针对托运人的运输需求，运用运筹学和系统理论的相关原理，对运输方式、运输工具及运输路线进行决策的过程。在确定生鲜农产品运输方案的过程中，需要综合考虑托运人的需求、运输产品的特点等条件，以运输的及时性与安全性为原则，同时兼顾经济效益和社会效益，选择最合适的一种或者多种运输方式进行运输。

4. 农产品跨境电商出口的发展策略

（1）完善质量认证体系完善。现阶段我国政府正在大力扶持及推进跨境农产品的发展，并且为农产品的出口构建了质量监控体系及质量认证体系，其中规定了大量的检疫相关数据必须全部完成检疫，检疫合格之后才能出口。政府需持续加强对市场的监察管理力度，以国际标准为标准，严于律己，加强各个企业的农产品生产加工的质量检测体系建设，并且进一步更新完善监管体系，使之与国际监管体系接轨，增加海外用户的信任度。对出口农产品的质量严格把关，有效降低了我国对外农产品出口贸易的壁垒风险。为了实现我国农产品的电商销售品牌策略，必须严格根据国家的"三品一标"来打造高质量的品牌，防止品牌过于单一，确保出口产品的多样化，以满足海外客户对不同档次不同产品的需求，用质量换取市场。因为农产品出口贸易壁垒具有严峻性及复杂性，政府也支持农产品跨境电商平台能够继续提升"三品一标"的水平标准，增加"三品一标"的农产品数量，打造高质量的农产品品牌，通过严格把关出口农产品质量来改善农产品出口贸易的恶性竞争，严格把关农产品出口企业的生产品质及质量监控体系，以有效提升我国农产品跨境电商平台的地位及形象。

（2）完善温控物流体系。虽然在跨境电商模式下，农产品出口的物流效率和配送速度要优于传统贸易方式，但对于农产品而言，对配送速度和物流效率的实际需要仍无法得到满足。我国物流发展一直以来与发达国家存在较大差距，而农产品对物流要求又比较高，尤其是对于需要冷藏运输的农产品，更要重视温控物流的发展与应用。此外，提高物流效率也是降低出口成本的有效途径。在提升物流服务方面，政府应做好引领和支持工作，对于诸如控温等关键技术的研究、智能化仓库管理系统的开发等给予人力和物力上的支持，如北京市科委于2015年实施的跨境食品农产品冷链电商公共服务平台建设项目。从物流服务本身看，目前我国针对跨境电商的物流企业不是很多，而专门针对农产品的跨境物流企业更是少之又少，随着农产品跨境电商的发展，进出口规模的不断扩大，各物流企业势必要提前布局，加大专业化的资金投入和技术开发，以提高农产品跨境物流效率，进而提高我国农产品跨境电商出口的综合竞争力，物流企业也可以通过新业务的开拓获得更大的发展空间和新的利润增长点。另外，可以通过自建海外仓库来提高物流效率，商务部也在"互联网+流通"计划中提出在国外建设100个海外仓的行动计划。当然，由于农产品的特性，只有相对易于存储且存储时间较长、销量又比较稳定的农产品才适宜存放在海外仓库，海外仓库适合大型农产品跨境电商出口企业，中小企业可以考虑合作建仓。

（3）营销方式多元化。农产品与机械、服饰等产品不同，其电商销售方法也应其独特性而改变。企业可以通过体验式营销、直播售卖、为客户拍摄产品视频多媒体运营及订单查询原产地等形式减轻客户对产品质量的担忧，使客户直接参与到产品销售的各个环节，在短时间内了解和认可产品，促进产品的网络销售，在时间空间上拉进与客户的距离。

根据国家"质量兴农，品牌强农"政策，中小农产品企业可直接与农村和国家进行双挂钩，企业发挥市场作用，政府发挥引导和协调作用，根据农产品优势和企业优势，把品牌与当地实际、产品特点相结合。促进乡村振兴，使企业借助政府补贴与帮扶来减轻电商成本。打造优质品牌，提升品牌知名度。

（4）加强政府的扶持和组织力度。我国特色农产品逐渐走向国际化，难免会遇到各种各样的问题，甚至影响到跨境贸易的健康稳定发展，因此，在这种状态下必须加强政府的引导和扶持作用，不断提升特色农产品的竞争力，积极采取有效措施，提升自身影响力。

首先，发挥政府的组织和协调管理作用。当前，在区域经济发展中，政府也认识到深入挖掘特色农产品的市场价值，认识到跨境电商的发展对于当地经济发展的意义，要将跨境电商行业的企业组织起来，借助电商平台，引导一些优质的、特色的农产品入驻电商平台，并不断革新经营和管理理念，重视网上的发展规模，提升运营水平等，对特色农产品质量进行严格把关，提升其品质。

其次，做好与境外商家的合作。地方政府在发展中要加强宣传的力度，重视特色农产品的引进来和走出去，组织开展特色农产品的展览会等活动，多途径加强对特色农产品的宣传，提升其市场影响力和知名度，让更多的外商能到本地投资，带动地方经济的发展。

最后，加强对涉农企业的扶持。政府要重视对农业发展的扶持力度，将农业发展与电子商务有效结合，做好物流、农业、电子商务等不同行业的融合研究和发展，完善物流配送网，建设并整合资源基地，邀请行业专家到企业进行专业技术的培训，加大对涉农企业的资金、技术等支持力度，鼓励农业的现代化发展，提升特色农产品生产质量。

（本节内容由优合集团优顶特研究院支持。）

第七章
农产品供应链发展热点领域

第一节 技术应用：打造供应链基础设施，联动餐饮上下游推动行业可持续发展

中国餐饮发展狂奔突进近 40 年后，整个餐饮行业的目光聚焦在数字化和供应链上。事实上，中国企业的发展状况类似于 20 世纪 70 年代的美国。自 1945 年"二战"结束后的 20 多年间，美国各行业百废待兴，产品供不应求，经济发展迎来黄金时代。到了 20 世纪 70 年代，美国各行业供大于求，开始重视"用效率赚钱"。怎样提升效率？美国企业发展的经验是，对内提效靠数字化，对外提效，则要依靠供应链建设。因此 20 世纪 70 年代也是美国软件和供应链发展的黄金十年。这十年间，SAP、微软、Oracle 等著名软件公司相继成立，与此同时，供应链领域也诞生了许多巨头，食材领域诞生了 Sysco，工业品领域诞生了固安捷，建材领域有家得宝……

在中国，我们即将迎来类似的"黄金十年"。很多行业观察者判断，企业服务软件和供应链管理的发展，在未来 50 年会受到不可逆驱动力的影响，而且不以人的意志为转移。

农产品供应链同样如此，眼下已经迎来了最佳的发展机会。优质的农产品供应链企业将扮演"枢纽"角色，在促进产业融合、推动农商互联、提高餐饮行业发展质量过程中发挥重要作用。

一、需求端存在中国连锁餐饮企业的"规模诅咒"

中国餐饮市场的最大特点是分散，整体连锁化率在 7% 左右，而美国的连锁化率早已突破 30%。中国所谓的"餐饮巨头"，如果放在 4.8 万亿元的市场中，不过只是一朵浪花。2019 财年，海底捞的收入突破 265 亿元，可即便只放在火锅行业，海底捞的市场份额也不过 2.5% 左右。

更加值得警惕的是，海底捞营业额的同店增速和翻台率持续下降。虽然开店越来越快，但是餐厅的营业额增速放缓。

海底捞并非个例。除少数业态如茶饮、咖啡、炸鸡汉堡外，中国连锁餐饮企业成长到一定规模后，发展速度会骤然放缓，就像一种"诅咒"。哗啦啦 CEO 徒丁表示："你会发现中国的连锁餐企都长不大，正餐涨到 200 家，快餐涨到 600 家，基本

上就不涨了，特费力地在走，也很难走太远。"

即便中式餐饮有其特殊性，标准化难度更高，但反观美国中餐的代表熊猫快餐，早在 2017 年，其规模即已突破 2000 家，门店遍及全美。那么，中国餐饮的问题出在哪里？

答案是供应链。可以说，中国多数的大型连锁餐企都被困在了一个以其自建供应链为圆心，以 350 公里为半径的一个圆里。哗啦啦认为，中国基础供应链的缺失导致在中国开餐馆，就像在一个没有电的地方创业，先要为自己修一座电厂才行。

作为哞哞小花牛的创始人，侯学军深有同感。在 2021 连锁餐饮超级峰会上，侯学军介绍，中国奶业时刻遭受着供应链体系的困扰。"中国人喝的大多是'奶罐头'，而不是鲜牛奶，这背后就是供应链的极度落后。"紫光园总裁刘政也在分享中表示，"如果不是国内清真供应链非常不成熟，紫光园绝对不会做工厂。"

洪振是广州某头部正餐连锁企业的高管，最近也陷入了持续的焦虑中。"店面达到两百家以后，明显感到品控能力下降，营业额增长已经明显放缓了。"洪振和公司管理层普遍认为，原因不在管理，而在供应链，公司自建的供应链体系已经接近极限。"与西餐相比，中餐对鲜食的要求更高，中央厨房加工好的食材，第二天一早一定要送到每个门店，不然食材的品质和顾客的体验一定会下降。"

公司考虑过再造一个新的圆心，但直到现在，都没有人能够下定决心。"假设公司能在新的区域内开 250 家门店，那么我们的中央厨房一定要按这个规模去建设，但前三年，新供应链体系的生产力和土地一定处于非饱和状态，这就意味着亏损。"洪振说。

事实上，在世界范围内，目前还没有一家餐饮企业能够在全域范围内构建自己的重型供应链。即便是肯德基和麦当劳，也一样没有自己的中央厨房和工厂，二者的供应链都是由第三方运作。"餐饮本来就是低净利的行业，让从业者面临巨大亏损风险依托重投入的方式去做供应链，这怎么能做大？"徒丁认为，目前中国餐企自建供应链的现状是迫不得已，也是市场尚未成熟的表现。

从需求端来看，餐饮行业亟须优质的供应链企业，农产品供应链更是重中之重。

二、供给端要结合行业科技，为农业安上"市场之眼"

优质的农产品供应链企业不仅能够带动餐饮行业"升维"，也是推动农商互联、激活订单农业的关键。

"销不知产、产不知销"始终是农商互联推进过程中的重点难题，从国际经验来看，打通产业链条、促进一二三产业联动是解决该问题的重要方法。随着中国餐饮行业不断发展，连锁率逐年提高，连锁餐饮企业成为订单农业最具潜力的需求方，但与美国等发达国家的餐饮行业相比，中国餐饮行业尚未完成"品类聚集"，订单往往分散，且规模较小。

以美国为例，美国连锁餐饮企业已经走过"品类聚集"阶段，每个品类中，都存在规模较大、实力较强的巨头企业，标准化、规模化的需求促进了订单农业快速发展。从某种程度上看，中国订单农业最重要的问题不在技术和装备，而在于没有大的需求方。

在"餐饮供应链大数据"日渐完备的背景下，优质的农产品供应链开始有能力承担更重要的角色。

连锁餐饮 SaaS 服务商的出现，加速推进了餐饮行业数字化转型进程，同时也聚合了大量的数据资料。在此过程中，"餐饮供应链大数据"正逐步成为行业上下游联动的桥梁和订单农业发展的重要抓手。在餐饮供应链大数据的赋能下，优质的农产品供应链企业开始成为农商互联的"枢纽"。

在满足规模需求的基础上，优质的农产品供应链企业结合行业大数据，可以有效规避农产品从土地到餐桌过程中的资源错配。对产出量过大或需求量不足的产品，可以实现跨区域商品统一调度，从而形成更有效率、更有效益、更可持续的农产品供给体系。

以哗啦啦为例，2020 年 9 月，哗啦啦与多省市的农业直供基地签订采购协议，首批签约基地规模达到 35 万亩。"上游需要种植什么样的西红柿？什么样的白菜？这个在过往是不甚清楚的，但是通过柔性供应链体系，我们可以为农业科技创新安上'市场之眼'。"相关负责人表示。

三、产业联动促进深度开发，助力提升农产品品种、品质、品牌

推进农商互联，一方面要聚合需求，使农产品得以围绕需求进行生产；另一方面，也要使农业具备农产品深度开发的能力，使其能够创造消费、引领市场需求。优质农产品供应链企业具备相当程度的引领能力。

在餐饮供应链大数据加持下，农产品供应链企业聚集大量下游需求，在带动订单农业发展的同时，也有利于建立并普及农作物种植标准，推动农业供给侧结构性改革进程。

为进一步提升农业引领需求及创造需求的能力，农产品深度开发是农业发展必

经之路。限于人才队伍、物流成本及对下游需求的感知等因素，贫困地区很难建立起成熟的农产品深度开发体系，以信息化、智能化为导向的农产品供应链企业为此提供了重要的解决方案。

以哗啦啦二十二城供应链项目（以下简称"二十二城"）为例。2018 年 9 月，商务部等 8 部委将哗啦啦列为全国供应链创新与应用试点企业，截至目前，哗啦啦位于山东济南的中央厨房已经建成投产，项目面积超过 6 万平方米，可覆盖半径超 300 公里。济南城市中央厨房的进化版——北京平谷二十二城一号供应链项目也即将启动。

在覆盖范围内，二十二城依靠新一代央厨生产系统、运输管理系统及智能仓储管理系统赋能，协助上游农业区域进行农产品深度开发。同时在供应链大数据的加持下，促进产销结合，在一定程度上解决了人才队伍、物流成本等长效发展难题，助力上游农业优化品种、提升品质、打造品牌。

但在一个巨大的市场中，二十二城仅仅是"沧海一粟"，行业需要更多的二十二城出现，盘活供需双方市场，共同打造健康生态。

（本节内容由北京多来点信息技术有限公司支持。）

第二节　新模式下农产品批发市场数字化转型的趋势、挑战及改善措施

农产品批发市场作为我国鲜活农产品流通的关键环节和主渠道，是一个城市的核心功能设施，也是联系农村和城市的重要桥梁之一。

1984 年我国第一家农产品批发市场——武汉皇经堂农产品批发市场成立，自此各地农产品批发市场经历了从马路市场到围挡市场再到物流园主导的多产业融合的模式迭代发展。截至目前，大多数的农产品批发市场以批发商为主体，依托于一定规模的批发场地，由处于最前端的农户通过收购商或农业合作社等合作组织，将分散种养殖的农产品集中到农产品产地批发市场，被产地经纪人收购，然后再经由产地经纪人与全国各大型农产品批发市场进行流转，经由一级、二级、三级批发市场，流入饭店、食堂、餐厅等，最后经由零售商销售，直至到达消费者为止。商务部最新统计数据显示，农产品批发市场已达 4500 多家，目前约七成农产品经由批发市场分销。我国农产品流通初步形成了从产地批发市场、一级批发市场、二级批发市场、

三级批发市场的立体化批发市场链路。

2020 年新冠肺炎疫情，将农产品流通行业推向了大众的视野。据国务院联防联控机制 7 月 3 日召开的新闻发布会指出，数据截至 2019 年底，全国现有农产品市场 4.4 万家，其中批发市场 4100 多家，年交易额在亿元以上的批发市场有 1300 多家，农贸市场、菜市场和集贸市场近 4 万家。2019 年批发市场交易额达到 5.7 万亿元，交易量 9.7 亿吨，市场内各类经销商户有近 240 多万个，吸纳就业人员近 700 万人。目前约七成农产品经由批发市场分销，农产品市场仍然是农产品流通的主渠道。

新冠肺炎疫情发生以来，各地农产品市场坚持开市营业，批发市场充分发挥了蓄水池和调节器作用，零售市场也有效发挥了便民服务功能，为保障市场供应、稳定价格作出了突出的贡献。

同时，商务部市场建设司副司长胡剑萍还指出，长期以来，我国农产品市场处于"谁投资、谁管理、谁运营、谁受益"的模式，还存在着规划布局不合理、公益属性不明确、建设投入不足、基础设施不完善等问题，与经济社会发展阶段要求以及人民群众对美好生活的向往还有不小的差距。

可预见的是，伴随着数字经济的发展，未来一段时间将是农产品批发市场进行数字化转型升级的重要时机，本文针对后疫情时代，农产品批发市场在数字化转型过程中面临的痛点、难点及改善措施进行相应阐述。

一、农产品批发市场数字化转型的目标在于激发创新活力、探索新的发展趋势

（一）数字化农产品批发市场应围绕流通，以产业化思维打造农产品流通新场景

现有的农产品批发市场大多数是以现场、现货、现金的"三现"交易为主，部分市场的赊账交易管理比较困难，赊账交易行为仍然比较普遍，极少部分市场在极少部分产品上，正在使用或者探索使用拍卖方式进行交易。政府官方发言表示，国内绝大部分批发市场由私人或村集体进行企业化运作，政府投资控制的公益性批发市场相对较少，且存在大量流动的、无组织、不固定的商户。

现有的农产品批发市场多以物业租赁或者物业销售为主，旨在提供交易、定价、展示的空间，数字化的农产品批发市场应该从流通产业出发，突破原有的商业模式，以产业化思维，打造农产品流通新场景。

在探究农产品批发市场数字化转型时，不少产地农产品批发市场正在摆脱原有物业服务的定式思维，以服务农户、服务流通、促进流通为宗旨，着力于拓展流通渠道、提高流通质量、提升流通效率，打造农产品流通新场景。

举个例子，山东昌邑宏大农产品批发市场是一座综合性农产品批发市场，该市场围绕地方生姜产业，将市场分为两个部分，大姜交易区和综合交易区。通过大姜交易区，宏大市场为地方农户将开辟生姜销售通道，引进本地经纪人和外地客商，目前由宏大生姜市场发往各大一级农批市场的车辆已经占到全国生姜交易市场的40%。综合交易区的设立，使原有外销的生姜货车，在送达各大农批市场时，由原本的空车返回变成带货返回，真正实现了买进来和卖出去。宏大市场围绕生姜交易，一方面建立了标准化和自动化的清洗和包装车间，铺设共享农用三轮车，进一步完善从田间地头到市场的城乡物流体系。另一方面，市场已建设完成智慧生姜交易系统，将线下的生姜交易实现电子化，通过买卖家的真实交易，真正做到农产品安全可追溯，进一步落实农产品产地合格证制度。生姜交易系统也会实时对外发布生姜价格指数，供给政府、经销商、农户、金融机构使用，以促进产销繁荣。此外，宏大市场率先开辟创客孵化器，支持农产品流通从业者从田间地头走向写字楼、走进办公室，开展电商、直播等多种新业务形式，进一步拓展宏大生姜市场的流通渠道和提升流通效率。

（二）数字化农产品批发市场应该突破物业限制，打造"线上+线下"的综合农产品批发市场

近三年来，尤其是新冠疫情暴发以来，农产品批发市场也迎来了行业的繁荣时期，包括房地产公司、互联网公司在内的众多资本方正在加大对农产品批发市场的投资建设。不少老牌市场也开始品牌输出，通过特许连锁经营的模式扩大农产品批发市场在不同城市的占地面积。但是，市场需求的有限性和产地、销地的资源局限性难以支撑新建市场的发展运营，农产品批发市场的建立逐步成了很多投资者作为土地开发及经济获利的"捞金"手段，同时存在后期市场的指向性宣传推广不足、重点商户引导不力、专业运营人才不足、恶性竞争明显、法律法规不健全等各种因素，导致新建市场出现了大量的物业空置，甚至是烂尾项目。

显然，一味地依靠物业的拓展、建设大而华丽的农批市场，并不能给农产品流通行业的升级发展带来更好的促进作用。事实上，再大的市场占地也是有边界、有地域的。市场的建设反而造成了投资方减轻对市场经营的重视程度，而更加注重销售或者租赁盈利，进而破坏农产品流通行业的良性发展。在一部分资本正在将投资投向批发市场建设的同时，另有一类市场正将投资转向无边界的互联网，即希望通过互联网打破传统农产品批发市场对物业的依赖，建设"线上+线下"的新型数字化农批市场。

以苏州市南环桥市场为例，作为经营数十年的老牌市场，其管理团队经验丰富，市场的年交易额和市场收入逐年提升，南环桥的品牌在同行业中处于头部品牌。在面临发展时，南环桥并没有开始品牌特许连锁经营，即通过和其他地方资金共建市场提升其在全国农产品流通行业的市场份额，而是早早地将资金投入到信息化、智慧化和数字化中。据了解，南环桥市场提出技术引领发展的口号，在疫情前率先提出智慧市场建设，未来将把市场打造成线上+线下相融合的数字化农产品批发市场。线下市场的智慧化是实现数字化市场的基础，为此，南环桥市场已经上线南环桥一账通交易系统、能耗管理系统、运营管理指挥调度平台、冷库管理系统、大数据平台等智慧市场系统。线上市场方面，南环桥市场以线下一账通交易结算系统为基础，丰富和拓展网上交易功能，着力服务于商户和采购商的撮合交易，搭建线上的区域化 B2B 交易平台，并丰富和完善仓储、物流、分拣加工、金融等电商配套服务。相对于传统的农批市场，未来的线上+线下的数字化农批 B2B 模式能实现高效链接，尽可能减少甚至有效消除购销、产销之间的信息不对称，提升区域农产品流通效率，以点带面，优化全国市场的线上线下流通渠道，引领全国农批市场由传统的线下市场向线上+线下数字市场的转变。

（三）数字化农产品批发市场充分发挥资源优势，引入众创空间模式，形成众创、众包的创新孵化平台

位于美国的 YC（Y Combinator）孵化器因其成功孵化过 Dropbox、Airbnb、Stripe 等独角兽公司而成为硅谷最炙手可热的孵化器。自"大众创业、万众创新"系列政策实施以来，我国也已经开设了各类孵化器，如女性众创空间、退伍军人创业俱乐部等特殊人群创业孵化器，还比如科技项目孵化器、文创项目孵化器等以行业划分的孵化器，他们为初创项目提供物理空间、资本对接、供应链服务、渠道和流量、政府政策等多种帮助，助力初创企业的发展。除基本的租金收益和服务类收益以外，孵化器最大的收益是股权服务收益和股权增值收益。一般情况下，孵化器会通过合法的自筹基金和引进专业资本，少量扶持投资孵化器内孵化的项目，进而伴随着项目的发展壮大而获益。

任何领域的初创公司都会面临大致同样的问题，例如，如何招聘到合适的员工？如何找到用户的痛点？如何节省创业成本？如何验证商业模式？农产品流通行业甚至是农业行业也不例外，随着近年来农产品流通行业进入大众的视野，越来越多的从业者、年轻人、行业专家选择农业创业，旨在优化甚至重构农产品供应链。农产品批发市场作为资源集聚池，集聚了供应链资源、物理空间、市场需求甚至是资本，因此数字化农产品批发市场充分发挥资源优势，引入众创空间模式，形成众创、众包的创新孵化平台。

一方面，农产品批发市场可以引入现有先进模式，和成熟的孵化器进行合作共建。我国目前成熟的孵化器在各自运营上拥有很好的模式，如创新工场、啡咖啡、腾讯众创空间、飞马旅、启迪之星等。知名孵化器在知名度、创业服务能力、资源整合能力、合作伙伴关系、投资者等方面均有较好的表现，和其合作共建能最大限度地加快孵化器的运营成功。

另一方面，农产品批发市场可以依托区域资源和供应链资源，建设孵化园区，服务农业行业初创项目发展，如江西省海吉星农产品电商孵化园是由南昌深圳农产品中心批发市场有限公司投资的专业农产品电商基地，依托深农实体批发市场资源打造的专业农产品电商孵化园。该孵化园与南昌大学经管学院、江西农大、南昌航天大学、江西工业贸易职业技术学院等学术单位达成战略合作，共建大学生实训基地、大学生创新创业基地，与省市电子商务协会、江西省家庭农场联合会、江西省农业特产企业协会等实体社会组织紧密合作，积极整合农业产业上下游资源，充分实现孵化器+提速器的功能，发挥保姆式+教练式的服务理念，为企业提供人才培养、技术支持、金融引入等多维度的专业服务。除此之外，该孵化园还引入了专业第三方检测机构——深圳凯吉星农产品检测认证有限公司（简称 F.Q.T）开展食品安全管控，保障所销售农副产品的食品安全，该孵化器依托实体批发市场，促进了互联网和农业产业链的深度融合，推动实现农产品流通业务的转型升级。

二、数字化转型面临的挑战

传统农产品批发市场在数字化转型过程中也面临着巨大的挑战，了解和积极应对挑战是促使数字化农批市场发展的重要过程。

（一）农产品批发市场数字化转型面临着技术和第三方服务能力的挑战

核心数字技术的发展及第三方服务供给不足，使得农产品批发市场在数字化转型过程中面临成本较高的问题。目前行业中较为缺乏集战略咨询、架构设计、数据运营、开发实施等关键任务于一体的第三方服务商，市场上存在的大多数还是通用型解决方案，无法满足不同地区、不同市场的个性化和一体化需求。更为重要的是，对于很多农产品批发市场而言，市场上的软件、大数据、云计算等各类业务服务商良莠不齐，缺乏行业标准和监管，存在数据泄漏和数据侵犯的风险。上海农信团队作为全国首批提出智慧农批概念的团队，近年来探索出"定制化设计+组配式开发+陪伴式运营"的服务理念，从市场调研开始，到项目的实施运营，已经积累了大量经验，领航中国农产品批发市场数字化建设。

（二）农产品批发市场数字化转型会面临既有认知的阻碍

农产品批发市场数字化转型的成功不仅仅依靠的是技术的发展，更是依靠认知与思维的突破。数字农批建设需要管理者思维方式与经营模式的变化，政府系列政策的出台、行业协会的宣传普及、资本的介入，甚至疫情的推动，都让很多农产品批发市场的所有者产生了认知的动摇。但传统的认知仍然是农产品批发市场行业在数字化升级过程中面临的巨大阻碍，数字农批市场的建设依靠经营理念、战略、组织、运营等全方位的变革，需要从全局谋划。

目前，多数农批市场推动数字化转型的意愿强烈，但普遍缺乏清晰的战略目标与实践路径，更多还是集中在如何借鉴先进模式、如何采购标准化系统上。显然将数字化发展等同于购买智慧农批软件。此外，数字化转型还面临着技术创新、业务能力建设、人才培养等方方面面的挑战，需要农批市场从顶层架构上做好规划建设。目前，大多数农批市场还没有从组织管理上为数字化转型规划管理模式、考核机制等。

（三）农产品批发市场数字化转型面临着人才短缺的挑战

农产品批发市场的数字化转型需要更多的复合型人才，复合型人才因其稀缺性出现了在职周期短、跳槽频繁的现象，而大量低技能员工很难支撑农批市场数字化的转型发展。

从短期来看，农产品批发市场急需提升人才的数字化能力和供应链能力，以实现通过数字化系统提升农批市场的经营效率，从长远来看，农产品批发市场不仅要重视数字化人才的培养，更要重视组织能力的重构，通过组织的建设，促进管理方式、思维方式、协作方式、组织方式的系统性优化，有效地将有限的人才资源发挥出更大的价值。

三、农批市场数字化转型成功的有效措施

传统企业的数字化转型并非一蹴而就，面对批发市场在数字化转型过程中的痛点和难点，有效的措施能够助推农批市场数字化转型的成功。

（1）落实一把手工程，摒弃数字化转型与购买软件等同的思想。

（2）以区域为中心，形成区域农产品市场联盟，立体化市场协同发展。

（3）以流通产业为脉络，串联农产品供应链上下游。

（4）抓住特色产品、特色经营模式及关键经营户，探索经营发展。

（5）政府部门加强协同力度，推动农产品批发市场数字化转型。

（6）选好第三方服务商比选择成熟的软件系统更重要。

（7）加大数字化人才培育力度，开展组织创新，服务数字化升级转型。

（8）切莫追求完善，找到最简单的切入点先动起来。

（本节内容由上海农信供应链管理有限公司刘文强支持。）

第三节 商品化加速、品牌化崛起的农产品行业

随着中国农业现代化进程的推进，今天的农产品产销行业正逐渐脱离小农经济，处于商业化变革转型关键期：由于近年整体农产品价格的提升，2020 年市场规模超过 6.7 万亿元，增速明显，消费升级已成趋势。与此同时，主流传统农贸市场渠道日渐式微，份额被商超与电商渠道逐渐蚕食，但其核心流通地位仍然难以撼动。对于深耕行业的农产品企业和零售企业而言，农产品"商品化"已成为应对行业变局的重要课题。纵观国务院"十二五"规划的农业生产现代化，"十三五"规划的农产品生产结构性调整，再至"十四五"规划的"三品一标"，亦是对各农产品企业加速"商品化"进程起到明确的战略指引作用。通过农产品的"产品化"、"差异化"和"品牌化"，未来在农产品的细分赛道将会涌现大批百亿级的新兴企业。

一、供应链协同效应是关键

消费升级成为发展大趋势，发挥供应链优化和产品升级之间的协同效应已成关键。未来线下仍是农产品销售的主要渠道，但主流的传统农贸市场已难以满足需求，整体农产品市场的增量正在由强供应链的商超、电商主导，同时与商超、电商渠道高适配性的生鲜品类（肉禽蛋奶水产、蔬菜瓜果）增速明显。研究发现，在近年农产品消费总量趋于稳定的状态下，市场的增量发生了结构性的变化，主要由已经满足了更高消费需求的细分品类驱动（如肉类）。而商超、电商渠道出售的农产品相对于传统农贸市场出售的尚未"商品化"的高同质化农产品有着更高的价格，则反

映了农产品消费升级的空间。

为应对农产品消费升级的机会与挑战，仅仅停留在表面的产品升级还远不能构筑起企业的竞争壁垒，为实现农产品"商品化"目标，背后是整体农产品"研产供销"环节的变革，也就是需要供应链上各个环节围绕"产品"为中心发挥协同效应，这既是核心基础，同时也是农产品实现"商品化"的关键。

理论上供应链与产品的协同似乎不难理解，而生鲜直采电商扁平化的供应链也看似为这一理论提供了现成的答案：源头采买让产品质量标准化得以保证，自建物流仓储体系也很好地降低了生鲜损耗率，数字化的供应链建设提高了运营效率的同时也实现了信息流的赋能，让供应链更好地反馈以顾客为中心的弹性需求，从而推动产品的"商品化"建设，即使是对于生鲜这类短保期的产品而言也可实现。

顺应消费升级需要谋定而后动，因势利导，合理分配资源以构筑竞争壁垒，其中不可缺少对企业自身在当前市场定位的评估及审慎制定产品化的发展路径。农产品实现"商品化"、拓展利润空间的过程也可以看作是产品"标准化""差异化""品牌化"的过程。

二、引导消费价值观升级

在农产品"商品化"初期，消费者对于农产品信任度低，健康、新鲜、品质等基本需求无法得到保证。而随着产地标识的推进，以"产地为背书"的农产品，如蒙自石榴、福州橄榄等，更容易获得消费者信任。数据显示，产地标识已由2008年的121个升至2020年的3270个。某种意义上，这也反映出农产品普遍存在标准化与品牌化的缺失，即消费者只能依靠产地标识来做购买决策而不是通过特定品牌得到更多的引导。构建农产品品牌忠诚度，产品的标准化是实现"商品化"的第一步，而此阶段的供应链应以克服如源头分散、物流不完善等行业瓶颈为主要任务。在此提供以下3个要点。

一是外观标准化。在目前从农户处收购产品只量化品类的基础上，增加外形的维度，便可创造一次价格的分化。

二是内在标准化。粗放的经营模式下，内在差异不易被感知。生产者可以利用种植生产的第一手信息，创造分化，比如"日光梨"的标签：将阳光照射少的梨多用于梨膏等对产品本身甜度感知低的加工品中，进而提升产品整体品质，创造更好的收益。

三是品质标准化。鲍家蔬菜专业合作社通过将一根芹菜分四级，越往里价格越贵，匹配不同的消费群体，最外层的芹菜茎品质不高，廉价销往农贸市场；而最中间的芹菜芽口感清脆特别，主要定位高端酒店，能卖到 90 元/斤。一根芹菜根据口感品质的不同进行分级，实现品质标准化，再依据分级后的产品特点销往匹配的市场，极大地释放细分的利润空间。

三、农产品品牌化打造

IP 打造和下游产业链深加工是农产品在商品化进程中突破产品同质化瓶颈的两条路径，助力企业实现差异化竞争，实现品牌溢价。农产品品类在商品化上升的过程中，随之而来的是产品同质化的挑战，为赢取更多的市场份额并同时实现品牌自身农产品商品化的升级，则必须聚焦产品差异化的打造和供应链上重要环节的内化。

农产品深加工，以差异化产品替代标准化产品。以美国泰森公司为例：美国的肉鸡发展经历了通过规模化养殖控制成本后，随着收入提升带来的消费升级，迎来新的突破点——鸡肉产品的品类细分。肉鸡企业从原来只卖肉鸡，到切鸡，再到加工鸡，食品的 SKU 迅速增长。美国泰森公司从一个饲养公司，只卖活鸡，到建立了第一家屠宰场，率先开始卖切鸡，成为名牌企业。再到 19 世纪 60 年代继续深化，制作鸡肉加工食品，开发了从鸡肉餐盒到以鸡肉为基础的热狗等爆品。这些产品在 1966 年对泰森来说并不是主要收入来源，但到了 1980 年，这些产品成为泰森成功的基石，利润率高达 22%，是整鸡销售利润率的三倍。泰森公司通过不断地深化加工，创造一系列的差异化产品，进一步提升品牌价值，依据对市场需求的理解，打造爆品，提高利润率，分化成为头部企业。

再以坚果行业为例。消费者生活方式的改变及健康饮食理念的变化驱使坚果产品向商品化发展，后起之秀三只松鼠、百草味、良品铺子等互联网品牌应势占领消费升级的高地，其对消费者的理解及对产品核心竞争力的感知能力远超其他传统坚果炒货企业，成功以差异化产品替代标准化产品并占据消费者心智，实现了弯道超车。而上游轻资产，下游重资产的供应链模式也在 IP 运作、产品附加值创造及富有想象力的 SKU 开发上体现得淋漓尽致。中国目前大多数农牧企业仍处于发展初级和同质化竞争挑战的阶段，食品品类的开发有很大的市场。结合消费者需求的深加工产品，将成为未来头部企业的核心竞争力。

四、产品服务创新

实现产品服务创新满足消费升级的精细化需求，供应链和产品协同的质变协助制胜品牌化竞争。对于农产品为何需要走向商品化、品牌化的思考，叶圣陶先生在其《多收了三五斗》中精辟直观地道出了农产品与生俱来的"周期性"本质——离散化生产并通过批发市场低效率流通一面造成了损耗率高、商品化率低的行业现实，另一面在面对周期性风险时，产业链上各环节利益无法得到合理分配；而自从蒙牛、伊利这类行业标杆的出现之后，农产品"品牌化"建设正在成为越来越多农牧企业摆脱传统农业商业模式制约、推进产业化经营及寻求规模扩张等的参考经验。

为顺应农产品商品化的趋势，企业亟须深刻认识到的是，农产品"品牌化"并不是诱使各农产品细分行业产业化升级的原因，而是农产品在完成标准化、差异化之后的结果。由于供应链效率低、农产品周期性风险等因素的制约，我国商品化率相较于美国、日本等发达经济体仍处于较低水平，可以预见的是农产品"品牌化"道路在未来仍然困难重重。

然而我们可以欣喜地看到，在一些商品化率还在初始阶段的细分农产品市场中，仍有一批优秀的企业脱颖而出，给行业提供了难能可贵的最佳实践案例。十月稻田便是其中之一。2020年中国谷物粮食市场规模逾9000亿元，与之形成鲜明对比的是不及30%的谷物粮食商品化率。这意味着除了粮食自给率高，粮食供应链效率普遍还处于较低的水平。而在包装米市场，面对金龙鱼、中粮、北大荒等头部企业筑起的行业壁垒高墙，十月稻田另辟蹊径，在电商渠道增长迅猛；根据尼尔森数据，五常彩桥米业（十月稻田生产、加工单位）在稻花香米与长粒香米电商B2C渠道均已经取得了销售份额第一的成绩，分别为43.3%与24.6%。轻资产、高周转、低库存的全产业链布局是其在包装米这一细分市场拔得头筹的重要成功因素。而实现这一成功表现的基础是其完整、高效的上游供应链及产品力的持续打造。

在成立的早期，十月稻田便在核心产区五常等地区建厂，奠定了其基础核心壁垒。随后不断通过供应链纵深延伸，实现了从种植加工到仓储物流于一体的完整供应链。而真正助推十月稻田起势的原因，是其以销定采的订单式生产模式，通过将供应链由传统的"组织货源–物流–配送–销售"转为"组织货源–销售–物流–配送"，甚至是"销售–组织货源–物流–配送"的新模式，从而大幅降低了中间物流和仓储的成本及损耗，帮助十月稻田跨越了供应链上游和终端消费者触达之间的鸿沟。与此同时这也极大程度赋能了十月稻田的产品创新力，让其在产品上新、爆品孵化和新米供应上与竞争对手拉开了差距，实现了产品与供应链之间的协同质变。而这一切离不开十月稻田的两个核心能力，即高效的运营团队及对消费者需求的有效把握。

一是产品上新。通过电商渠道的需求数据，十月稻田的运营团队一旦识别市场上新的元素或者爆款出现，就能立刻展开新品的设计筹备工作，并能在安排供应商准备相应的辅材之余，安排工厂准备新品的生产，实现供应链端快速出样。

二是包装更新。对于原有商品，十月稻田会根据市场趋势及客户诉求，有节奏性地对产品包装、产品规格进行换代以保持产品新鲜感，确保迎合主流消费群体的喜好，并且包装、规格上的差异性也在某种程度上规避了与竞品之间的同质化问题。

三是新米供应。在每年9月新米上市时，十月稻田则会结合新米上市节奏，打出新米标签，稳定供应不同品类、不同时段的新米到各个销售渠道，满足消费者对于新鲜的需求。

供应链与产品之间的协同质变，知易行难。在品牌化竞争阶段中，产品属性角度上的创新普遍会往两个方向展开：一是持续不断的品牌化扩张和品牌力提升，以标准产品的迭代满足终端消费需求，不断占据消费市场及增强品牌效应，最终达成品牌竞争壁垒。二是不断进行产品形态差异化，以满足细分消费需求，进而收获碎片化的消费群体，最终塑造消费者的黏性，某种意义上更像是围绕消费者生活方式的创新服务。

在消费升级的机遇中，面对消费者日益细化的消费需求所提供的市场增量空间，简单的品牌背书提供给消费者的价值有限，农产品品牌建设需要进一步挖掘和响应消费者更深层次的需求，从追求量变转向质变，以构筑品牌竞争壁垒。

农产品"商品化"不会"一蹴而就"，企业在理解市场的同时也需要踏实制定供应链和产品发展路径以构建农产品"标准化""差异化""品牌化"的核心竞争能力。中国人口数量、餐饮文化的地域性等市场特征在远期还将持续客观存在，并持续对上游农产品在产品化和差异化上提出特有的要求。随着消费升级的整体趋势，未来每个差异化品类和细分市场独立成长起来，有高度品牌化和差异化的百亿企业已近在眼前。

（本节内容由原色咨询支持。）

第四节　从消费端多样化的供应链需求
看进口冻品肉食的新机遇

在持续的非洲猪瘟及新冠肺炎病毒疫情影响下，生鲜冻品肉类从养殖屠宰、流通加工到分销零售端整个产业链发生了前所未有的变化，主要在于消费端的消费习惯、消费方式发生了变化，从而影响供应链的供给端结构也随之发生了调整。在消费端多样化的供应链需求下，下面看一下进口冻品肉食的新机遇有哪些。

一、中国肉类消费产业概况

2020 年第七次人口普查显示，中国总计约 14 亿人口，是世界上肉类消费最大的国家，中国的肉类产量始终高居世界第一。2020 年，中国的肉类产量在 7800 万吨左右，其中猪肉约 4113.33 万吨，鸡肉约 2361 万吨，另有其他肉类如牛羊肉等 1300 万吨左右。除此之外肉类进口也接近 1000 万吨。可见进口冻品肉食的占比已经超过 10%，并且还在持续增长，如图 7-1 所示。

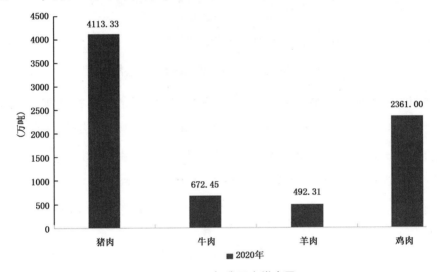

图 7-1　2020 年我国肉类产量

数据来源：国家统计局。

2020 年 1—12 月中国总计进口肉类 991 万吨，同比 2019 年增长 60.4%，其中 2020 年 12 月进口肉类 96 万吨，同比增长 39.1%，中国进口肉类接近千万吨，主要是受国内猪肉产量不足的影响，2020 年受新冠肺炎疫情、非洲猪瘟、环保等各种因素影响，虽然中国生猪出栏恢复有所提高，但仍然不能满足中国肉类消费，因此大幅增加了进口肉的供给，按照正常中国 8000 万～9000 万吨的肉类消费量，2020 年中国进口肉类占比将达到 11%～12%。

如图 7-2 所示，2020 年 1—12 月中国总计进口猪肉 439.23 万吨，同比 2019 年增加 108.3%，其中 2020 年 12 月进口猪肉 44.01 万吨，同比增加 63.1%。2020 年，中国大幅增加了进口猪肉的总量，主要是因非洲猪瘟、环保政策、新冠肺炎疫情等多重因素影响，中国生猪出栏量较往年大幅降低，按照往年数据，中国猪肉年生产

量在 5400 万吨左右，2019 年跌至 4255 万吨，紧接着受疫情影响，2020 年降到了
4113.33 万吨，需求存在较大缺口，因此 2020 年大幅增加了猪肉的进口总量。

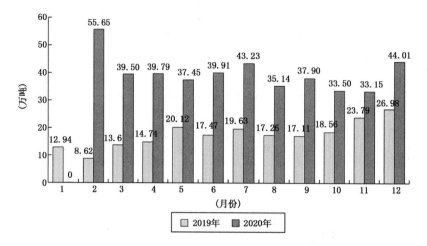

图 7-2　2019—2020 年中国猪肉进口量（月份）

如图 7-3 所示，2020 年 1—12 月中国进口牛肉总量 211.73 万吨，同比增加
27.7%，其中 2020 年 12 月进口牛肉 20.89 万吨，同比增加 10.4%，中国进口牛肉
增加，主要受 2020 年中国猪类总产量较往年有所降低影响，从肉类替代角度，进口
牛肉有一定幅度增加，用来补充猪肉生产不足的缺口。其次由于中国草场资源不足，
牛羊肉进口是刚需，随着消费升级的需求不断扩大，未来进口牛羊肉的增长将会进
一步加大。

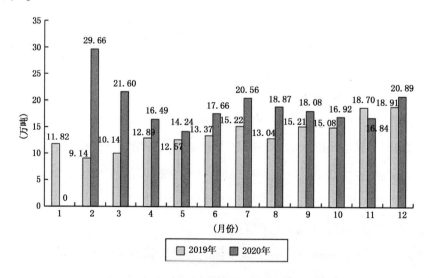

图 7-3　2019—2020 年中国牛肉进口量（月份）

二、进口冻品肉食的流通方式简述

从图7-4进口冻品肉食产业链图谱可以看出，每年1000万吨的进口冻肉从海外屠宰场到国内消费者餐桌，整个过程至少经过6～7个环节，流通环节之多，导致交易成本及物流成本高。当然即便如此进口冻品在原料端的价格大多数情况下也低于国产肉类的市场价格，这也是市场上开始普遍使用进口冻品的一个核心原因。从西班牙、美国、德国、巴西、加拿大、丹麦、荷兰、智利、阿根廷等30多个主要的肉类产区国家，200多个肉类企业，1000多个肉类工厂进行肉类进口。进口冻品通过海运进入中国港口，主要的肉类口岸有天津港、上海洋山港、盐田港、青岛港、宁波港等。港口大贸易商以整柜进口，整柜销售的方式在港口进行冻品贸易。地方的批发商和小贸易商从港口购买整柜，在省级批发市场进行拆柜，通过批发或零售的方式，销售给更小颗粒度的地县区级别的小批发商、加工厂或者配送商，最终由他们将进口冻品供应到次终端（消费端），消费端以大众餐饮、企业团餐、生鲜电商、农贸市场、食品加工厂等业态为主。按照数量级分类，现在与国外厂商进行采购的港口大贸易商有数百家，省级批发市场的档口商户及贸易商近万家，而小批发商、大次终端用户则达到几十万家。

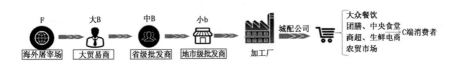

图7-4　进口冻品肉食产业链图谱

三、双疫情下，消费端供应链需求的多样化

无论是非洲猪瘟，还是新冠肺炎疫情都对生鲜肉食的供应链及消费结构产生了很多影响，最主要的影响是造成了消费端的产品服务方式的变化，带动了对供应链端的需求变化。下面简述几种消费端的多样性。

（一）生鲜电商

生鲜电商分2C和2B两类模式，2C的代表为每日优鲜、叮咚买菜、美团买菜等，2B的以美菜、美团快驴为代表。疫情暴发后，给生鲜电商带来了极大的流量增长，消费者开始习惯网上买菜及半小时送到家的服务。而激增的流量及订单，对生鲜电商供应链也是一种考验，用户的留存取决于生鲜电商平台的产品品质，而生鲜电商销售的产品以肉类举例，大多数为小包装的冷鲜产品和冻品。要提高产品品质就必须提高从生产加工、包装到仓储、配送各个环节的标准化程度，以保证生鲜产品的品质，传统的供应商模式看来很难满足平台的供应链品质要求。

（二）社区团购

社区团购起源于 2018 年，暴发于 2020 年，阿里、京东、滴滴、拼多多等平台积极参与社区团购，其内因是在互联网流量枯竭、用户黏度下降、平台获客成本增高等因素的共同作用下，企业需找到新的增长空间。其外因是受疫情影响，社区团购快速崛起成为互联网平台获客成本低、黏性高、覆盖众多零售品类的大渠道和新模式，拥有数万亿级销售空间，成为互联网平台必争之地。传统零售以农贸市场为主渠道，终端环境差、价格相对高等问题，为社区团购的发展提供了市场机会。通过缩短流通环节、价格优惠等，具备市场竞争优势。社区团购经过资本助力及市场洗牌后，将沉淀出一大批固定用户，而社区团购也会成为一种常态化的消费方式。

（三）预制菜

预制菜是指以农、畜、禽、水产品为原料，配以各种辅料，通过分切、腌制、成型等处理而成的成品或半成品，具备便捷性和口味稳定等特征。预制菜上游行业包括家禽养殖、畜牧养殖、水产养殖、蔬菜种植及调味品生产业，相关产品的直接材料成本（包括主材、辅材及调味品等直接原材料投入）占产品总成本的 90% 以上，下游是消费市场及餐饮市场。按照产品特点、消费群体的不同，预制菜主要分为四大类：即食食品、即热食品、即烹食品和即配食品。日本预制菜发展较早，市场也相对成熟，在餐饮市场的渗透率高达 60%，其中 B 端市场和 C 端市场占比约为 6：4。而中国预制菜市场起步较晚，从市场容量来看，中国 B 端和 C 端两大市场都仍处于高速成长期，目前 B 端市场和 C 端市场占比大约为 8：2。B 端模式下预制菜最核心的逻辑是通过专业分工尽可能做到规模效应最大化和成本最低。针对 C 端客户，预制菜可以帮助减免洗菜择菜的时间，提高烹饪效率。同时家庭小型化、生活节奏加快、烹饪技能退化等因素驱动预制菜进入家庭餐桌。

预制菜行业内企业通常根据生产需求采购原材料，即"以产定购"。根据企业生产规模的不同，采购模式分为批量采购和零散采购。规模以上预制菜企业生产量大、产品种类多，一般会建立供应商名录，选取符合条件的厂商批量供应原材料；小规模企业由于产量较小，部分企业尚不能实现连续生产，且多数缺乏仓储设施，无法维持一定量的原材料库存，从而采用少量多次的零散采购模式。根据原材料性质不同，企业通常也会采取不同的采购策略。对于鲜活易腐、不易储存的原材料，行业内企业会根据生产计划、食材保鲜期及到货周期判断采购时点；对于供应季节性特征明显的原材料，企业则会在市场供应充足时足量采购，降低原材料成本；对于供应充足、价格稳定的原材料，企业会根据生产周期适时采购，寻求运输成本和仓储成本的最优采购时点和采购数量。

四、从消费端多样化的供应链需求看进口冻品肉食的新机遇

按照进口冻品肉食占比中国肉食消费的10%以上的规模来看，进口冻品肉食的渗透率在某些特殊渠道和消费终端的渗透率将超过30%或者更高。因为国产肉食大部分以鲜品的形式流向消费终端，以生鲜超市、农贸市场等方式被老百姓消费，而以餐饮供应链、团餐供应链、预制菜、生鲜电商、社区团购等形式，需要稳定的货源、稳定的质量、比较有竞争力的成本的原料供应的新型渠道，进口冻品肉食是最好的产品。因此在这些渠道里进口冻品肉食的渗透率超30%，有些渠道超70%；而这些渠道的变化，对进口冻品需求的变化是进口肉食的新机遇。这些受资本关注，且业务规模不断增长的新型渠道，业务量稳定，毛利稳定，对于传统贸易商或者数字化供应链平台是最好的消费端用户。

目前消费端的渠道和平台数字化程度都比较高，无论是交易，还是交付都已经实现数字化，而对于上游供应链来说，数字化是必然趋势。所以部分进口冻品数字化供应链平台将比传统贸易商要更有优势。

面对消费端不同的业态及增长需求，供应链的价值都是值得深度挖掘的，而这些是进口冻品的机会。如何把握这样的机遇，唯有通过供应链的数字化。从源头到餐桌中间有非常多的环节，只有通过数字化，将原料、商品、库存、价格、加工等等的产业链数字化形成数字资产，才能真正把握住产业机遇。

（本节内容由青岛飞熊领鲜科技有限公司支持。）

第五节　数字时代全链升维，重塑农产品流通模式

我国是一个农业大国，农产品种类多、分布广，且地域性差异较大，产销端分离现象屡见不鲜，农产品需要从产地端输送到消费端，这一流通过程中农产品的损耗情况难以把控。目前，我国农产品流通主要通过批发市场、农贸市场等渠道来进行，以农户、农业经纪人、农民合作社及经销商为主要流通主体，以现货交易、集

中交易为流通模式。

长久以来，传统农产品流通模式基本满足消费市场的需求，但在电子商务、大数据、智慧物流飞速发展的今天，其信息不对称、流通链条冗长、物流效率差等问题已逐渐凸显。数字时代下，针对农产品（食材）供应端与需求端如何实现更精准、高效、长效的对接，如何解决流通全程链条责任归属问题等成为行业发展的当务之急。

一、新时代下的农产品流通模式

农产品流通环节关系到整个市场的运作体系，而针对目前存在的问题和我国的实际情况，借助新技术、新模式改进和创新农产品流通方式，实现提高竞争力和降本增效的目标无疑是破局之道。

从案例来看，北京某传统批发配送的批发商，其客户群体主要包括当地政府部门、餐饮企业（如西贝）等，同时承担当地高端有机生鲜电商配送任务。通过数字平台开通店铺并对接甘肃静宁苹果基地和宁夏供销社基地，实现从上游直接引进产品进行云仓及线上采销的全流程，整体对接效率大幅提升，借助数字化平台推动产销对接的低成本和高效率。其流程逻辑如图7-5所示。

数字化平台的作用在于简化图7-5中虚线部分的对接成本，缩短全流程时效，实现降本增效。通过实际案例可以看出：数字化技术赋能农产品产销对接是实现供应链上下游降本增效的有效手段和重要途径。

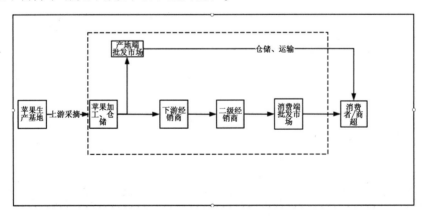

图7-5 苹果产业供应链情况

二、流通链条信息化痛点

当前农产品生产主体和流通主体均以农户和从事农产品批发、零售的个体户为主，信息不透明、组织化程度低等痛点问题依然存在。传统的农产品流通模式导致生产者无法及时获得销售渠道和市场需求信息，盲目生产，若位于中间的收购商缺位，则大多数农户的农产品将面临销售困境。数字化电商工具通过移动后台管理系统、微信小程序线上交易等，将农产品流通链条上所有的环节融合在同一平台内，即F2B2b/c，实现全链条信息的互联互通，提高整个流通链条的信息化程度，帮助生产者及时获取市场需求，方便安排生产，在同一平台内各环节能够快速找到生产商、供应商或下游客户，解决各个链条的不同诉求，从原来的分工博弈变成协同共生的关系。

传统农产品流通链条冗长，导致农产品信息追溯问题成为流通端的痛点之一。当出现质量问题时，难以进行安全质量问题溯源，因此国内食品安全问题不乐观。利用数字化平台可以实现四流（即信息流、资金流、票据流和订单流）线上统一，加之线下物流，实现五流合一。利用数字化技术，基地厂家上线产品时可以生成产品追溯码，批发商或经销商采购时可以生成流通追溯码，通过条码可以查看仓储运输、流通、生产每一个环节的节点信息，解决农产品产、供、销责任主体划分问题，为农产品流通和食品安全保驾护航。

例如，消费者在商超购买商品鸡腿，在购买完成后，消费者可以通过扫描追溯码查看商品的配送商、代理商、仓储运输时间、加工厂分割入库时间、检测报告、生产厂家、禽畜饲养等信息，如图7-6所示。

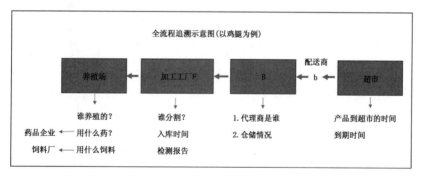

图7-6　食品信息全流程追溯

综上所述，农业现代化是大势所趋，因此农产品流通各环节如何顺利转型，适应时代发展非常关键。借助数字化信息平台是农产品流通端实现质量信息追溯和降本增效的重要举措，数字化解决方案对行业发展具有极大参考价值。

（本节内容由格利食品网支持。）

第六节　水果供应链浅析

民以食为天，如何保证好中国 14 亿人口的食品供应，保护好中国几亿农民的生产积极性，始终是我们这个人口大国的重大课题。这不仅是个内政问题，也是事关中国对外经济交往和国家安全，关乎人类命运共同体和谐与否的大问题。自从新中国建立起，农产品的生产储运分配流通发展始终受到国家的高度关注和重视，通过持续推进各项技术进步和政策改革来支持农产品流通业发展。

一、现阶段情况

继 2020 年实现了全国脱贫的伟大目标之后，确保扶贫成果、促进乡村振兴又成为当前农村和农业工作的顶层目标。进一步提高农产品附加价值，推动更多农产品商品化流通，让农民增收环境增绿是实现这一宏伟目标的重要抓手。与此同时，确保国家粮食安全，在新冠肺炎疫情防控常态化下保证城镇食品供应稳定安全卫生，满足因人民群众追求美好生活而不断提高的饮食多样化、精细化、健康化等各种特色需求，也是从中央到地方各级政府要做的头等大事。

总体来看，目前我国的农业生产已基本满足了人民对食品消费的需求，满足了工业生产对农产品原料的需求，当前的主要任务是提高农产品的营养口感和健康指标以提高其品质附加价值，扩大完善农产品流通方式以提高农产品的流通附加值，在更好地满足人民需求的同时稳步提高农民收益，从而保持住农业生产的可持续发展态势，并且维护好国家粮食安全。这里的粮食不仅指种植生产出来的各类谷物，也包括各种蔬菜水果和肉蛋奶等各种畜牧产品，还包括各类养殖和捕捞的水产品，是广义上的粮食安全。

对于米面粮油等主粮来说，由于事关社会稳定和国家安全，因此国家一直在重点进行其供应链建设。在种植环节，一方面是死保十八亿亩耕地红线，保证粮食生产的最基础要素不降低；另一方面给予广大种粮农民种子肥料、田间管理、农机柴油、电力水利等全要素辅导和补助，并对农民卖粮进行保护价收购，以防谷贱伤农，确保粮食的生产稳定。同时在产收储运加工销售等全供应链环节设立了众多的国字号企业进行经营管控，确保粮食储运流通的稳定可控，所有环节从国家高度进行整体协调，形成了庞大完整高效的主粮供应链，成为国家安定的重要基础之一。相对于主粮供应链的严谨强力，水果的产销则是以自发的自由市场状态为主，种收储运售各节点基本都是自然形成的交易和流转方式，生产经营中的决策缺乏科学性，体系建设简单粗放缺乏规划，整个过程的损耗巨大、浪费严重，本文将尝试分析水果产销中的供应链问题。

二、水果消费现状

水果是一种特殊的农产品，它的主要功能不是用来果腹而是用来满足人们的口腹之欲，所以说水果是一种大众均可消费的轻奢食品，是人们给自己的一种小奖赏。所以水果消费是随着人民生活水平提高、中国进入小康社会，特别是城市化高速发展、城市居民阶层快速成长这一大趋势而发展旺盛起来的。既然是轻奢消费，那对商品本身的要求就要高于满足基本生活需求的米面粮油，要好吃、好看、健康的同时最好还能附带一些精神因素。对水果的消费是更具个性化特点的消费，一个家庭对主食的偏好基本是一致的，而且不同产地和品牌的米面之间替代性很强，而一个家庭对水果的消费却很可能各人各样，且对品种产地和品牌的挑选要细致得多。

居民消费对水果需求的拉抬正好与国家要提高农民收入的政策导向相互促进，在地方政府的引导下，农民们快速扩大了全国的水果种植面积，并且针对市场需求旺盛的品种积极引进和改良品种，重点扩产，在较短时间内大幅增加了市场供应，虽是有效地保证了供给，却没能有效保证农民稳定增收，新闻里经常听到好水果卖不出好价钱，甚至烂地里的消息，而消费者们也纷纷在抱怨水果好坏太难分辨，价格贵贱不好把握，经常吃一半扔一半的问题。

三、水果供应链现状描述

为什么一面消费市场旺盛，另一面生产产量巨大，但结果却经常出现难卖难买的情况呢？究其原因仍然是水果供应链的问题。

所谓供应链，是指产品从生产原材料准备到生产完成、进入物流过程、抵达销售地、实现销售并进而完成验收交付的全过程，在大规模工业化生产的工业产品上均有组织良好的供应链在运转，连结了从上游原材料和设备供应商到生产商再到流通商和零售终端的全过程，贯穿始终将之连接成链的就是物流服务商，供应链上的各商业主体之间是共生关系，他们是伙伴而非对手。基础供应链是线状结构，好的供应链则是网状结构，用多链路灵活跳转来保证系统的稳定性和弹性。高效的供应链保证了整个体系在快速满足市场需求的同时，整个链路中的原材料和资源占用及在产品和产成品占用最少，兼顾了效率和成本的平衡，实现了资金的高周转、高回报。

用这套理论来看我国的水果种植和流通现状，就会发现它的供应链特色体现得很不清晰，难于看到全链路各环节的有效协同，反倒是各节点各自为战，运转的盲目性很大，系统浪费和损耗也很严重，与我国世界第一制造业大国所具有的供应链水平差距巨大，亟须改革。

四、水果供应链存在问题的改进思路

仔细分析我国水果的产销并与民生工业消费品产销的供应链对照研究，可以发现许多问题并提出改进思路。

（一）改进模式

我国的大国小农情况在生产端就给供应链的组织提出了难题，相比于工业供应链的少数厂商供应全国市场，我国的水果生产者基本还是以个体农户为主，即使是实现了一定集约化的合作社，规模往往也很有限，其资本、人力和技术水平都不足以进行水果产品的有效标准化和商品化操作，也不具备中长期存储以获得反季节销售溢价能力，只是简单地将产品投放到产地市场中任凭市场议价，容易因市场信息不对称而遭受损失，特别是水果具有短时间集中成熟上市、糖多水多易腐坏、产地集中销往全国等特质，都容易对价格形成突然迅猛的冲击，加大了市场对风险的担忧，更容易形成集体性盲动，进一步扩大信息混乱造成更大损失。这种损失不仅是当期的收益受损，还很可能造成他们对未来的误判或错估，而对来年的生产做出错误安排。同类例子可见"猪周期"，在水果生产中这样的例子俯拾皆是，不过因为水果不像猪肉那么事关民生稳定而没有那么受关注罢了。

（二）改进竞争优势点

面对如此分散无力的生产者，中间商们却没有了竞争优势。由于生产者的分散无序，使得承接其产品的集中外销业务门槛很低，稍有点资金或者渠道者就可入场分一杯羹，其中的大多数本来就是从自家水果外销起家的，他们的知识水平和对市场的判断能力并不见得比种植户们高太多。而大批这种小规模中间商又造就了批发市场的信息纷杂混乱，难以对商品流通销售提供有力的支持与引导。与产地集收市场配套的是同样分散无序的运输市场，为产地市场服务的多数运力是以车为单位的

运输个体户，同样是在市场中随波逐流，很难起到引导市场价格和服务标准的作用。在这个产地的产收运系统中因为参与者都缺乏信誉保障、契约精神匮乏，基本都是现金交易，换手即不认账，上下游之间不是伙伴而是对手，很难产生出长期共生、共同做大蛋糕的供应链关系雏形。

小生产者小中间商加小运输者共同作用还产生出一个附带结果，就是一般的大中型批发商和物流公司面对着大量鱼龙混杂的卖果人，很难在其中找到合适的商业伙伴去开展业务，因为自身不可能准备足够人力资源去一一实地谈判、验收水果产品和组织外运，最终不得不加入这种现金现货的交易模式，并仰仗活跃于这一体系中的一种特殊人群"代办"来完成业务。这些代办往往自己就是小中间商或者是小中间商的业务骨干，虽然名义上的价格是大采购商定的，但实际上具体到每颗每粒水果的采购都是代办在做主，同时还包括安排车辆外运的事务。而这些大中型公司实际是做代办的下游，将他们梳理过的商品收入大流通链路中。代办之于大采购商，是不得不用的助手，又是要时刻提防的对手，他们之间很难建立起互信关系。到此时为止，水果们才真正成为商品化的产品。

（三）改进流通渠道

出了产地的水果开始进入储运阶段，尽管生鲜电商兴起以来，一直在鼓吹着的"从产地到餐桌"的直采直供模式，但在产地起运时有超过99%的水果物权还是归属于不同的中间商。最终有超过90%的水果是在城市批发市场上完成物权转换进入下一级流通网络的，包括各类商超零售门店、餐饮/茶饮店、集团消费等，真正进入电商渠道的水果不到10%，这部分电商水果中的大部分物权也还是属于中间商，直到电商售出后才完成物权转换。这就意味着，中间商在起运时往往不能准确知道这箱水果最终在哪个渠道消费，因而也就无从进行更有针对性的处置，如成熟度、包装形式和规格、储存形式、运输方式等。更何况中间商其实也并不清楚每箱水果真实的采摘时间、成熟度和等级等要素，即使想进行更精细的在途管理也往往事倍功半，收效有限。而中间商却是负担了这批商品的资金压力和货损风险的，所以中间商的合理选择就是尽快出货回收货款，把风险和压力转嫁到下游去，让次级批发商或者大零售商来埋单。

当零售商与这样的批发商进行交易时，为保护自身利益满足目标客户要求，会对水果进行再次检验，只接受符合质量标准要求的水果商品。这次检验一般会比较严肃规范，因为零售商们面对的是有一定规模的中间商，双方可以提前进行合同约定，因为要维持长期合作关系和市场信誉，所以不太会在一次交易中破坏规则。这轮检验后会有一定比例的水果不能按中间商的原定方案销售，需要进入低一级市场贱卖甚至扔掉，造成相应的产品浪费和前期工作浪费，中间商在报价时会提前预估这部分损失并加进价格中去，但最终能否符合成本预算还要看与下游商的交易实情。由于水果的短保易腐特性，多数中间商往往不容易维持住稳定的价格，而要根据市场供应情况和自身货品品质快速调整价格、快速出货。只有那些收储量大且有保存条件的大中间商，才能通过控制投放节奏对市场价格产生影响，相对保住自己的利润水平，而作为中间商对手的零售商，则较多成为这一价格游戏的被动接受者。虽然零售商的规模比中间商要大许多，但在某一个具体水果品相上，其采购量往往不足以成为中间商的绝对客户，或者即使成为某几个中间商的绝对客户，也成不了整个市场上该品相水果的主力买家，因而难以撼动供应方设定的条件，这又是一轮对手而非伙伴间的竞争。

（四）优化零售环节

水果进入了零售环节，不管是线下渠道还是线上渠道，因为前期各环节对水果的采摘标准控制有限和储运过程中品质保护有限，只能自己进行精准化的再次分拣包装，努力将合格品卖个好价钱，这个价钱里肯定也要算上分拣包装的人工物料和场地耗费，这部分成本除了物料可以低于产地，人工和场地都高于产地，如果能够做到信息通畅，提前在产地即完成好这项工作，其实可以为从中间商到零售商的各参与者都节省出不少商品成本和操作成本，甚至包括处置残次水果的垃圾倾倒也是一笔巨大的费用，与此同时还能让产地人获得更多的相关收入，这就是供应链的价值之一。另外，因不能准确掌握剩余货架期，为防水果因加速腐败烂在手里还要努力快速销售，不能进行准确的货架期管控，这些操作都会加大成本，同样是良好供应链可以节省出来的。

五、水果供应链未来展望

简单复原了一遍水果从采摘下来到终端销售的全流通过程，我们可以发现，这个过程中的各个环节都是离散状态的，有不少地方甚至还是零和互斥的，节与节都是互为交易对手，远没有穿成利益共通的一条链。产生这种现象的根本原因首先是上游生产者的过于分散弱小，不能直接进入商业化运作，必须要通过中间转化形式（例如"代办"），将他们的产品归拢整合后才能交给后道经销商。而后道经销商也不能主导整个营销行为，还要再依赖零售末端来完成销售。在这个粗放的系统中，上下游物权不通、信息不通、金融不通、物流不通，就像击鼓传花一样，每个阶段只希望快点将商品出手拿到回款，而不去也没能力为商品的全链路流转、为更好地满足最终消费者的需求着想。

因此，要想更好地解决水果的卖难买难问题，就要在供应链建设上下功夫，将原先分散的节与节整合梳理出一条连通顺畅的链路来。为此，首先要大力压缩生产经营者的个数，快速培养出产销一体的公司化法人主体，由他们来承担水果的品质责任和销售的商务责任，而让广大农民更专注于种植水果本身，成为农业工人，按劳动量获得劳动报酬，不必再为水果的售卖费心费力。同时要鼓励上下游联通，进行深度合作，最终实现资本的互融，形成能对某个产地某个品种的水果具有一定的市场影响能力的商业主体或主体集团，成为供应链的链主，从整体营销的角度来建设和优化水果供应链。其他为这种水果提供采销服务的企业都成为这个链的有机组成环节，与链主开展持久合作，针对该水果特性进行相应的服务优化（特化），同样逐渐形成资本层面的融合。

在此基础上，才能谈到加强信息系统协同，实现产、销、物流、金融等信息的快速互通和行动反馈，达到不断优化供应链以实时响应市场变化，减少链内资源和产成品占用，最大化整个供应链利润的目标。而链上的所有商业主体也将成为一荣俱荣、一损俱损的有机体，共同壮大自身实力，再去与其他同样成长起来的水果供应链团队竞争并产生更大规模、更高层面的融合。以我们国家的人口和农业产量规模来讲，应该诞生出一批世界百强级别的水果产业企业才是合理现象。

（本节内容由农产品供应链分会专家委员会副主任牟屹东支持。）

第七节　农产品产地新制冷技术装备及系统建设

随着智能制造和智慧冷链装备的进一步发展，国内外农产品冷链新技术、新装备不断涌现，以下简单介绍国内相关创新技术产品和系统建设情况。

一、动态冰浆预冷技术

常见的预冷手段有冷风预冷、冷水预冷、冰预冷、压差预冷和真空预冷。而过冷水冰浆预冷技术是利用冰浆的潜热，0℃恒温和疏松、多孔及良好包裹性，将冰浆和食品、果蔬等直接接触，能够迅速消除果蔬的田间热和呼吸热，保持优质口感和品质，且不会引起表面二次冻伤。过冷水式冰浆预冷技术属于动态制冰，制冰时是通过制冷剂直接蒸发，或低温载冷剂将蓄冰槽里的水经制冰机组冷却至-2℃的过冷水，再通过超声波促晶装置解除过冷，生成冰浆输送到蓄冰槽里，冰和水因密度不同在蓄冰槽内形成自然分层，冰浮在蓄冰槽上部不断累积，底部的水则不断参与循环，最终形成50%左右的冰储存在蓄冰槽上部。制冰过程换热器的传热系数不随时间延长而衰退，换热时不制冰，制冰时不换热，因此是目前制冰效率最高的。烟台作为特色农产品产地，樱桃可谓闻名遐迩，部分产地正是采用这样高效节能的过冷水冰浆技术将预冷过后的樱桃进行包装再通过空运完成冷链全过程。不止樱桃，适合水冷式的其他果蔬预冷均可采用冰浆预冷技术，其保鲜效果大大优于同类设备，如图7-7所示。

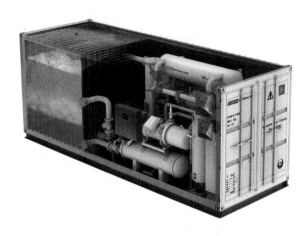

图7-7 DISU 动态冰浆（水）生成机组

二、二氧化碳制冷技术

2021年国务院政府工作报告中指出，扎实做好碳达峰、碳中和各项工作。在处于冷链关键节点的大型冷藏物流中心建设上，应用二氧化碳新技术完全响应了国家政策要求。制冷系统中的二氧化碳作为制冷剂，变废为宝，既将工业生产中排放的二氧化碳回收（CCUS），实现循环利用，又解决了冷链中心的制冷问题，二氧化碳（CO_2）是国家环保部门推荐替代非环保卤代烃的工质之一。CO_2 安全、无毒、不可燃，适用于食品加工车间等人员密集的工作场合，对人员无伤害，对食品无污染。CO_2 具有良好的化学稳定性，相关材料化学反应少，蒸发潜热较大，单位容积制冷量高，具有优良的流动和传热特性，可显著减小压缩机、换热器和管路尺寸，工质充注量少，轴功率消耗低，如图7-8所示。

图 7-8　AIST 二氧化碳复叠模块机组

三、新型冻干技术

新型冻干装备采用最新真空冷冻干燥技术将含水物料在低温状态下冻结，在真空条件下，使冰直接升华成水蒸气并排走，从而脱去物料中的水分使物料干燥。真空冷冻干燥技术是所有保鲜、贮藏方法中最为先进的加工技术之一，能够最大限度地保持原有物料的色、香、味、形及营养成分。冻干产品特点也很明显：更好地保留了原有的成分、口感、芳香；更好地保留了食品的颜色、形状；完全保存了食品的蛋白质、维生素及各种营养成分；可以迅速还原复水，还原形状基本符合原状；食品保质期延长，运输方便。生鲜冻干已逐步发展成为近几年生鲜深加工领域附加值最高的新兴产业之一，某些生鲜产地的冻干企业已创出知名品牌，产品远销国际市场，取得了很好的社会效益和经济效益，如图 7-9 所示。

图 7-9　真空冷冻干燥机

四、智能冷链消杀系统

为了应对"后疫情时代"下的常态化防控举措，冷链食品包装表面消毒技术和装备成为新的技术研发热点。针对病毒的传播机理及冷链运输特点，开发了具有空气和物体表面消杀功能的"隧道式高强紫外消杀装置"等多个产品，该系列产品将在农产品生产加工基地及配送中心进行大范围推广应用，为公众生命健康安全保驾护航，如图7-10所示。

图7-10　冷链消杀装备

五、冷链中"冷"的智能控制系统

智能控制是通过大数据建模和分析，深入研究了冷冻冷藏系统工作特性，以特定人工智能模型为基础建立了冷冻冷藏系统优化控制体系，根据运行工况及冻品种类，给出了定制化最优的控制方案，实现了冻品品质提升和能源高效利用的目标。基于大量系统稳态运行的数据，建立了冷冻冷藏系统预防预警机制，针对监控数据的奇异点及异常趋势，给出了精确的处理方案，实现了将部分故障提前遏制的目的。构建了故障体系与故障库，针对不同故障进行多维度判断与权重分析，给出了差异化解决方案，并将有效方案存储至故障库。建立了冷冻冷藏系统设计修正体系，针对低效、低寿设备给予了设计上的优化及修正，提高了设备的寿命，降低了系统的维护成本，实现了系统高效、高寿运行的目的。基于冷冻冷藏系统优化控制体系、预防预警机制、故障体系和系统设备修正体系搭建了数据中台并配套建设了业务中台、工业物联网与基础设施，构建了"云-边-网-端"全栈式一体化架构的工业互联网平台（MICC），完成了多源异构设备的物联接入及边缘控制的目的，实现了成套关键技术的革新，如图7-11所示。

图7-11　冰轮智汇云智能温控系统

六、冷热互联系统

在生鲜农产品市场上，很多客户在"制冷"的同时也需要"制热"，在某些品类的生鲜深加工中，"冷热互联系统"在满足生鲜冷加工用冷的同时，解决了果蔬漂烫等用热问题，相较于传统的制冷系统与制热系统相比，冷热互联系统综合了冷热两部分能量，从不同的角度提升了能源利用率，应用冷热互联的企业都获得了实实在在的节能、节费效益，如图7-12所示。

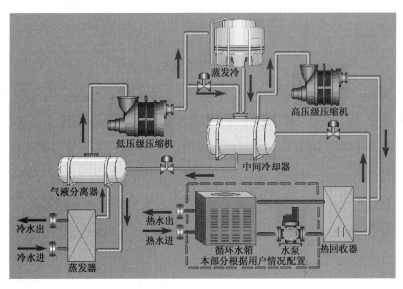

图7-12　冷热互联系统

冷热互联仅仅是能源综合利用的冰山一角,在大型的冷链物流园区和食品工业园区,有冷、热的基本需求,同时存在着水、汽、光、电等多种能源形态,如何最大限度地提升能源综合利用成为冷链行业新的技术创新目标。

(本节由冰轮环境技术股份有限公司应用技术总监刘岩松支持。)

第八节 案例 1:现代都市智慧团餐供应链

在全球目前达到百亿美元以上的餐饮企业,有快餐、团餐、火锅三种业态。世界 500 强中仅有四家餐饮企业,除老牌快餐麦当劳和火锅新贵海底捞外,另外两家就是康帕斯(金巴斯)和索迪斯,都是团餐企业。2019 年中国团餐市场规模高达 1.5 万亿元,占餐饮业总规模的 30%,但是市场集中度仅 5%,事实上全国每天有 4 亿人需要团餐服务,包括学校、部队、医院、大型企业、机关食堂、写字楼宇等,尤其是 2.7 亿在校学生,团餐关系到社会和谐与国家未来!四川优膳供应链管理有限公司是国内团餐领域第一家以技术驱动产业升级的全供应链公司,业务涵盖免洗免切净菜加工、冷链配送、智能厨房设备研发销售、智慧食堂运营管理等,结合大数据系统,构建革命性的"智慧团餐",在团餐领域立项开展深入研究,大力推行川菜标准化供应体系,对于川菜的工业化具有广阔前景。

四川优膳供应链管理有限公司是四川省商业投资集团旗下四川省食品公司牵头成立的混合所有制企业,四川优膳供应链管理有限公司在崇州的净菜加工配送中心总投资 3.2 亿元,占地 110 亩,13000 平方米厂房,SC 标准,是西南地区规模最大的团餐净菜工业基地。公司位于崇州都市农业产业功能区,面积 279 平方千米,18 万亩耕地,国家农村创新创业园区,四川省 5 星级现代农业园区,成都市 5 星级现代农业园区。地处成都主城区"半小时经济圈",是川西坝子上风上水最优质的农业产区,选择崇州,就是确保农产品原料采集的优质可控,减少运输损耗与成本。

"民以食为天,食以安为先"团餐产业作为占餐饮业 30%、年产值高达 1.5 万亿元的巨大市场,更关系到每天 2.7 亿学生、4 亿人民,民生干系重大。传统团餐产业供应链复杂混乱、溯源体系难以穿透、低效质次价高,既无法解决食品安全问题,又不能做到三产融合发展,整体发展远远落后于世界先进水平,近几年爆发出大量跟食品安全相关重大事故,已经来到变革的前夜。

首先选择从学校团餐领域实现川菜工业化，其次传统川菜供应链中食材和调味品标准化是两大关键环节，优膳公司通过基地集采、建设大型净菜加工中心、引进德国先进工艺流水线解决食材供应的来源和硬件基础。四川作为人口大省，加之川菜对于口感的要求远超其他菜系，标准化和工业化面临更大的挑战。优膳项目采取的"集中采购+工业化净菜加工+智能烹饪+大数据"模式，不但缩短了传统团餐供应链，而且通过技术和大数据进行了优化和升级。综上所述，优膳供应链，通过全方位的引进、集成和创新，为川菜团餐工业化供应链的发展探索出更优的解决方案。优膳供应链项目是现代都市川菜工业化供应链在团餐领域的国内首个实际运行案例。

一、公司研发领域

(一) 工业化

首先选择从学校团餐领域实现川菜工业化，其次传统川菜供应链中食材和调味品标准化是两大关键环节，优膳公司通过基地集采、建设大型净菜加工中心、引进德国先进工艺流水线解决食材供应的来源和硬件基础。

(二) 水触媒食品净化技术

通过激发水的能量，形成一个"浓缩、高效的自然净化系统"，无须任何化学添加，利用水裂解、还原产生的高能量，与生鲜食材表面细菌、病毒等微生物细胞壁脂类物质发生双链反应，使其细胞壁通透性发生改变，杀灭微生物；打开农药、激素、抗生素等有机化合物组成元素的共价键，高效降解其有机化学残留的一种高效食品净化技术。

(三) 免洗切净菜的规格对照

各种蔬菜型号产地不同，淀粉、含水率不同，在智能烹饪过程中的表现不同，所以需要通过大量对比试验，才能提高出成率、减少浪费、提升烹饪品质，以及指导农业基地相关种植技术。

(四) 免洗切净菜的预包装储存技术

作为半成品的优膳免洗切需要二次烹饪加工，不同产品有不同的冷链和常温、真空、气调或常规包装，同样需要进行大量对比研究，制定相应的标准。

(五) 水触媒杀菌去农残

技术路线如下：

(1) 优膳重构团餐供应链：农产品种植、畜牧养殖、配料生产→优膳净菜加工中心→净菜冷链配送→优膳智慧中央厨房→团餐食堂→优膳大数据可溯源系统。

（2）团餐供应净菜清洗工艺流程：毛菜采收验测→降温预处理→自动化洗切生产线→计量称重→真空包装→ERP 管理系统生成信息溯源二维码→降温成品库等待配送。

二、优膳供应链特色

冷链物流配送专业迅速，冷链运输可提高保鲜能力，半径150公里自有冷链配送车队，生产配送<24小时；GPS 定位监管，实现冷链全过程实时监控、报警管理、远程调度、信息完整。学校食堂应用，全国每天2.7亿学生需要用餐，2020年成都市已有16所学校采用优膳智慧团餐，采用"智能烹饪+新供应链体系"，赢得了社会各界一致好评。学校食堂的环卫垃圾实现减排，净菜供应可极大减轻环保压力，可转变为有机肥，资源再利用。

三、技术路线

优膳重构团餐供应链如图7-13所示。

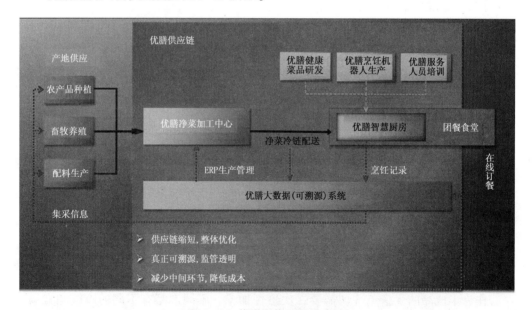

图7-13　优膳重构团餐供应链

（一）团队

成都锦膳佳技术团队，智能烹饪机器人总代理、智能烹饪技术服务、团餐大数据研发。

（二）专业冷链物流配送

专业且迅速，冷链运输可提高保鲜能力，降低流通损耗，半径150公里；自有冷链配送车队，生产配送时间少于24小时，可当日送达；GPS定位监管，实现冷链全过程实时监控、轨迹回放、报警管理、远程调度、信息完整。

（三）学校食堂应用，学校占团餐市场28%份额

全国每天2.7亿学生需要用餐，团餐安全关系社会和谐与国家未来。成都市第一所采用"智能烹饪+新供应链体系"的示范学校石室天府中学锦城湖校区，2019年2月投入使用，该中学每天1200份学生餐，赢得了社会各界领导及师生的一致好评，2020年成都市已有6所学校改建升级。现采用优膳智慧团餐的学校有四川省公路技工学校、中国五冶高级技工学校崇州校区、宜宾兴文县二中老校区、宜宾江安剧专影视学院、隆昌第一中学、雅安中学高中部、四川省宜宾兴文县二中、广元中学、内江市第六中学、四川省简阳中学等16家。

（四）节能减排

学校食堂的环卫垃圾实现减排，厨余垃圾占城市生活垃圾总量的20%，而且是无法回收难以处理的湿垃圾，净菜供应可极大降低城区生活垃圾排放量，减轻环保压力，净菜生产丢头集中控源，可转变为有机肥，资源再利用。

（五）扶持就业

一期每天供应20万人份净菜食材，为当地增加就业350个工作岗位，每年采购价值约3亿元，蔬菜3万吨，肉类8000吨，以及米、面、油等初级农产品，惠及约8000家农户，如图7-14、图7-15所示。

图7-14　优膳净菜现场照片

图 7-15　优膳净菜现场照片

四、技术创新点

1. 设备创新

优膳供应链采用大型自动化洁净生产线；传统后厨采用的机器简陋，人工作业。

2. 环境创新

优膳供应链使用 SC 认证食品级恒温作业厂房；传统后厨使用食堂后厨、常温作业。

3. 切配创新

优膳供应链使用自动化设备切配标准；传统后厨采用手工切配、厚薄不均。

4. 清洗创新

优膳供应链使用自动化多槽体纯净水流水线；传统后厨采用自来水、手工清洗。

5. 杀菌去农残创新

优膳供应链采用"水触媒"净化技术无添加杀菌去农残；传统后厨采用常用含氯杀菌剂，无法去农残。

6. 包装创新

优膳供应链采用离心沥水、真空包装；传统后厨使用开放式周转箱装存。

7. 冷链创新

优膳供应链采用低温保鲜、全程冷链；传统后厨常温流转、易滋生细菌。

五、社会效益

(一) 促进乡村振兴和三产融合发展

第一产业（农业）：生产模式、方式落后，生产技术水平低，融资发展困难，信息不对称。第二产业（优膳供应链）：农产品集中采购，减少损耗、降低成本，团餐食品安全可溯源体系，产业大数据平台提升信息透明与农业生产规模布局，金融增信，带动投资、创造税收与就业。第三产业（团餐）：市场规模巨大，1.4 万亿元市场，行业集中度低（仅 5%）、没有上市公司、传统服务业。

（二）优膳供应链金融和乡村振兴精准帮扶

优膳供应链金融和乡村振兴精准帮扶示意图见图 7-16。

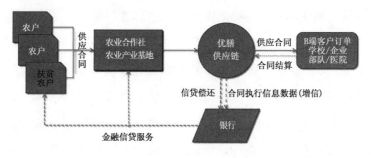

图 7-16　优膳供应链金融和乡村振兴精准帮扶示意图

图 7-16 的 B 端优质客户的长期供应订单通过优膳供应链传递到合作社与农户，形成可信、透明的运营数据，对于银行等第三方金融服务方属于有效的增信和回款保证，从而加大对包括扶贫农户在内的农业生产者的金融服务支持，有效解决传统供应模式由于信息隔离而难以克服的农业增信和执行难题。

（本节内容有成都大学李翔教授、四川优膳供应链管理有限公司马树军支持。）

第九节　案例 2：水产品温控供应链
集成示范服务平台

一、基本情况

国家农产品现代物流工程技术研究中心是 2009 年 2 月由科技部批复成立的、我国物流领域唯一的一家国家级工程中心。国家工程中心以实现"精准物流、放心消费和打造农产品透明供应链"为总体目标，以果蔬、畜禽、水产、冻品等品类为重点研究对象，以冷链工程技术、物流智能信息技术和品质与安全控制（品控）技术三大物流科学技术集成为支撑，针对生鲜农产品物流在产、加、贮、运、销各环节存在的问题，为企业、行业冷链物流工程提供一揽子解决方案，在冷链工程整体设计、设备与保鲜工艺配套施工、智能信息技术和透明供应链建设等方面提供供应链集成技术支持。

山东海洋现代渔业有限公司（以下简称"海洋渔业"）成立于 2018 年 11 月，注册资本金 5 亿元。公司围绕践行山东省新旧动能转换、海洋强省、乡村振兴"三大战略"，重点布局现代海洋牧场、深远海养殖、冷链物流、水产品国际贸易、远洋渔业、科技研发、休闲渔业等相关产业，着力完善水产品国际贸易线上线下营销平台和销售网络，构建高效冷链物流配送体系，打造产业链协同发展模式。海洋渔业旗下的"冷链物流"板块由山东海洋爱通物流有限公司（以下简称"海洋爱通"）独立运营。海洋爱通成立于 2002 年的海洋爱通拥有 21300 吨级单层冷冻冷藏库，提供专业的保税及非保税冷冻冷藏服务，采用"液氨+二氧化碳"复叠式制冷，最大限度保障货物安全。公司配有全自动化冷库温度控制管理系统，多套制冷、发电设备及西科姆安保系统，实施 365 天×24 小时全天候设备管理及安保措施。冷库内货物存放全部采用金属货架和专业级塑料托盘，货物运输采用日本 NICHIYU 电动叉车，为客户提供安全、安心的服务。公司可控制专业冷链车辆 70 余台，运力遍及全国各大主要城市，面向中高端客户提供全程冷链运输，每辆车均配有专用车辆管理系统实现全程跟踪。公司于 2019 年获得国家 3A 级物流企业和 3 星级冷链物流企业双资质。

二、全程温控创新服务方案

2020 年以来，双方围绕水产品冷链物流领域的"冷产""冷储""冷运""冷销"四大主要环节中面临的数据元规范不统一、数据传输断层、冷链数据应用不充分、冷链"断链"应急预案不科学、终端消费冷链数据应用和品质保障缺乏科技手段等问题和需求，展开水产品冷链物流工程体系、标准体系等方向的创新研究与应用实施，截至 2021 年 1 月，已基本实现冷链物流数据的采集、传输、拼接和再展示。

（一）冷产加工数据逐步应用

2020 年 8—10 月，在企业长期合作的水产品加工车间，安装了温控即采设备，确保温度数据的上传。图 7-17 为大溪地 2 号加工车间作业现场。

图 7-17　加工车间作业现场

（二）冷储实现标准化自动化

双方利用海洋爱通 3 号库进行了试验用品的仓储，按照各类规章制度进行货物管控，库内码放整齐。海洋爱通鳕鱼仓储现场如图 7-18 所示。

2020 年受疫情影响，冷链相关产业成为疫情防控重点。为科学防疫，切断传染途径，双方合作在设备购置与调配、人员组织与培训等方面加强整顿，积极配合相关部门完成疫情防控检查工作。双方部署完整的产品消杀装备，配有专业操作人员，科学调配仪器设备，多次开展疫情防控培训，确保各个环节必须到位。为了保证疫情防控措施到位，车间专门调配 6 台冷库专用叉车，实现产品机械化作业，提高了作业效率，减少人员投入，采购了 1 台自动化消杀作业流水线设备，如图 7-19 所示。

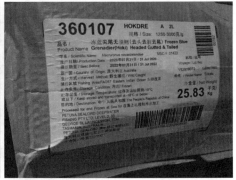

图 7-18　海洋爱通鳕鱼仓储现场

图 7-19　全自动消杀装备

该设备配有全自动化的消毒箱，可实现对产品的全自动、全方位消毒，避免消杀过程中的人员接触，切断人物传染途径，提高产品消杀强度。按照属地交管部门、市场监督部门、街道办事处的防疫要求，公司关键岗位人员和其他岗位人员均接受核酸检测，截至 2020 年底，海洋爱通检测人员近 500 人次，共完成货物消杀超过10000 吨，截至 2020 年底，海洋爱通没有发现人、物和环境存在新型冠状肺炎病毒的情况，未出现任何疫情事件。

（三）活鱼冷运品类逐步扩大，保活效果稳步提升

在活鱼冷运方面，针对市场需求较大的"活鱼冷运"，项目组选定了市场定价比较高、活运需求比较大的斑石鲷进行了实验，从目前的试验情况看：实验用斑石鲷（重量 0.5～0.75kg），采用冷驯化休眠技术对斑石鲷进行预处理后，采用轻量化加厚包装，可以实现休眠 6 小时的无水保活，基本可以满足 300 公里的陆路运输需求。下一步，课题组计划围绕休眠技术进一步优化，预计可实现 10 小时 500 公里的运输需求，如图 7-20 所示。

图 7-20　斑石鲷活鱼冷运

未来，基于山东省斑石鲷在全国独一无二的繁育能力和市场推广能力，北方的循环水工厂化养殖技术也非常成熟，一旦无水活运技术成熟，有望达到"四季销售"条件，将开启鲜活鲷科鱼类在 C 端市场配送销售的新的消费局面。面向鲜活水产品的"鲜活–冷运–鲜活"的冷运模式，作为四冷工程的有力补充和品类延伸，将会开启一个全新的电商活鱼消费时代。

（四）冷销环节消费体验良好，有望扩大应用范围

在企业通仓库、加工厂、冷藏车等关键环节设置了数据采集点，运用云平台对数据进行直采并上传后，创新性地建议云平台在客户端开发了数据分享功能，尤其是开发了适合手机阅读的竖版界面，通过图像识别功能跳转查询页面，初步实现了"一品一码"，极大提高了客户对产品的信赖度，如图 7–21 所示。

未来，经过市场的进一步检验，双方拟将此技术应用于帝王蟹、银鳕鱼、白虾、红虾等其他水产品，打造"数据支持标准，标准支持品牌，品牌赢得市场"的高水平发展路径。

图 7–21　"一品一码"信息追溯

三、企业模式经验介绍

冷链业务的关键就是融合多行业，聚集多业态，形成生态圈。双方重点就标准不统一、城配运力资源浪费、冷库设施不匹配市场需求、冷链链条不完善、商品质量难保证等众多行业问题进行了积极探索和实践。其中，海洋爱通以冷链资产为依托，将冷产、冷储、冷运、冷销的四个环节聚合在一个公司业务生态之内，依托海洋渔业各板块资源优势，进行标准设施设备共享，与采购、进

出口、金融、贸易等业务深度融合，形成一个全方位的水产品供应链生态。

（本节内容由国家农产品现代物流工程技术研究中心提供。）

第十节　案例3：传递健康，品质必达

2014年9月25日，顺丰控股正式推出顺丰冷运（SF Cold Chain）子品牌。顺丰冷运依托于强大的运输网络、领先的仓储服务、智能的分仓解决方案、专业的温控技术和先进的系统管理，为客户提供专业、安全、定制、高效的全程可控冷链服务，业务覆盖食品行业生产、电商、经销、零售等多个领域。

2019年国际认证机构BSI（British Standards Institution，国际标准协会）正式向顺丰冷运颁发了国内首家物流企业ISO22000食品安全管理体系国际标准认证证书。2020年5月，顺丰参与起草的两项行业标准荣获深圳标准领域专项资金奖励。2021年6月16日，中国物流与采购联合会冷链物流专业委员会发布"2020中国冷链物流百强榜单"，顺丰连续三年蝉联第一。

顺丰冷运始终致力于成为高品质，端到端，全程可视可控的冷链解决方案的领先供应商，围绕着"仓配网"与"干线网"两种模式深耕生鲜食品冷链物流行业。依托已搭建的覆盖全国的自有冷链物流基础设施网络和专业化的服务团队，顺丰冷运现已形成国内领先的冷链物流产品体系和服务能力。

一、仓配网

"仓配网"是顺丰冷运重要的模式之一。整个仓配网，以冷库为核心，向供应链前端和后端做服务延伸，即基于消费地冷仓，向前延伸的产地整发服务，向后延伸的2B和2C城市配送服务。供应链前端的产地整发，是通过整车和冷运零担将商品从产地冷库运输至消费地的仓库，中间环节通过冷仓内的存储、分拣包装作业以及冷仓之间的商品调拨支撑商品的流通，末端则是通过2B的冷运到店和2C的冷运标快及航空标快实现交付。

截至2021年7月，顺丰冷运在全国主要消费地城市开通运营33座集多温区管理和配送一体的综合性高标准冷库，运营面积17万平方米以上。冷库内均配备先进的自动化制冷降温设备、进口计算机温度监控系统。温控仓储业务温度区间分布广泛：包括冷冻库-18℃以下、冷藏库2℃~8℃、恒温库10℃~18℃，通过标准专业的操作管理，7×24 小时×365 天服务，为客户提供货物冷库存储、分拣、包装、配送、信息流转等一体化冷链服务。

二、干线网

"干线网"是顺丰冷运另一种重要的模式。截至 2021 年 7 月，顺丰冷运已开通运营食品干线 157 条，贯通华北、华东、华南、中西等核心城市。同时，顺丰冷运可调配的冷藏车资源 2.3 万多辆，通过先进的车辆 GPS 全球定位及车载温控实时监测系统进行全程温控。

顺丰冷运致力于搭建一张覆盖全国、时效领先、全程可视可控的食品陆运干线网，帮助客户将商品从产地运输至消费地，消除不同地域的供需平衡，并契合客户多批次小批量的运输需求，助力客户渠道下沉。

三、服务模式

基于"仓配网"和"干线网"两种模式，顺丰冷运不仅能为生鲜食品行业客户提供冷运仓储、冷运零担、冷运小票零担、冷运到店和冷运标快等基础服务产品，同时已针对不同行业打造并应用了连锁商超便利店、生鲜电商、生鲜食品生产加工、乳制品等行业解决方案及专业市场和产地经济。

（一）连锁商超便利店冷链物流解决方案

基于连锁商超便利店门店分布广、产品品类多，配送具有"小批量、多批次"的特点，顺丰冷运为连锁商超便利店门店客户提供快速、准时、高效的全程冷链服务。

在仓储定制化上：基于客户的业务模式及需求，整体输出最优存储规划，结合库内的操作环节、温区、SKU 等因素，不断完善优化操作 SOP，提高作业效率。

在智能配送上：依据客户各门店的到店时间要求，通过智能排线达到最优的配载，通过用更少的线路、更少的车辆来助力客户降本增效。同时，车辆进入门店区域范围后，系统同步到店状态给到门店 APP，门店店员通过 APP 发起线上交接，根据订单进行扫描交接，全流程线上化操作。

（二）生鲜电商冷链物流解决方案

顺丰冷运为生鲜电商提供了端到端全流程的仓储、物流解决方案，为生鲜电商的业务扩张保驾护航。

在布局仓储资源上，为满足客户的业务需求，顺丰冷运通过布局科学且运营高效的 RDC+DC 冷仓网络，为客户在全国范围内的业务拓展保驾护航。

在物流优化上，顺丰冷运根据客户订单的重量、流向、温区，通过智能分仓匹配最优产品，实现客户平台流向的 100% 覆盖及快速交付，全面提升客户体验。

在系统设计与对接上，顺丰冷运结合客户业务需求和自身的业务模式，对客户及顺丰冷运系统的顶层架构进行统一规划设计，实现了客户系统与后端仓储系统、物流系统、结算系统的全面对接与交互，保障了信息流的高效传递。

四、科技赋能

伴随着互联网与物流业深度融合，科技化已成为冷链物流行业发展的重要抓手。2020 年受疫情影响，居民消费习惯发生改变，商超、生鲜电商发展迅速，线上订单量呈爆发式增长。为提升冷仓内作业效率，顺丰冷运于 2020 年 2 月规划及启动仓内自动化项目（Smart Packing & Delivery System，简称 SPDS），通过自动化系统平台、设备、工具的集成，提升仓内作业效率，降低成本，并实现全环节数据流转可视化，为客户提供高效冷链物流服务，构建顺丰冷运核心优势，引领生鲜冷链行业仓内生产自动化变革。目前该项目已在成都、杭州、武汉、广州、北京等 RDC 上线。通过项目的运营增强了客户体验，降低了安全风险。

（一）降本增效

科技仓储。通过 100% 数据流转，实现"一库双管"的精准库存管理（供应商了解各品类库存进行实时补货；顺丰冷运更好地进行库位场地管理，提升场地利用率及避免库存货差等问题产生）。

智能管控。全流程异常预警，避免因货物错漏发引发客户投诉、影响客户感知的问题产生；全流程问题追溯，异常问题真实还原纠错，推动内部操作规范，协助供应商进行问题核查。

集成降本。专业化设备集成，操作简便，投产后在规模基础之上单包裹成本节约率 58.7%，助力客户降本增效，实现双赢。

创新增效。单包裹作业时长较传统打包台提升 133% 以上，提高快件处理效率，做到仓内货物快速生产目的。

安全防护。通过包装箱高温杀毒、箱体覆膜，将仓内生产疫情影响风险降至最低。

（二）风险控制

分拣智能化。通过对创新分拣设备及流程的优化，降低对人力的依赖，大幅提升生产效率。

校验精准化。通过设备集成，实现重量、发货客户信息复核，异常精准识别，避免错漏发影响客户感知，并实时流转生产进度信息及完成物料线上化管理。

仓内生产隔绝化。通过塑封膜进行箱体密封隔离，对包装箱体进行高温杀毒，达到仓内生产"人工接触零风险"。

仓库控制系统自动化。通过作业任务引擎对接 WMS（Warehouse Management System）仓储管理系统，优化分解任务，将调度指令发送至各种设备进行统一调度和监控。

五、总结

随着消费升级，高品质的生鲜食品需求越来越旺盛。顺丰冷运将在政府及协会指导下，持续以物流的价值推动生鲜食品行业标准的建立与升级，致力于"十四五"高质量冷链物流建设与发展。

（本节内容由顺丰冷运支持。）

第八章
农产品供应链资料汇编

第一节　国家政策文件

序号	发布时间	部门	发字文号	政策名称	政策概要	关键词
1	2020-12-23	农业农村部	农产发〔2020〕9号	《农业农村部关于促进农产品加工环节减损增效的指导意见》	加强设施建设，发展农产品初加工。发展延长销售时间类初加工，发展农产品精深加工。改进工艺装备，发展农产品深度加工。促进口粮品种适度加工，推行绿色生产，发展终端消费需求初加工。促进口粮综合利用，推进粮油类副产物综合利用。推进畜禽水产类副产物综合利用。强化标准引领。完善农产品加工标准体系。保障农产品加工减损增效技术创新。推进加工装备创新。加强组织领导。强化政策扶持。措施落实到位。强化统筹协调。强化政策引导。强化宣传引导。	农产品加工、减损增效
2	2020-08-10	国家发展改革委商务部	国家发展改革委商务部公告〔2020〕4号	《国家发展改革委商务部公告-2020年农产品进口关税配额再分配公告》	一、持有2020年小麦、玉米、大米、棉花、食糖进口关税配额的最终用户，当年未就全部配额签订进口合同，或已签订进口合同但预计年底前无法从始发港出运的，均应将其持有的关税配额数量中未完成或不能完成的部分于9月15日前交回所在地（省、自治区、直辖市、新疆生产建设兵团）发展改革委、商务主管部门。二、获得本公告第一条所列商品2020年进口关税配额并全部使用完毕（需提供农产品进口报关单复印件）的最终用户，以及符合相关分配细则所列的新用户，可以提出2020年进口关税配额再分配申请。三、申请企业需在9月1日至15日向所在地（省、自治区、直辖市、新疆生产建设兵团）发展改革委、商务主管部门提交再分配申请材料。四、各省、自治区、直辖市、计划单列市，	商贸、海关、农产品进口

续 表

序号	发布时间	部门	发字文号	政策名称	政策概要	关键词
2	2020-08-10	国家发展改革委 商务部	国家发展改革委 商务部公告 [2020] 4号	《国家发展和改革委员会 商务部公告 2020年 农产品进口关税配额再分配公告》	新疆生产建设兵团发展改革委、商务主管部门9月1日开始接按照要求填写完成的申请材料，并将再分配申请信息上传至关税配额管理系统进行网上申报，9月17日前将汇总后的信息分别抄报国家发展改革委或商务部。五、国家发展改革委面形式分报并同时转报用户交回的配额按照来先领方式进行再分配。六、再分配关税配额的有效期等其他事项按照《暂行办法》及相关分配细则执行。七、小麦、玉米、大米、棉花进口关税配额的再分配，由国家发展改革委同商务部会回各省、自治区、直辖市、计划单列市、新疆生产建设兵团商务主管部门组织实施；食糖进口关税配额再分配，由商务部以及各省、自治区、直辖市、计划单列市、新疆生产建设兵团商务主管部门组织实施。	
3	2020-07-15	农业农村部办公厅 国家林业和草原局办公室 国家发展改革委办公厅 财政部办公厅 科技部办公厅 自然资源部办公厅 水利部办公厅	农办市 [2020] 9号	《农业农村部办公厅 国家林业和草原局办公室 国家发展改革委办公厅 财政部办公厅 科技部办公厅 自然资源部办公厅 水利部办公厅关于印发〈中国特色农产品优势区管理办法（试行）〉的通知》	根据《特色农产品优势区建设规划纲要》的要求，为推进中国特色农产品优势区规范化管理，农业农村部、国家林业和草原局、国家发展改革委、财政部、科技部、自然资源部、水利部研究制定了《中国特色农产品优势区管理办法（试行）》，现印发给你们，请贯彻执行。	农业、林业、特色农产品

续　表

序号	发布时间	部门	发字文号	政策名称	政策概要	关键词
4	2020-04-13	农业农村部	农市发〔2020〕2号	《农业农村部关于加快农产品仓储保鲜冷链设施建设的实施意见》	以鲜活农产品主产区、特色农产品优势区和贫困地区为重点，到2020年底在村镇支持一批由新型农业经营主体加强仓储保鲜冷链设施建设，推动完善一批由新型农业经营主体运营的田头市场，实现鲜活农产品产地仓储保鲜冷链能力提升，产后损失率显著下降；商品化处理能力普遍提升，产品附加值大幅增长；仓储保鲜信息化与品牌化水平全面提升，产销对接更加顺畅；主体服务带动能力明显增强，"互联网+"农产品出村进城进村进城能力大幅提升。2020年，重点在河北、山西、辽宁、山东、湖北、湖南、广西、海南、四川、重庆、贵州、云南、陕西、甘肃、宁夏、新疆16个省（区、市），聚焦鲜活农产品主产区、特色农产品优势区和贫困地区，选择产业重点县，主要围绕水果、蔬菜等鲜活农产品开展仓储保鲜冷链设施建设，根据《农业农村部 财政部关于做好2020年农业生产发展等项目实施工作的通知》（农计财发〔2020〕3号）要求，鼓励各地统筹用相关资金开展大专项支持力度，提升扶贫设施发展水平。有条件的地方发行农产品仓储保鲜冷链物流设施建设专项债，实施区域向"三区三州"等深度贫困地区倾斜。鼓励其他地区因地制宜支持开展仓储保鲜冷链设施建设。新型农业经营主体根据实际需求选择建设设施类型和规模，在产业重点乡镇和中心村鼓励引导设施向田头市场聚集，可按照"田头市场+新型农业经营主体+农户"的模式，开展仓储保鲜冷链设施建设。强化组织领导。加大政策扶持。强化金融服务。严格风险防控。做好信息采集与应用。加强宣传示范。	农产品、仓储、冷链设施建设

续表

序号	发布时间	部门	发文文号	政策名称	政策概要	关键词
5	2020-05-06	农业农村部办公厅	农办市〔2020〕7号	《农业农村部办公厅关于开展"互联网+"农产品出村进城工程试点工作的通知》	优先选择包括贫困地区、特色农产品优势区在内的100个县开展试点，到2021年底，基本完成试点建设任务。发挥"互联网+"在推进农产品生产、加工、储运、销售各环节高效协同和产业化运营中的作用，培育出一批有较强竞争力的县级农产品产业化运营主体，建立完善适应农产品网络销售的供应链体系、运营服务体系和支撑保障体系，实现优质特色农产品产销优价，优质优价，供给能力和供应链效率得到显著提升，农民就业增收渠道进一步拓宽。通过试点，探索形成一批符合各地实际、可复制可推广的推进模式和标准规范，向全国推广应用。	互联网+、农产品、出村进城工程试点
6	2020-06-03	财政部	财金〔2020〕54号	《关于扩大中央财政对地方优势特色农产品保险以奖代补试点范围的通知》	2019年，财政部开展了中央财政对地方优势特色农产品保险的以奖代补试点。现财政部决定，自2020年起，进一步扩大试点地区。试点地区承担主要支出责任。鼓励各地对贫困地区给予优先支持。地方财政承担主要支出责任。资金申请程序、承办机构要求等其他事项仍按《中央财政农业保险保费补贴管理办法》（财金〔2016〕123号）、《财政部关于开展中央财政对地方优势特色农产品保险试点的通知》（财金〔2019〕55号）执行。开展中央财政对地方优势特色农产品保险以奖代补试点。	特色农产品保险、以奖代补、试点推广
7	2020-06-09	农业农村部办公厅	农办市〔2020〕8号	《农业农村部办公厅关于进一步加强农产品仓储保鲜冷链设施建设工作的通知》	统筹推进设施建设。加强建设过程管理。加大政策扶持力度。强化风险防控管理。	农产品仓储、保鲜冷链设施建设
8	2020-02-14	财政部办公厅 农业农村部办公厅	财办农〔2020〕6号	《关于切实支持做好新冠肺炎疫情防控期间农产品稳产保供工作的通知》	减免农业信贷担保相关费用。尽快拨付农业生产救灾资金。加大农产品冷藏保鲜支持力度。中央财政农业发展等资金向疫情防控重点地区倾斜。加大地方财政资金统筹力度。加强财政资金使用绩效管理。	疫情防控、农产品、稳产保供

续表

序号	发布时间	部门	发字文号	政策名称	政策概要	关键词
9	2020-02-11	商务部办公厅 财政部办公厅	商办建函〔2020〕53号	《商务部办公厅 财政部办公厅关于疫情防控期间进一步做好农商互联完善农产品供应链体系的紧急通知》	高度重视，支持农产品流通企业做好应急保供工作。因地制宜，科学制定资金支持方案。突出重点，切实发挥保供作用。	疫情防控、农商互联、农产品供应链
10	2020-05-18	农业农村部 国家林业和草原局 国家发展改革委 财政部 科技部 自然资源部 水利部	农市发〔2020〕3号	《农业农村部 国家林业和草原局 国家发展改革委 科技部 财政部 自然资源部 水利部关于组织开展第四批"中国特色农产品优势区"申报认定工作的通知》	加强组织领导，本次申请后，中国特优区将稳定在300个左右，并进一步强化规范管理，推动高效发展。严把材料质量，各省级特优区创建工作领导小组要严格按照国家材料申报要求，择优选择品种和准区域，确保申报材料的完整性。按时报送材料，各省及垦区、林区要迅速组织开展申报送工作，严格按照申报控制数确定推荐名单，在规定时间内完成报送。加强监测评估，农业农村部会同有关部门制定了特优区监测评估管理办法，从管理内容、管理程序、监测评估方式方面，各地要切实加强对特优区调查研究，按照政策规定整改相关领域和薄弱环节，推动出台特色农业产业支持政策。要聚焦关键领域建设，集中力量支持特优区建设，特别是推进城工程，"互联网＋"农产品出村进城工程的建设，加快中国特优区的高质量发展。品色储保鲜冷链物流建设，加强市场流通环节的实施，	特色农产品、优势区申报

续 表

序号	发布时间	部门	发文文号	政策名称	政策概要	关键词
11	2020-11-18	国家发展改革委 国家林业和草原局 财政部 科技部 农业农村部 自然资源部 人民银行 市场监管总局 银保监会 证监会	发改农经〔2020〕1753号	《关于科学利用林地资源 促进木本粮油和林下经济高质量发展的意见》	坚持绿色发展，促进资源永续利用。坚持深化改革，激发市场主体活力。坚持市场主导，提高产品竞争能力。坚持科技引领，加快产业提档升级。完善资源管理政策。鼓励利用各类适宜林地发展木本粮油和林下经济。推动落实公益林适当发展林下经济，放活林地等国家公益林和地方公益林管理规定，允许利用二级国家公益林和地方公益林管理规定。建立健全区域统一的自然资源资产交易平台。鼓励通过土地流转以及招标、拍卖、公开协商等方式，合法流转集体所有荒山、荒地、荒丘、荒沙、荒滩等林地利用地经营权。鼓励采取出租（转包）、入股、转让等方式流转集体林地经营权、林木所有权和使用权。符合政策的可向不动产登记机构申请依法登记造册，核发不动产权证书。切实保障土地流转各方合法权益。落实配套用地政策。在林地、园地、退耕地营造木本粮油经济林的，允许修建必要的目符合国家有关部门规定和标准的生产道路、水电设施，生产资料库房和采集仓库。引导构筑高效产业体系，科学扩大木本粮油产业规模。以各地自然资源禀赋，生态区位为基础，科学划定木本粮油重点基地、主产区和产业带，引导形成产业集聚和发展特色。健全林下产业发展管控制度。根据各地森林资源状况和农民养殖传统，合理确定林下经济发展的产业负面清单及相关产业类别，以县为单位制定林下经济发展负面清单，积极发展林下种养殖及相关产业。全面提升市场竞争能力，培育壮大市场主体。提升良种良艺供给能力，健全木本粮油种质资源收集保存评价利用体系，选育推广一批高产、抗逆、稳定的木本粮油良种。全面推进特色品牌塑造工作，强化市场信息和产销对接服务，全面提高产业标准化水平。	林业资源、木本粮油、林下经济

续 表

序号	发布时间	部门	发字文号	政策名称	政策概要	关键词
12	2020-10-27	国家发展改革委办公厅	发改办农经〔2020〕796号	《国家发展改革委办公厅关于进一步做好秋冬季农业生产相关工作的通知》	充分认识抓好秋冬农业生产工作的重要意义。扩大秋冬农作物种播面积。努力保障冬季"菜篮子"产品生产和有效供给。加强今冬明春农田水利建设。做好政策宣传和预期引导。	农业生产、作物播种、菜篮子
13	2020-06-08	国家发展改革委 公安部 财政部 生态环境部 住房城乡建设部 交通运输部 农业农村部 商务部 税务总局 市场监管总局 银保监会	发改经贸〔2020〕809号	《关于进一步优化发展环境促进生鲜农产品流通的实施意见》	减轻企业费负担。对家庭农场、农民合作社、供销合作社、邮政快递企业、产业化龙头企业，农产品流通企业在农村建设的保鲜仓储设施用电，按照农业生产用电价格执行。破解增值税抵扣难题。加大金融信贷支持力度，支持企业设施建设，支持农产品流通企业增信服务。加大用地用房供给，落实农产品流通用房困难，改造地方营造良好营商环境，构建亲清政商关系，维护公平竞争秩序，加强规划与公共设施配套，引导企业整合升级增效。支持企业做大做强，行政管理。	生鲜农产品流通、优化发展环境
14	2020-05-29	国家发展改革委	发改规划〔2020〕831号	《国家发展改革委关于加快开展县城城镇化补短板强弱项工作的通知》	明确目标区域。各地区要统筹配置城镇化补短板强弱项工作的公共资源，重点投向县城（县级政府驻地镇或街道及其实际建设连接到的居委会所辖区域）新型城镇化建设，并在布局建设各类公共设施时，注重做好与邻近地级市城区同类设施的衔接配套。兼顾县级以上非县级政府驻地特大镇，以及市政府驻地实际建设连接到的居委会所辖区域及其他区域，将其一并纳入目标区域。严把项目遴选关，明晰建设领域。加强项目谋划，科学把项目目标准。加大财政资金支持。吸引社会资本投入。加强建设用地支撑。	城镇化、农产品、冷链物流设施

233

续 表

序号	发布时间	部门	发字文号	政策名称	政策概要	关键词
15	2020-03-18	国家发展改革委办公厅 农业农村部办公厅	发改办农经〔2020〕222号	《国家发展改革委办公厅 农业农村部办公厅关于多措并举促进禽肉水产品扩大生产保障供给的通知》	科学应对新冠肺炎疫情防控等影响，保障家禽水产业稳定发展。进一步加大支持力度，努力扩大禽肉水产品生产能力。进一步加大消费引导力度。	疫情防控、保障生产、供给、禽肉水产品
16	2020-03-16	国家发展改革委	发改振兴〔2020〕374号	《国家发展改革委关于深入贯彻落实习近平总书记重要讲话精神决战决胜易地扶贫搬迁工作的通知》	全力克服新冠肺炎疫情对易地扶贫搬迁工作的影响，要组织安置区周边工业园区、农业产业园区尽快复工复产，最大程度吸纳搬迁群众就业。对当地疫情防控需要新增要做好保洁环卫、防疫消杀、巡查值守等临时性岗位，要优先安排贫困搬迁劳动力。要抓紧分解下达以工代赈投资计划，组织贫困搬迁劳动力参与工程建设，及时足额发放劳务报酬，实现就近就业。要依托东西部扶贫协作和对口支援机制，采取包车专列等方式"点对点"帮助搬迁劳动力尽快返岗返乡，抓紧打通搬迁群众复工复产的堵点、难点。要利用互联网拓宽搬迁群众农产品销售渠道，打通运输物流渠道，畅通物流渠道，切实解决农村安置区后续产业"卖难"问题。主动协调配合农业园区，引号农业产业化龙头企业为主的县市创建一二三产融合发展产业园，鼓励金融机构加大对安置区后续产业信贷投入。要联合商务、农业农村、扶贫等部门深入开展消费扶贫行动，做好产销对接，持续拓宽搬迁群众农畜产品销售渠道。	易地扶贫搬迁、保证、新冠疫情、农业产业园、农产品物流

续 表

序号	发布时间	部门	发字文号	政策名称	政策概要	关键词
17	2020-02-28	国家发展改革委 中央宣传部 教育部 工业和信息化部 公安部 民政部 财政部 人力资源社会保障部 自然资源部 生态环境部 住房城乡建设部 交通运输部 农业农村部 商务部 文化和旅游部 卫生健康委 人民银行 海关总署 税务总局 市场监管总局 广电总局 体育总局 证监会	发改就业〔2020〕293号	《关于促进消费扩容提质加快形成强大国内市场的实施意见》	结合区域发展布局打造消费中心。支持商业转型升级,推动零售业转变经营模式,着力压减流通等中间环节和经营成本,通过精准营销、协同管理提提高规模效益,改善消费体验。促进社区生活服务业发展,大力发展便利店、社区菜店等社区商业,拓宽物业服务,加快社区便民商圈建设。推动商业步行街改造提升,进一步扩大示范试点范围,充分体现地方特色、完善消费业态,打造形成一站式综合性消费平台。优化城乡商业网点布局,鼓励引导有实力、有意愿的大型商业零售企业在中小城市开展连锁网点建设,促进适应当地市场需求的品牌商品销售。深入推进城乡高效配送专项行动。完善适合农村消费者的商品供给,充分发挥邮政农系、供销合作社系现有农村网点布局优势,实施"邮政在乡"、升级"快递下乡"。开展农村食品经营店规范化建设试点,加强农产品供应链体系建设,扩大电商进农村综合覆盖面,促进工业品下乡和农产品进城双向流通。深入开展消费扶贫,助推互联网企业与贫困地区合作交流平台,助推农村地区特别是深度贫困地区特色农产品产品销售。完善农产品批发市场、区域性商贸物流配送中心、社区菜市场、公益性农产品批发市场、末端配送网点等建设,加大对农产品分拣、加工、包装、预冷等一体化集配设施建设支持力度。	农产品供应链、特色农产品、农村电商、冷链设施、物流网络

235

续 表

序号	发布时间	部门	发字文号	政策名称	政策概要	关键词
18	2020-01-02	中共中央 国务院		《中共中央 国务院关于抓好"三农"领域重点工作确保如期实现全面小康的意见》	保障重要农产品有效供给和促进农民持续增收，加大对产粮大县的奖励力度，优先安排农产品加工用地指标。稳定粮食生产。加强现代农业设施建设，加强农产品冷链物流统筹规划，分级布局和标准制定。支持中央预算内投资，支持建设一批骨干冷链物流基地。国家支持家庭农场、农民合作社，供销合作社、邮政快递企业、产业化龙头企业建设产地分拣包装、冷藏保鲜、仓储保鲜、初加工等设施，对其在农村建设的保鲜仓储设施用电实行农业生产用电价格。依托现有资源建设农业农村大数据中心，加快物联网、大数据、区块链、人工智能、第五代移动通信网络、智慧气象等现代信息技术在农业领域的应用。开展国家数字乡村试点。重点培育现代家庭农场、农民合作社等新型农业经营主体，培育农业产业化联合体，通过订单农业、入股分红、托管服务等方式，将小农户融入农业产业链。继续调整优化农业结构，加强优质绿色农产品认证和管理，打造地方知名农产品品牌，有机农产品、绿色食品、地理标志农产品供给。有效开发农村市场，扩大电子商务进农村覆盖面，支持供销合作社、邮政快递企业等延伸乡村电商物流服务网络，加强村级电商服务站点建设，推动农产品进城、工业品下乡双向流通。强化全过程农产品质量安全和食品安全监管，建立健全追溯体系，确保人民群众"舌尖上的安全"。引导和鼓励工商资本下乡，切实保护好企业家合法权益。制定农业及相关产业统计分类并加强统计核算，全面准确反映农业生产、加工、物流、营销、服务等全产业链价值。	农产品供给、农产品冷链物流、农产品追溯体系

续　表

序号	发布时间	部门	发字文号	政策名称	政策概要	关键词
19	2020-09-27	国务院办公厅	国办发〔2020〕31号	《国务院办公厅关于促进畜牧业高质量发展的意见》	建立健全分区防控制度，加快实施非洲猪瘟等重大动物疫病分区防控，落实省际联席会议制度，统筹做好动物疫病防控、畜禽及畜产品调运监管和市场供应等工作。统一规划实施畜禽定通道运输。支持有条件的地区和规模养殖场（户）建设无疫区和无疫小区。推进动物疫病净化，以种畜禽场为重点，优先净化垂直传播性动物疫病，建设一批净化示范场。	生猪养殖、疫情防控
20	2020-09-16	国务院办公厅	国办发〔2020〕32号	《国务院办公厅关于以新业态新模式引领新型消费加快发展的意见》	推动线上线下融合消费双向提速，加快推广农产品"生鲜电子商务+冷链宅配""中央厨房+食材冷链配送"等服务模式新形式。组织开展形式多样的网络促销活动，促进品牌消费、品质消费。建立健全数字化商品流通体系，完善商贸商品流通基础设施网络，在新兴城市、重点乡镇。提升电商和中西部地区加快数字化消费网络，推动农村商贸数字化转型升级，降低物流综合成本。补齐农产品冷链物流设施短板，加快建设冷链物流设施，前置仓等仓储设施建设，推进农产品分拨、预冷等集配装备配送升级、包装、分拣，预冷等集配装备创新应用，开展农商互联等设施建设，提升农产品流通现代化水平。	生鲜电商、冷链宅配、食材冷链、农产品冷链
21	2020-11-25	农业农村部 国家发展改革委 财政部 商务部 中国人民银行 中国证券监督管理委员会 中华全国供销合作总社	农产发〔2020〕8号	《农业农村部 国家发展改革委 财政部 商务部 中国人民银行 中国证券监督管理委员会 中华全国供销合作总社关于遴选补进第128家企业为农业产业化国家重点龙头企业的通知》	加强全产业链建设，做优原料基地，做强加工转化，构建上下游产业和前中后环节紧密相连的有机整体，推进科技创新、装备创新、品牌创新，注重在农业中融入科技、人才、资本、信息等现代产业要素，大力发展现代产业新业态。	农业产业链、商贸物流

续 表

序号	发布时间	部门	发字文号	政策名称	政策概要	关键词
22	2020-09-25	农业农村部办公厅 国务院扶贫办综合司	农办规〔2020〕3号	《农业农村部办公厅 国务院扶贫办综合司关于进一步做好当前产业扶贫工作的通知》	抓好农产品销售工作。充分利用中秋、国庆、元旦等重大节日机会，深入开展消费扶贫行动，通过东西部扶贫协作、对口支援、定点扶贫，结对帮扶等工作机制，广泛动员社会力量消费扶贫产品。进一步开展线上、线下农产品产销对接活动，组织大型批发市场、经销商与贫困地区带贫主体开展产销精准对接。协调各类电商平台设立扶贫专卖店，电商扶贫馆和扶贫频道，充分利用网络直播、短视频等新媒介，开展多种形式的扶贫产品专卖活动。进一步完善并严格落实农产品销售应急预案，确保不发生农产品规模性滞销卖难问题。	产业扶贫、农产品电商
23	2020-09-08	国家发展改革委 科技部 工业和信息化部 财政部	发改高技〔2020〕1409号	《关于扩大战略性新兴产业投资培育壮大新增长点增长极的指导意见》	发展智慧农业，推进农业生产环境自动监测，生产过程智能管理。试点在超大城市建立基于人工智能与区块链技术的生态环境新型治理体系。	智慧农业、绿色农业
24	2020-07-14	国家发展改革委 中央网信办 工业和信息化部 教育部 人力资源社会保障部 交通运输部 农业农村部 文化和旅游部 国家卫生健康委 国家市场监管总局 国家医疗保障局	发改高技〔2020〕1157号	《关于支持新业态新模式健康发展激活消费市场带动扩大就业的意见》	发展基于新技术的"无人经济"。充分发挥智能应用的作用，促进生产、流通、服务智能化。支持建设智能工厂、工厂运营管理现代化和环境智能化应用。支持建设自动驾驶、无人配送等技术应用基础设施。发展危险作业机器人，满足恶劣条件作业应用需求。试点探索智能服务领域公共服务涉及的交通、食品等领域安全发展政策标准。扩大电子商务服务范围向农村延伸，培育农村消费新业态。鼓励康养服务属性的共享农业发展，促进农村消费扩容提质。支持农产品进城工业品下乡，完善农产品相关标准，优化布局，规范行业发展。	智慧农业、农产品电商、食品安全

续　表

序号	发布时间	部门	发字文号	政策名称	政策概要	关键词
25	2020-12-01	农业农村部 国家林业和草原局 国家发展改革委 财政部 科技部 自然资源部 水利部	农市发〔2020〕5号	《农业农村部 国家林业和草原局 国家发展改革委 财政部 科技部 自然资源部 水利部 关于认定中国特色农产品优势区（第四批）的通知》	特色农产品优势区是一项系统工作，要以服务乡村振兴为目标，坚持市场引导向，立足资源禀赋和产业基础，完善标准体系、强化技术支撑，改进基础设施，加强品牌建设，推进形成产业链条相对完整、市场主体利益共享，抗市场风险能力强的特色优势产业。要按照标准填平补齐的原则，建设标准化、现代化和智能化的生产基地，加工基地和仓储物流基地，构建完善支撑体系，品牌营销体系，质量控制体系，健全完善政府支持、主体作为，社会关注的建设运行机制，打造特色鲜明，优势聚集，产业融合，历史文化厚重，市场竞争力强的"中国第一，世界有名"特色农产品优势区。	特色农产品、农产品物流
26	2020-07-03	中央农村工作领导小组办公室 农业农村部 国家发展和改革委员会 财政部 中国人民银行 中国银行保险监督管理委员会 中国证券监督管理委员会	中农发〔2020〕10号	《中央农村工作领导小组办公室 农业农村部 国家发展和改革委员会 财政部 中国人民银行 中国银行保险监督管理委员会 中国证券监督管理委员会 关于扩大农业农村有效投资 加快补上"三农"领域突出短板的意见》	支持建设一批国家骨干冷链物流基地。在蔬菜、水果、畜产品、水产品等鲜活农产区特色农产品优势区重点建设一批分拣包装、冷藏保鲜、仓储运输、初加工等设施，水产品冷藏保鲜能力和冷链流通率，大幅度提升果蔬预冷包类、减少产后损失，开展现代农业产业园、产业融合示范园建设，加强国家农业高新技术产业示范区、国家农业科技园区建设，推进农业产业强镇、优势特色产业集群建设。开展现代农业生产性服务设施建设。	农产品冷链物流、现代农业化

续　表

序号	发布时间	部门	发文文号	政策名称	政策概要	关键词
27	2020-04-13	农业农村部办公厅	农办计财〔2020〕11号	《农业农村部办公厅关于印发〈社会资本投资农业农村指引〉的通知》	鼓励社会资本在特色农产品优势区开发特色农业农村资源。发展"一村一品""一县一业"乡土特色产业，建设标准化生产基地、集约化加工基地、仓储物流基地，完善科技支撑体系、生产服务体系、品牌与市场营销体系、质量控制体系。鼓励社会资本参与粮食主产区和特色农产品优势区发展农产品加工业，提升行业机械化、标准化水平，助力建设一批家庭农场和农民专业合作社和特色农产品初加工、精深加工，建设一批农业产业强县。鼓励社会资本联合农民专业合作社、集散地、销地批发市场建设，统筹农产品产地、集散地、销地批发市场建设，加强农产品仓储保鲜冷链物流设施建设，建设一批贮藏保鲜、分级包装、冷链配送等设施设备，提高冷链物流服务效率和质量，发展农超、农社、农企、农批等新型流通业态。支持社会资本参与现代农业产业园、农村产销对接的新型流通示范园，农业产业融合发展示范园，农业产业强镇建设。	社会投资、乡土特色农业、农产品流通
28	2020-06-03	交通运输部办公厅	交办运函〔2020〕838号	《交通运输部办公厅关于公布首批农村物流服务品牌并组织开展第二批农村物流服务品牌申报工作的通知》	加快推进农村物流健康发展，对于构筑城乡物资双向、高效、便捷流通通道，带动农村地区产业发展，支撑乡村振兴具有重要现实意义。推广农村物流服务品牌，也是引领和落实党中央、国务院关于实施乡村振兴战略的有效路径。各地交通运输型经验和部门要进一步提高思想认识，认真推广农村物流服务品牌项目的典型经验和做法，加强组织领导和工作投入，着力打造网络覆盖面广、产业支撑能力强的农村物流服务体系，为坚决打赢脱贫攻坚战，实施乡村振兴战略提供坚强有力的物流服务保障。各省级交通运输主管部门要切实加强对本省份入选首批农村物流服务品牌项目与业务指导，督促市、县（区）交通运输主管部门与邮政、商务、农业、供销等部门的沟通联系，在地方人民政府的统一领导下，加快建立协同联动工作机制，共同推动解	农产品物流

续 表

序号	发布时间	部门	发字文号	政策名称	政策概要	关键词
28	2020-06-03	交通运输部办公厅	交办运函〔2020〕838号	《交通运输部办公厅关于公布首批农村物流服务品牌并组织开展第一批农村物流服务品牌申报工作的通知》	决农村物流发展中面临的突出问题。要加大对首批农村物流服务品牌有关项目的政策投入力度，为县、乡、村三级物流节点体系建设以及有关设备更新、信息化建设、提供财税、金融、用地、用能等方面支持，促进交通运输与邮政快递、商贸供销等资源整合，引导农村物流与特色产业、生产加工、电子商务融合发展，推动形成"场站共享、货源集约、服务同网、信息互通"的农村物流发展新格局。	
29	2020-03-03	中央应对新型冠状病毒感染肺炎疫情工作领导小组	国发明电〔2020〕7号	《中央应对新型冠状病毒感染肺炎疫情工作领导小组关于印发当前春耕生产工作指南的通知》	在采取必要疫防控措施的同时，保证农资、农产品正常流通，组织农民错时错峰下田、错峰作业，做到疫情防控与春耕生产统筹推进。	疫情下农产品流通
30	2020-05-08	国务院办公厅	国办发〔2020〕9号	《国务院办公厅关于对2019年落实有关重大政策措施真抓实干成效明显地方予以督查激励的通报》	推进农产品流通现代化，积极发展农村电商和产销对接成效明显的地方（黑龙江省五常市、江苏省沭阳县、浙江省义乌市、河南省正阳县、湖北省潜江市、湖南省湘潭江县、陕西省眉县。广东省遂溪县、四川省蒲江县，2020年对上述地方在电子商务进农村综合示范中优先支持，并给予专项资金扶持（商务部、财政部组织实施）。	农产品流通现代化
31	2020-05-17	中共中央 国务院		《中共中央 国务院关于新时代推进西部大开发形成新格局的指导意见》	加快推进高标准农田、现代化生牧场，粮食生产功能区和棉油糖等重要农产品生产保护区建设，支持发展生态集约高效、用地规范的设施农业。加快高端、特色农机装备生产研发和推广应用。	农产品生产保护区建设

241

续 表

序号	发布时间	部门	发字文号	政策名称	政策概要	关键词
32	2020-06-02	国务院办公厅	国办发〔2020〕10号	《国务院办公厅转发国家发展改革委 交通运输部关于进一步降低物流成本实施意见的通知》	严格落实鲜活农产品运输"绿色通道"政策，切实降低冷鲜猪肉等鲜活农产品运输成本。（国家发展改革委、自然资源部负责）布局建设一批国家骨干冷链物流基地，有针对性补齐城乡冷链物流设施短板，整合冷链物流以及农产品生产、流通资源，组织县乡物流网络化、集约化，提高冷链物流规模化、网络化水平，降低冷链物流成本。（国家发展改革委负责）加强县乡村共同配送基础设施建设，推广应用移动冷库等新型冷链物流设施设备。	农产品运输、冷链基础设施
33	2020-06-11	国务院	国发〔2020〕6号	《国务院关于落实〈政府工作报告〉重点工作部门分工的意见》	（农业农村部牵头）加强非洲猪瘟等疫病防控，恢复生猪生产，发展畜禽水产养殖，支持农产品深加工。	农产品流通加工
34	2020-07-08	国务院办公厅	国办发明电〔2020〕21号	《国务院办公厅关于切实做好长江流域禁捕有关工作的通知》	在全国范围内开展水产品专项市场排查，农贸市场、商超、餐饮单位为重点，加大市场排查和监督检查力度，重点检查水产品经营者是否严格落实进货查验等要求，是否存在采购、经营来源不明，无法提供合法来源凭证水产品的违法违规行为。	水产品监管
35	2020-07-08	农业农村部办公厅	农办质〔2020〕9号	《农业农村部办公厅关于做好地理标志农产品保护工程实施工作的通知》	聚焦粮油、果茶、蔬菜、中药材、畜牧、水产六大品类，围绕特色资源发掘、特色产业发展和农耕文化发扬，重点建设以下内容。一、提升产业生产能力。二、提升产品质量和特色品质。三、加强品牌建设。四、推动身份标识化和全程数字化。	地理标志农产品

续表

序号	发布时间	部门	发文文号	政策名称	政策概要	关键词
36	2020-07-08	农业农村部 财政部	农产发〔2020〕2号	《农业农村部 财政部关于公布2020年优势特色产业集群建设名单的通知》	要建设优势特色标准化生产基地。要发展优势特色农产品加工营销。要加强组织要素集聚支撑。要搭建信息服务平台。培育互补的农业产业化联合体，功能布局合理，健全利益联结机制。	特色农产品
37	2020-07-08	农业农村部办公厅		《农业农村部办公厅关于印发〈2020年农产品质量安全专项整治"利剑"行动〉方案》的通知》	一、规范种植养殖屠宰行为。一是落实主体责任。二是指导种植养殖者加强风险隐患防控。二、加强风险防控。一是实施农产品质量安全网格化监管。二是排查未按规定使用"三剂"以及使用所谓"非药品""动保产品"中添加兽药和禁用药品及其他化合物的安全隐患。三、加大监管抽查力度。四、开展飞行检查。五、加大案件查办力度。	农产品质量安全
38	2020-07-14	农业农村部	农办市〔2020〕9号	《农业农村部关于印发〈农业综合行政执法事指导目录（2020年版）〉的通知》	特色农产品优势区具备以下特征：比较优势明显、现代要素集聚，利益链条完整，运行机制完善。中国特色优势区所在地政府应加强组织领导鼓励农业产业龙头企业、林业重点龙头企业、农民专业合作社和协会等主体积极参与，承担相关工作，推进特色产业高效发展，构建紧密型的利益联结机制，有效带动农民增收致富。建立中国特色优势区综合评估制度，每四年评估一次。	特色农产品
39	2020-07-20	农业农村部	农明字〔2020〕64号	《农业农村部关于加强海参养殖用药监管的紧急通知》	在深入推进农产品质量安全专项整治"利剑"行动的基础上，自本通知发布之日起至8月底，开展全国范围内的海参养殖违法违规专项整治行动，水产养殖生产过程中除合法使用水产养殖用兽药、水产养殖饲料以外，不得使用其他投入品。	农产品安全、海参

续 表

序号	发布时间	部门	发字文号	政策名称	政策概要	关键词
40	2020-11-08	国务院应对新型冠状病毒肺炎疫情联防联控机制综合组	联防联控机制综发〔2020〕255号	《关于印发进口冷链食品预防性全面消毒工作方案的通知》	扎实推进新冠肺炎疫情防控工作，在做好进口冷链食品新冠病毒检测工作的基础上，充分发挥消毒对新冠病毒的杀灭作用，有效防范新冠肺炎疫情通过进口农产品（含食用农产品，下同）输入风险，实现"安全、有效、快速、经济"目标，在确保进口冷链食品安全的同时，提升口岸通关效率、避免货物积压滞港，保障产业链供应链稳定。	农产品进出口消杀
41	2020-03-06	农业农村部办公厅 财政部办公厅	农办规〔2020〕10号	《关于开展2020年国家现代农业产业园创建工作的通知》	各地要围绕保障重要农产品有效供给和促进农民持续增收，综合考虑农业资源禀赋、特色产业发展、一二三产业融合等因素，统筹推进国家现代农业产业园建设。2020年重点支持创建优质粮油、现代种业、健康养殖、优先支持符合条件的贫困县、国家现代农业示范区等申请创建。产业园应布局在县以下。鼓励结合发展需要创建中药材产业园、粮食生产功能区、重要农产品生产保护区、特色农产品优势区、国家现代农业示范区等申请创建。产业园应布局在县以下。	农产品加工、特色农产品、农业产业园
42	2020-03-05	农业农村部办公厅 财政部办公厅	农办计财〔2020〕7号	《关于开展优势特色产业集群建设的通知》	加强优势特色标准化生产基地建设。立足市场需求，资源禀赋，生态条件和现有基础，提升农产品生产基地规模化、标准化、商品化生产水平，打造标准化的"原料车间"。加强优良品种选育推广，优化品种结构，推广适应性好、实用性强的绿色生产技术模式，增加优质绿色农产品供给。大力发展优势特色农产品加工业。支持农产品仓储保鲜、烘干、分级、包装等初加工，推动地型冷库及预冷设施建设，引导龙头企业发展农产品精深加工，促进农产品综合开发利用，延长产业链，提升附加值。推动创建农产品区域公用品牌和知名商标，建立顺畅的营销体系，确保产业增值增效。	农产品加工、绿色农产品

续 表

序号	发布时间	部门	发字文号	政策名称	政策概要	关键词
43	2020-04-07	财政部 农业农村部 银保监会 人民银行	财农〔2020〕15号	《关于进一步做好全国农业信贷担保工作的通知》	严格执行政策性业务范围和标准。省级农担公司要严格执行"双控"规定,服务范围限定为农业生产(包括农林牧渔生产和农田建设,下同)及与农业生产直接相关的产业融合项目(指县域范围内,向农业生产者提供农资、农技、农机,农产品收购,仓储保鲜、初加工,以及农业新业态等服务的项目),突出对粮食、生猪等重要农产品生产的支持;担保规模限定为单户在保余额不超过1000万元。省级农担公司只能开展"双控"业务,加快消化存量"双控"外业务,同时10万~300万元的政策性业务在保余额不得低于总担保余额的70%。	优势特色农产品
44	2020-06-03	财政部	财金〔2020〕54号	《关于扩大中央财政对地方优势特色农产品保险以奖代补试点范围的通知》	开展中央财政对地方优势特色农产品保险以奖代补试点,是贯彻落实党中央、国务院关于打赢脱贫攻坚战,实施乡村振兴战略有关要求的重要举措。你市(局)要高度重视试点工作,会同有关部门及时调整完善农业保险政策,制定地方优势特色农产品保险试点实施细则,明确奖补险种等,并做好与其他农业保险保费补贴政策的衔接。	
45	2020-06-13	农业农村部 国家发展改革委 教育部 科技部 财政部 人力资源社会保障部 自然资源部 退役军人部 银保监会	农产发〔2020〕3号	《关于深入实施农村创新创业带头人培育行动的意见》	聚集服务功能。严格落实园地立用地审核要求,依托现代农业产业园、农产品加工园、高新技术园区等,建设一批乡情浓厚、特色突出、设施齐全的农村创新创业园区。建设一批集"生产+加工+科技+营销+品牌+创新+体验"于一体、"预孵化+孵化器+加速器+稳定器"全产业链的农村创新创业孵化实训基地、众创空间和星创天地,帮助农村创新创业带头人开展上下游配套创业。	农产品加工、创新
46	2020-07-22	交通运输部办公厅	交办函〔2020〕1171号	《交通运输部办公厅关于印发2020年政务公开工作要点的通知》	及时公开交通运输降低物流成本政策信息,重点做好减免港口建设费,降低港口经营性收费标准、鲜活农产品运输"绿色通道"政策、运输结构调整,及时公开船舶油污损害赔偿基金政策,鲜活农产品运输领域资质证照电子化等信息公开。	鲜活农产品 绿色通道

245

续　表

序号	发布时间	部门	发字文号	政策名称	政策概要	关键词
47	2020-09-28	交通运输部	交规划函〔2020〕696号	《交通运输部关于江西开展赣州革命老区交通运输高质量发展等交通强国建设试点工作的意见》	打造绿色高效城市配送体系。大力发展城市绿色货运，城市配送车辆新增或更新使用新能源或清洁能源汽车。健全区邮政、轻型物流配送车型物流配送设施，完善城市末端配送设施，鼓励发展智能投递设施。探索开展无人机配送等模式。发展末端自提配送模式，探索建设农产品城乡共同配送网络，优化市县三级城乡商贸配送体系，提升城乡配送效率。	农产品城乡共同配送
48	2020-05-20	国务院办公厅	国办发〔2020〕10号	《国务院办公厅转发国家发展改革委交通运输部关于进一步降低物流成本实施意见的通知》	推进物流基础设施网络建设。研究制定2021—2025年国家物流枢纽网络建设实施方案，整合优化存量物流设施资源，构建"通道+枢纽+网络"的物流运作体系，系统性降低全社会物流成本。（国家发展改革委、自然资源部负责）继续实施物流示范物流园区工程，示范带动骨干物流园区互联成网。（国家发展改革委、自然资源部负责）布局建设一批国家骨干冷链物流基地，有针对性补齐冷链物流设施短板。提高冷链物流设施规模化、集约化、网络化、组织化水平，降低冷链物流成本。（国家发展改革委负责）加强县乡村共同配送基础设施建设，推广应用移动应急物流库等新型冷链物流体系。（商务部、国家发展改革委、运输、国家储备、整合应急物流基础设施网络，完善应急物流基础设施设备，配送等各类存量基础设施建设，加快补齐特定区域、特定领域应急物流基础设施短板，提高应急物流资源，加快补齐不齐特定区域、特定领域应急物流保障能力。	农产品流通
49	2020-06-17	交通运输部	交规划函〔2020〕409号	《交通运输部关于新疆维吾尔自治区开展交通运输高水平对外开放等交通强国建设试点工作的意见》	提高口岸物流服务效率。提高口岸通关效率，推动海关"经认证的经营者"（AEO）和中欧"安智贸"计划等国际合作，推广TIR国际公路运输模式，推进霍尔果斯、中巴等口岸智能锁在国际铁路运输班列和跨境公路货运中推广应用。和中哈、中塔、中蒙、红其拉甫等口岸农产品快速通关"绿色通道"建设，推广全程"一单到底"、结算"一次收取"服务方式，推广应用电子运单、网上结算等互联网服务新模式。加快建设跨境物流信息平台和跨境物流大数据信息中心，提升国际货物运输便利化与区域一体化智慧物流服务水平。	农产品运输绿色通道

续　表

序号	发布时间	部门	发字文号	政策名称	政策概要	关键词
50	2020-04-17	农业农村部	农渔发〔2020〕6号	《农业农村部关于进一步加快推进水域滩涂养殖发证登记工作的通知》	养殖水域、滩涂是水产养殖业的基本生产资料，水域滩涂养殖发证登记是依法确立水产养殖生产者享有水域滩涂养殖权的法定程序。加快推进水域滩涂养殖发证登记，是落实党中央关于打赢脱贫攻坚战、促进农产品稳产保供有关要求的重要支撑，是落实当前中央关于打赢脱贫攻坚战、促进农村优先发展的具体体现，也是《渔业法》赋予各级人民政府和渔业主管部门的法定职责，关系着农村社会和谐稳定。各地要提高政治站位，切实加强对此项工作的组织领导，县三级规划领导。县三级规划全覆盖，全面完成省、市、县三级规划已颁布发省（区、市）的水域滩涂养殖规划编制发布，实现规划全覆盖，全面完成省（区、市）的水域滩涂养殖发证登记，做到应发尽发；到2022年底，全国完成水域滩涂养殖发证登记全覆盖。	农产品供应
51	2020-03-25	农业农村部办公厅	农办牧〔2020〕18号	《农业农村部办公厅关于印发〈2020年畜牧产业扶贫和援藏工作方案〉的通知》	深入开展定点扶贫与联学共建，巩固脱贫成果。加强特色黑猪养殖帮扶。在湖北省咸丰县和贵州剑河县联学共建技术发展技术成果转化及应用推广工作，围绕生猪高效繁育与健康养殖及生猪血液抗体测定、种猪选留及繁育等养殖技术服务，助力培育"恩施黑猪"等特色农产品品牌，打造"猪-茶"、"猪-果"和"猪-菜"种养循环结合模式。	特色农产品、消费扶贫
52	2020-02-10	农业农村部办公厅	农办农〔2020〕5号	《农业农村部办公厅关于印发〈2020年农药管理工作要点〉的通知》	建立退出机制。在农药登记方面，重点开展周期性评价，对农业生产、人畜安全、农产品质量安全、生态环境等有严重危害或重大风险的，严把登记延续关，逐步采取撤销登记或禁限用措施。在农药生产许可方面，严把农药生产许可发证关，未在规定期限内提交符合农药生产企业条件要求的，未在规定期限内提交或申请延续的，不予生产许可证，鼓励企业兼并重组，退出一批竞争力弱的小农药企业。	农产品质量安全

247

续 表

序号	发布时间	部门	发字文号	政策名称	政策概要	关键词
53	2020-02-06	农业农村部办公厅	农办农〔2020〕1号	《农业农村部办公厅关于印发〈2020年种植业工作要点〉的通知》	保障"菜篮子"产品稳定供应。稳定蔬菜面积，保障供应总量平衡，促进季节、区域、品种结构均衡及质量安全，特别是确保疫情防控期间蔬菜等"菜篮子"产品生产供应。抓好南方冬春蔬菜生产，稳定北方冬季设施蔬菜面积，稳步形成品种互补、档期合理、区域协调的供应格局。集成推广壮苗培育、节水灌溉、精准施肥、轻简化栽培等绿色高效生产技术模式，提高蔬菜生产科技水平。加强对关系民生的26种大宗蔬菜、5种水果市场和产销形势的监测分析，及时发布预警信息，加强产销衔接，引导科学种植、顺畅销售。	菜篮子、农产品供应
54	2020-01-30	农业农村部办公厅 交通运输部办公厅 公安部办公厅	农办牧〔2020〕7号	《农业农村部办公厅 交通运输部办公厅 公安部办公厅关于确保"菜篮子"产品和农业生产资料正常流通秩序的紧急通知》	一、严格执行"绿色通道"制度。各地要坚决落实《交通运输部 国家发展改革委 财政部关于进一步优化鲜活农产品运输"绿色通道"政策的通知》（交公路发〔2019〕99号）要求，确保鲜活农产品运输畅通。二、保障"菜篮子"产品和农业生产资料正常流通秩序。严禁未经批准擅自设卡拦截、断路阻断交通等违法行为，维护"菜篮子"产品和农业生产资料正常流通秩序。要加强"菜篮子"产品价格变动和市场供求的监测，强化调运组织管理，确保重点地区"菜篮子"产品有效供给。饲料生产运输企业在做好新型冠状病毒感染的肺炎疫情防控的基础上，要加快生产恢复，满足畜禽养殖饲料需求，增加畜禽产品有效供给。要做好生产技术服务和指导引导，加强动植物疫病防控，全力保障农产品市场稳定和价格基本稳定。要充分认识保证当前农产品供应情的极端重要性。三、加强宣传引导。通过多种渠道、多种形式，对于维护老百姓正常生活秩序、有效防控疫情的科学措施，广泛宣传当前农产品流通和农产品创造必要的便利条件，确保"菜篮子"产品产得出、运得走、供得上。	农产品绿色通道、菜篮子、农产品供应

续 表

序号	发布时间	部门	发文文号	政策名称	政策概要	关键词
55	2020-10-27	国家发展改革委办公厅	发改办农经〔2020〕796号	《国家发展改革委办公厅关于进一步做好秋冬季农业生产相关工作的通知》	努力保障冬季"菜篮子"产品生产和有效供给。冬季是蔬菜供应的淡季，各地要严格落实"菜篮子"市长负责制，把"菜篮子"产品稳产保供作为一项重要的政治任务来抓，确保"菜篮子"产品供应充足、价格稳定。要统筹做好蔬菜生产、流通布局规划，抓好"南菜北运"基地和北方设施蔬菜产区建设，促进蔬菜生产、蔬菜总量和结构平衡。充分利用信息技术手段，通过农产品交易会、电商平台、直播带货等多种形式，促进产销衔接，防止"菜篮子"产品出现"卖难"和脱销断档。	菜篮子、农产品供应
56	2020-09-08	国家发展改革委 科技部 工业和信息化部 财政部	发改高技〔2020〕1409号	《关于扩大战略性新兴产业投资培育壮大新增长点增长极的指导意见》	加快新一代信息技术产业提质增效。加大 5G 建设投资，加快 5G 商用发展步伐，将各级政府机关、企事业单位、公共机构优先向基站建设开放，研究推动将 5G 基站纳入商业楼宇、居民住宅建设规范。加快基础材料、关键芯片、高端元器件、新型显示器件、关键软件等核心技术攻关，大力推动重点工程和重大项目建设，积极扩大合理有效投资。稳步推进工业互联网、人工智能、物联网、车联网、云计算、大数据、区块链等新型信息技术集成创新和融合应用。加快推进基于信息技术、数字化、智能化的新型城市基础设施建设。围绕智慧广电、媒体融合、5G 广播、智慧水利、智慧社区、智慧市政、智慧港口、智慧物流、智慧家政、智慧旅游、在线消费、在线教育、医疗健康等方向大的新兴方向，推动中小微企业"上云用数赋智"，实施中小企业数字化赋能专项行动，发展农村互联网新业态新模式，实施"互联网+"农产品出村进城工程，推进农业全产业链大数据建设，加快农业全产业链的数字化转型。实施数字乡村发展战略，加快补全农村互联网基础设施短板，培育形成一批数字化支柱性产业。加强数字乡村体系建设，鼓励开发满足农民生产生活需求的信息化产品和应用，发展农村互联网新业态新模式，实施"互联网+"农产品出村进城工程和重要农产品全产业链大数据建设。	"互联网+"、农产品、农产品供应

第二节 标准文件

序号	种类	标准编号	标准名称	发布日期	实施日期	规定范围
1		NY/T 2788—2015	蓝莓保鲜贮运技术规程	2015-05-21	2015-08-01	本标准规定了鲜食蓝莓的采收与质量要求、贮前准备、预冷与入库、贮藏、出库与包装、运输及销售等技术要求。本标准适用于鲜食蓝莓的保鲜贮运。
2		GB/T 32094—2015	塑料保鲜盒	2015-10-09	2016-11-01	本标准规定了塑料保鲜盒的术语和定义、分类、要求、试验方法、检验规则、标志、标签、包装、运输和贮存。本标准适用于以聚丙烯（PP）、聚丙烯腈-苯乙烯（AS）、聚乙烯（PE）、聚苯乙烯（PS）、聚碳酸酯（PC）为主要原料，以硅橡胶为密封材料，经注射成型的日用塑料保鲜盒。
3	保鲜	NY/T 3026—2016	鲜食浆果类水果采后预冷保鲜技术规程	2016-12-23	2017-04-01	本标准规定了鲜食浆果类果品的术语和定义、基本要求、预冷和储藏。本标准适用于葡萄、猕猴桃、草莓、蓝莓、树莓、蔓越莓、无花果、石榴、番石榴、醋栗、穗醋栗、杨桃、番木瓜、人心果等鲜食浆果类果品的采后预冷和储藏保鲜。
4		GB 20371—2016	食品安全国家标准 食品加工用植物蛋白	2016-12-23	2017-06-23	本标准适用于食品加工用途的植物蛋白产品。本标准不适用于棉籽蛋白和菜籽蛋白。
5		GB 31639—2016	食品安全国家标准 食品加工用酵母	2016-12-23	2017-06-23	本标准于2017年6月23日代替GB/T20886—2007食品加工用酵母的部分指标。本标准适用于食品加工用酵母。

续　表

序号	种类	标准编号	标准名称	发布日期	实施日期	规定范围
6		GB/T 33433—2016	船用气调保鲜系统	2016-12-30	2017-07-01	本标准规定了船用气调保鲜系统（以下简称保鲜系统）的组成及分类、技术要求、试验方法、检验规则、标志、包装、运输和贮存。本标准适用于各类船舶的气调保鲜系统的设计、制造和验收，海上平台及海上基地可参照使用。
7		GH/T 1131—2017	油菜冷链物流保鲜技术规程	2017-02-28	2017-07-01	本标准规定了油菜采收、产品质量、预冷、包装与标识、冷藏、出库、运输与销售等要求。本标准适用于叶用油菜的冷链物流。
8		GH/T 1130—2017	蒜薹冷链物流保鲜技术规程	2017-02-28	2017-07-01	本标准规定了蒜薹质量、采收、分级整理、预冷、保鲜处理、包装、贮藏、出库、销售等要求。本标准适用于鲜蒜薹的冷链物流。
9	保鲜	GH/T 1129—2017	青椒冷链物流保鲜技术规程	2017-02-28	2017-07-01	本标准规定了青椒采收、产品质量、分级、预冷、包装与标识、冷藏、出库、入库、运输和销售等要求。本标准适用于青椒的冷链物流。
10		NY/T 3104—2017	仁果类水果（苹果和梨）采后预冷技术规范	2017-06-12	2017-10-01	本标准规定了仁果类水果（苹果和梨）采后预冷技术的术语和定义、基本要求、试验方法、检验规则、标志、包装、运输和贮存。本标准适用于仁果类水果（苹果和梨）采后预冷。
11		T/CAS 293—2017	水果保鲜柜通用要求	2017-12-29	2017-12-29	本标准规定了水果保鲜柜的术语和定义、要求、试验方法、检验规则、标志、包装、运输、贮存。本标准适用于具有水果保鲜功能的保鲜柜。与水果保存储要求一致的蔬菜保鲜功能的间室或蔬菜保鲜柜也可参照本标准。

续 表

序号	种类	标准编号	标准名称	发布日期	实施日期	规定范围
12		GB/T 22534—2018	保鲜人参分等质量	2018-06-07	2018-10-01	本标准规定了保鲜人参产品的术语和定义、技术要求、检验规则、标志、标签和包装及运输和贮存。本标准适用于保鲜人参的分等和质量。
13		T/MYXGY 006—2018	蒙阴蜜桃贮藏保鲜操作规程	2018-12-15	2018-12-30	本标准规定了蒙阴县蜜桃的参照贮藏条件、贮藏场所温度、湿度调控及工艺流程。本标准适用于蒙阴蜜桃贮藏保鲜。
14		T/CGCC 26—2018	食品用酒精保鲜剂	2018-12-28	2019-01-01	本标准规定了食品用酒精保鲜剂产品的术语和定义、产品分类、技术要求、生产要求、检验方法、检验规则、标志和标签、包装、运输、贮存等要求。本标准适用于食品用酒精保鲜剂产品的生产、检验和销售。
15	保鲜	T/CQLC 003—2018	保鲜花椒冷链作业规范	2019-01-28	2019-04-01	本标准规定了保鲜花椒的原料、加工、贮藏、运输要求。本标准适用于保鲜花椒的冷链储运。
16		T/ZWAZJSXH 002—2019	冷藏保鲜库管理标准	2019-04-05	2019-06-01	保证冷链冷藏保鲜库管理规范、操作合理，特制定管理标准。
17		LY/T 1651—2019	松口蘑采收及保鲜技术规程	2019-10-23	2020-04-01	本标准规定了松口蘑的术语和定义、采收、贮藏、质量要求、试验方法、检验规则、标志、标签、包装、运输等。本标准适用于松口蘑的采收和贮藏。
18		T/ZZB 1283—2019	环保型塑料保鲜盒	2019-10-30	2019-11-30	本标准规定了环保型塑料保鲜盒（以下简称保鲜盒）的分类、基本要求、技术要求、试验方法、检验规则、标志、标签、包装、运输、贮存和盒盖的质量承诺。本标准适用于以聚丙烯（PP）、聚甲基丙烯酸甲酯（PMMA）、改性聚对苯二甲酸1，4-环己烷二甲醇酯（改性PCT）作为盒体材料，聚苯乙烯（PS）、聚丙烯腈-苯乙烯（AS）、聚乙烯（PE）改性塑料弹性体材料作为密封材料，经注射成型的日用塑料保鲜盒。本标准不适用于真空塑料保鲜盒。

续　表

序号	种类	标准编号	标准名称	发布日期	实施日期	规定范围
19	保鲜	T/JCJXLJ 02—2019	生姜采收、贮藏及保鲜技术规程	2019-12-10	2019-12-31	本标准规定了贮运保鲜用姜的术语和定义、要求，贮藏与管理，运输方式与条件，方法与规则。
20		NY/T 3570—2020	多年生蔬菜贮藏保鲜技术规程	2020-03-20	2020-07-01	本标准规定了多年生蔬菜贮藏保鲜的采收和质量要求，储藏设施、预冷、分级与包装，储藏，出库及运输等技术要求。本标准适用于芦笋、黄秋葵、食用百合、香椿的储藏保鲜。
21		NY/T 3569—2020	山药、芋头贮藏及保鲜技术规程	2020-03-20	2020-07-01	本标准规定了山药、芋头储藏保鲜的采收要求，质量要求，储藏设施要求，预处理，分级与包装，储藏，出库（窖）与运输。本标准适用于山药、芋头的储藏保鲜。
22		NY/T 1202—2020	豆类蔬菜贮藏保鲜技术规程	2020-07-27	2020-11-01	本标准规定了豆类蔬菜储藏保鲜的采收和质量要求，储藏前库房准备、预冷、包装、入库、堆码、储藏，出库及运输等技术要求。本标准适用于菜豆、豇豆、豌豆和毛豆等新鲜豆类蔬菜的储藏保鲜。
23		NY/T 1203—2020	茄果类蔬菜贮藏保鲜技术规程	2020-07-27	2020-11-01	本标准规定了茄果类蔬菜储藏保鲜的采收和质量要求，储藏前库房准备、预冷、包装、入库、堆码、储藏，出库及运输等技术要求。本标准适用于番茄、甜椒、茄子、甜辣椒等新鲜茄果类蔬菜的储藏保鲜。
1	加工	NY/T 2783—2015	腊肉制品加工技术规范	2015-05-21	2015-08-01	本标准规定了腊肉制品加工的术语和定义，加工技术要求，标识与标志，储存和运输，召回等要求，产品分类，加工企业基本条件要求，原辅料要求。本标准适用于腊肉制品的加工。
2		GB/T 31766—2015	野山参加工及储藏技术规范	2015-07-03	2015-11-02	本标准规定了野山参加工技术的术语和定义、采收，加工前产品感官鉴定，产品加工，感官检查，包装、鉴定，产品流通和储藏。本标准适用于野山参加工制品的全过程。

续 表

序号	种类	标准编号	标准名称	发布日期	实施日期	规定范围
3		NY/T 2843—2015	动物及动物产品运输兽医卫生规范	2015-10-09	2015-12-01	本标准规定了动物及动物产品运输前、运输中、运输后的兽医卫生要求。本标准适用于动物及动物产品的运输。
4		JB/T 12365—2015	禽类屠宰加工机械螺旋预冷机	2015-10-10	2016-03-01	本标准规定了螺旋预冷机的术语和定义、型号与基本参数、技术要求、试验方法、检验规则、标志、包装、运输和贮存。本标准适用于利用螺旋流态化原理将脱毛去除内脏后的禽类胴体在冷水中进行排酸、消毒的螺旋预冷机。
5		GB/T 32744—2016	茶叶加工良好规范	2016-06-14	2017-01-01	本标准规定了茶叶加工企业的厂区环境、厂房及设施、加工设备与工具、卫生管理、加工过程管理、产品管理、检验、产品追溯与召回、机构与人员、记录和文件管理。本标准适用于茶叶的初制、精制和再加工。
6	加工	GB/T 32743—2016	白茶加工技术规范	2016-06-14	2017-01-01	本标准规定了白茶的术语和定义、加工基本条件、加工工艺流程、初制技术、精制技术、质量管理、标志标签、运输和贮存等。本标准适用于白茶的初加工和精加工。
7		GB 13122—2016	食品安全国家标准 谷物加工卫生规范	2016-12-23	2017-12-23	本标准于2017年12月23日代替GB13122—1991面粉厂卫生规范。本标准规定了谷物经机械等物理方式加工成大米、小麦粉、玉米碴、玉米面等初级产品加工过程中，原料采购、加工、包装、储存和运输等环节的场所、设施、人员的基本要求和管理准则。本标准适用于谷物经机械等物理方式加工成大米、小麦粉、玉米碴、玉米面初等初级产品的加工。
8		GB 14932—2016	食品安全国家标准 食品加工用粕类	2016-12-23	2017-06-23	本标准于2017年6月23日代替GB14932.1—2003食用大豆粕卫生标准。本标准适用于食品加工用途的粕类产品。本标准不适用于菜籽粕和棉籽粕。

续　表

序号	种类	标准编号	标准名称	发布日期	实施日期	规定范围
9		GB/T 33305—2016	易腐食品加工储运过程信息采集与工艺优化指南	2016-12-13	2017-07-01	本标准规定了易腐食品加工储运过程质量安全信息的采集要求及依据过程信息进行工艺优化与评审的流程和内容。本标准适用于易腐食品加工储运过程的信息采集和工艺优化。
10		GB/T 34264—2017	熏烧焙烤盐焗肉制品加工技术规范	2017-09-07	2018-04-01	本标准规定了熏烧焙烤盐焗肉制品的术语和定义、产品要求、原辅料要求、加工要求、检验方法、储存与标志、标签和标志、包装、运输和销售等要求。本标准适用于熏烧焙烤盐焗肉制品的生产、销售和检验。
11	加工	GB/T 34238—2017	清洁蛋加工流通技术规范	2017-09-07	2018-04-01	本标准规定了清洁蛋加工流通规范的术语和定义、加工、包装、贮存、运输、销售和可追溯要求。本标准适用于专营或兼营蛋类批发市场、超市、配送中心和农贸市场等销售清洁蛋的场所。本标准亦适用于清洁蛋电子商务的物流。
12		GB/T 34779—2017	茉莉花茶加工技术规范	2017-11-01	2018-05-01	本标准规定了茉莉花茶加工的术语和定义、原料要求、加工技术要求、加工基本条件、加工工艺流程、加工技术要求、质量管理、标志、运输和贮存。本标准适用于茉莉花茶的加工。
13		GB/T 36395—2018	冷冻鱼糜加工技术规范	2018-06-07	2019-01-01	本标准规定了冷冻鱼糜加工的基本要求、加工技术要点及生产记录。本标准适用于以鲜、活鱼为原料，经前处理、采肉、漂洗、精滤、脱水、混合、充填和冻结等加工而成冷冻鱼糜的生产。以冻鱼为原料加工而成的冷冻水产品肉糜的生产可参照执行。
14		GH/T 1239—2019	果蔬风冷预冷装备	2019-03-21	2019-10-01	本标准规定了果蔬风冷预冷装备的术语和定义、型号、型式和基本参数、技术要求、试验方法、检验规则、标志、包装、运输和贮存要求。本标准适用于果品、蔬菜、食用菌等产品的风冷预冷设备。

续　表

序号	种类	标准编号	标准名称	发布日期	实施日期	规定范围
1		T/CCCCIA 010—2017	流动群宴产品运输标准	2017-07-30	2017-09-01	本标准规定流动厨师所承办的群宴所使用产品冷藏运输的规则，保障菜品的品质。
2		GB/T 34767—2017	水产品销售与配送良好操作规范	2017-11-01	2018-05-01	本标准规定了水产品销售操作的基本要求、批发要求、配送要求、零售要求和人员管理。本标准适用于水产品销售与配送活动的质量控制。
3		GB/T 35105—2017	鲜食果蔬城市配送中心服务规范	2017-12-29	2018-07-01	本标准规定了鲜食果蔬城市配送中心的术语和定义、总则、一般要求、服务流程及要求、产品追溯、投诉处理、评价与改进等。
4		GB/T 36192—2018	活水产品运输技术规范	2018-05-14	2018-12-01	本标准规定了活水产品运输的基本要求、运输工具、运输管理和营养、其他活水产品可参照执行。本标准适用于活鱼、活虾、活贝、活蟹的运输。
5	配送	T/GDFCA 015—2019	校园食品配送中心冷链管理规范	2019-12-11	2019-12-25	本标准规定了校园食品在配送中心流通过程中冷链运输、冷藏存储、质量管理要求、追溯标识及编码、冷链信息管理、实施追溯的管理要求。
6		T/GDFCA 019—2019	食品配送企业食品追溯系统数据接口规范	2019-12-18	2019-12-25	本标准规定了食品配送企业食品追溯系统数据接口的术语和定义、数据接口认证方式、数据接口及说明及验收标准。本标准适用于食品配送企业食品追溯系统的接入与应用，也可用于指导食品配送企业食品追溯系统的开发。
7		GB/T 38375—2019	食品低温配送中心规划设计指南	2019-12-31	2020-07-01	本标准给出了食品低温配送中心规划设计的总体原则，并就规划设计、主体建筑、核心功能区、道路及动线、作业设备选用、信息化管理等提出了设计和规划参考的标准和方法。本标准适用于食品低温配送中心的新建、改建或扩建。

续　表

序号	种类	标准编号	标准名称	发布日期	实施日期	规定范围
8		T/CAPSCA 001—2020	农产品配送服务规范	2020-01-20	2020-02-20	本标准规定了农产品配送商要求、配送服务、农产品质量要求、追溯、处理和召回、评价与改进。本标准适用于农产品配送。
9		WB/T 1103—2020	食品冷链末端配送作业规范	2020-05-11	2020-06-01	本标准规定了食品冷链末端配送的基本要求和作业要求。本标准适用于食品冷链末端配送作业与管理。
10	配送	JT/T 1313—2020	城市配送服务规范	2020-07-31	2020-11-01	本标准规定了城市配送服务的一般要求、单证管理、装卸作业、配送运输、信息服务和服务质量保障。本标准适用于提供城市配送服务的企业,企业内部配送业务可参照使用。
11		GB/T 39664—2020	电子商务冷链物流配送服务管理规范	2020-12-14	2021-07-01	本标准规定了电子商务冷链物流配送服务的基本要求、管理要求、作业流程及要求和评审及改进。本标准适用于电子商务冷链物流配送服务提供方对配送作业及服务的管理。本标准不适用于医药冷链物流配送。
1		NY/T 1189—2017	柑橘贮藏	2017-12-22	2018-06-01	本标准规定了柑橘贮藏用果的术语和定义,柑橘贮藏条件、包装、贮藏环境条件、防腐保鲜、库房管理、入库管理和试验方法。本标准适用于柑橘类、宽皮柑橙类、柚类、柠檬类的贮藏。
2	贮藏	NY/T 3102—2017	枇杷贮藏技术规范	2017-06-12	2017-10-01	本标准规定了枇杷果实的采收,采后贮藏用果的分级、预冷、入库准备、储藏技术、包装、运输等要求。本标准适用于鲜食枇杷的储藏。
3		NB/T 10065—2018	木薯种茎贮藏与处理技术规程	2018-10-29	2019-03-01	本标准规定了木薯种茎的收获条件、质量要求、储藏处理技术。本标准适用于木薯种茎的储藏与处理。

续 表

序号	种类	标准编号	标准名称	发布日期	实施日期	规定范围
4	贮藏	GB/T 24616—2019	冷藏、冷冻食品物流包装、标志、运输和储存	2019-08-30	2020-03-01	标准规定了冷藏、冷冻食品在物流过程中的包装、标志、运输、储存和溯源要求。本标准适用于冷藏、冷冻食品的物流作业与管理。
5		QB/T 5486—2020	坚果与籽类食品贮存技术规范	2020-04-16	2020-10-01	本标准规定了坚果与籽类食品贮存的术语和定义、总体要求、仓储设施与设备的基本要求、原料贮存要求、成品贮存要求、半成品贮存要求、有害生物控制等。本标准适用于坚果与籽类食品的贮存。
6		GB/T 26904—2020	桃贮藏技术规程	2020-11-19	2021-06-01	本标准规定了桃鲜果实的采收与质量要求、贮藏前准备、采后处理与入库、贮藏方式与贮藏条件、贮藏管理、贮藏期限、出库、包装与运输等的技术要求。本标准适用于桃、油桃、蟠桃等果实的商业贮藏和运输。
7		GH/T 1336—2021	宽皮柑橘采后贮藏物流操作规程	2021-03-11	2021-05-01	本标准规定了宽皮柑橘的贮藏流通，其他柑橘种类可参照使用。
1	其他	SB/T 11097—2014	农产品批发市场信息中心建设与管理技术规范	2014-07-30	2015-03-01	本标准规定了农产品批发市场信息中心建设的术语和定义、基本要求、硬件设施设备、信息系统建设和管理要求。本标准适用于正式运营的农产品批发市场。
2		GB/T 33659—2017	农贸市场计量管理与服务规范	2017-05-12	2017-12-01	本标准规定了农贸市场计量管理和服务的要求。本标准适用于农贸市场的计量管理与服务。
3		GB/T 34344—2017	农产品物流包装材料通用技术要求	2017-10-14	2018-05-01	本标准规定了农产品物流包装材料的基本要求、质量要求等内容。本标准适用于农产品物流过程中相关包装材料的制造、销售和检测。

续　表

序号	种类	标准编号	标准名称	发布日期	实施日期	规定范围
4		T/GDID 2012—2018	农贸市场通用管理规范	2018-12-15	2019-01-01	本标准规定了农贸市场的经营环境要求、经营设施设备要求和经营管理要求。本标准适用于申请开业和运营的农贸市场。
5		GB/T 37060—2018	农产品流通信息管理技术通则	2018-12-28	2019-07-01	本标准规定了农产品流通信息管理的一般要求、信息内容、采集要求、存储要求、交换要求、使用要求和归档要求。本标准适用于农产品流通过程中收购、初加工、交易、储运等环节信息的管理。
6		GB/T 24358—2019	物流中心分类与规划基本要求	2019-05-10	2019-12-01	本标准规定了物流中心分类、总体规划要求、以及仓库、道路、堆场、停车场、铁路专用线、专用码头、信息化平台等设施的规划要求。本标准适用于物流中心的界定和物流中心物流中心的规划设计。
7	其他	T/SMTA 0001—2019	农产品批发市场信息追溯管理规程　第一部分　白条猪肉	2019-11-18	2019-11-28	本标准规定了农产品批发市场白条猪肉的信息追溯管理的基本要求、总体流程及各业务环节管理要求。本标准适用于农产品批发市场白条猪肉。
8		GH/T 1279—2019	农民专业合作社农产品包装要求	2019-11-28	2020-03-01	本标准规定了农产品包装的术语和定义、包装材料、包装、标识和包装管理要求。本标准适用于农民专业合作社农产品的包装。
9		T/GDFCA 021—2019	农贸市场食品追溯系统数据接口规范	2019-12-11	2019-12-25	本标准规定了农贸市场食品追溯系统数据接口的术语和定义、数据接口说明及接口验收标准、认证方式、数据接口应用。本标准适用于农贸市场食品追溯系统接入与应用，也可用于指导农贸市场食品追溯系统的开发。

续 表

序号	种类	标准编号	标准名称	发布日期	实施日期	规定范围
10		GB/T 38738—2020	病媒生物防制操作规程 农贸市场	2020-04-28	2020-11-01	本标准规定了城镇室内农贸市场病媒生物防制的原则、操作程序和技术方法。本标准适用于城镇室内农贸市场的病媒生物防制。
11		T/GZTPA 0003—2020	荼菁中多种农药残留测定	2020-08-13	2020-09-01	本标准规定了荼菁中88种农药残留的气相色谱-质谱联用法分析法。本标准适用于荼菁中88种农药残留量的测定。
12	其他	GB 31605—2020	食品安全国家标准 食品冷链物流卫生规范	2020-09-11	2021-03-11	本标准规定了食品冷链物流过程中的基本要求、交接、运输配送、储存、人员和管理制度、追溯及召回、文件管理等方面的要求和管理准则。本标准适用于各类食品销售前需要温度控制的物流过程。
13		GB/T 39058—2020	农产品电子商务供应链质量管理规范	2020-09-29	2021-04-01	本标准规定了电子商务交易环境下食用农产品的采购和供应、初加工处理与包装、贮存与运输、销售、配送等各环节的质量管理要求。本标准适用于电子商务交易环境下食用农产品供应链各环节的相关方在主体资质、设施设备、作业环境过程控制、检验检测、信息记录等方面的质量管理。

第三节　全国农产品批发市场目录

序　号	市场名称
北　京	14 家
1	北京丰台区中央农产品批发市场
2	北京丰台区京丰岳各庄农副产品批发市场
3	北京丰台区新发地农产品批发市场
4	北京城北回龙观大钟寺农副产品批发市场
5	北京锦绣大地农副产品批发市场
6	北京朝阳区大洋路农副产品批发市场
7	北京平谷区大桃市场
8	北京通州区八里桥农产品中心批发市场
9	北京市昌平水屯农副产品批发市场
10	北京顺义区顺鑫石门农产品批发市场
11	北京市西沙窝农副产品批发市场
12	北京日上综合商品批发市场
13	北京八达岭绿野菜蔬中心
14	北京大红门京深海鲜批发市场
天　津	13 家
15	天津市津南区何庄子农产品批发市场
16	天津市东丽区金钟蔬菜市场
17	天津市武清区大沙河蔬菜批发市场
18	天津市西青区红旗农贸批发市场
19	天津市静海区独流蔬菜产地批发市场
20	天津市西青区碧城蔬菜批发市场
21	天津市宁河贸易开发区综合批发市场
22	天津市隆海葛沽农产品市场
23	天津市静海区范庄子蔬菜批发中心
24	天津市蓟州蔬菜批发市场
25	天津市宝粮农副产品批发市场

全国农产品批发市场目录

全国农产品批发市场目录

序　号	市场名称
26	天津曹庄花卉市场
27	天津北辰区韩家墅农产品批发市场
河　北	35 家
28	河北藁城市禽蛋市场
29	河北永清县大辛阁蔬菜批发市场
30	河北任县蔬菜批发市场
31	河北沧州市红枣批发市场
32	河北省永年区南大堡蔬菜批发市场
33	河北石家庄桥西蔬菜中心批发市场
34	河北省固安县京南刘园蔬菜果品交易市场
35	河北秦皇岛市海阳农副产品批发市场
36	河北省柏乡县冀南禽蛋市场
37	河北保定市工农路蔬菜果品批发市场
38	河北乐亭县冀东果菜批发市场
39	河北省邯郸市（馆陶）金凤禽蛋农贸批发市场
40	河北省青县盘古蔬菜批发市场
41	河北省定州蔬菜批发市场
42	河北省高邑蔬菜批发市场
43	河北省大厂回族自治县夏垫镇牛羊肉交易市场
44	河北唐山市荷花坑农副产品批发市场
45	河北秦皇岛（昌黎）农副产品批发市场
46	河北省饶阳县瓜菜果品交易市场
47	河北省邯郸（魏县）天仙果菜批发交易市场
48	河北省怀来县京西果菜批发市场
49	河北省三河市建兴农副产品批发市场
50	河北省威县瓜菜批发市场
51	河北省无极县王村鲜活农产品交易市场
52	河北省冀州区周村辣椒专业批发市场
53	河北省邯郸市意蓝德农产品批发市场
54	河北省黄骅市渤海贸易城批发市场
55	河北省新乐市花生米市场

全国农产品批发市场目录

序　号	市场名称
56	河北省衡水东明蔬菜果品批发市场
57	河北省宣化盛发蔬菜副食市场
58	河北省大名县南李庄花生批发市场
59	河北省霸州市益津蔬菜批发市场
60	河北张家口市康保县杂粮市场
61	河北唐山市路南区南新道水产品批发市场
62	河北承德市隆化县张三营大牲畜交易市场
山　西	24 家
63	山西省太原市万柏林区桥西综合批发市场
64	山西省大同市南郊区振华蔬菜批发市场
65	山西省运城市新绛县蔬菜批发市场
66	山西省运城市禹都经济技术开发区果品中心市场
67	山西朔州市应县南河种蔬菜批发市场
68	山西省吕梁市孝义市蔬菜批发市场
69	山西长治市农产品紫坊综合交易市场
70	山西省临汾市尧丰农副产品批发市场
71	山西省晋城市绿欣农产品批发交易市场
72	山西省朔州市右玉县玉羊市场
73	山西省临汾市襄汾县农副产品批发市场
74	山西省运城市盐湖区蔬菜果品批发市场
75	山西省朔州市朔城区大运蔬菜批发市场
76	山西怀仁县瓜果蔬菜批发市场
77	山西太原市城东利民果菜批发市场
78	山西长治市金鑫瓜果批发市场
79	山西忻州市忻府区超市菜果批发市场
80	山西阳泉蔬菜瓜果批发市场
81	山西省运城市稷山县格富达农产品批发市场
82	山西省运城运达果品贸易有限公司
83	山西省祁县肉牛禽蛋交易市场
84	山西省寿阳县平头富山农副产品批发有限公司
85	山西晋中汇隆商贸有限公司

续 表

全国农产品批发市场目录

序 号	市场名称
86	山西吕梁市离石区马茂庄常青蔬菜瓜果综合市场
内蒙古	24 家
87	内蒙古呼和浩特市东瓦窑农副产品批发市场
88	内蒙古包头市友谊蔬菜批发市场
89	内蒙古巴彦淖尔市五原县鸿鼎农贸市场
90	内蒙古鄂尔多斯市鄂托克前旗三段地活畜交易市场
91	内蒙古乌兰察布市四子王旗北方马铃薯批发市场
92	内蒙古赤峰市宁城县蔬菜交易批发市场
93	内蒙古乌兰察布市兴和县兴北蔬菜批发市场
94	内蒙古通辽市余粮堡牲畜交易市场
95	内蒙古赤峰西城蔬菜批发市场
96	内蒙古呼和浩特石羊桥农副产品交易中心
97	内蒙古包头裕丰粮油综合批发市场
98	内蒙古乌兰察布市察右中旗蔬菜批发市场
99	内蒙古通辽市科尔沁区白音太来农产品批发市场
100	内蒙古巴彦淖尔市临河区四季青蔬菜瓜果农副产品批发市场
101	内蒙古满洲里市口岸农产品批发市场
102	内蒙古鄂尔多斯市东胜区富兴蔬菜批发市场
103	内蒙古锡林浩特市畜产品交易市场
104	内蒙古乌兰察布市察右后旗北方马铃薯批发市场
105	内蒙古呼伦贝尔市海拉尔区新桥批发市场
106	内蒙古赤峰市松山区兴绿农产品批发市场
107	内蒙古兴安盟森发农林牧产品批发市场
108	内蒙古美通首府无公害农产品物流中心
109	内蒙古通辽市开鲁县蔬菜批发市场
110	内蒙古扎兰屯市蒙东牲畜交易市场
辽 宁	26 家
111	辽宁北宁市窟窿台蔬菜批发市场
112	辽宁省海城禽蛋专业批发市场
113	辽宁大石桥蔬菜批发市场
114	辽宁省凌源市八里堡菜果批发市场

全国农产品批发市场目录

序 号	市场名称
115	辽宁省沈阳南五农副产品批发市场
116	辽宁朝阳市果菜批发市场
117	辽宁丹东东港黄海大市场
118	辽宁省北票蔬菜批发市场
119	辽宁沈阳果品批发市场
120	辽宁沈阳水产品批发市场
121	辽宁省鞍山宁远蔬菜批发市场
122	辽宁鞍山黄沙坨鲜活农产品批发市场
123	辽宁辽阳万隆蔬菜批发大市场
124	辽宁葫芦岛农副产品批发市场有限公司
125	辽宁省鞍山市果品批发市场
126	辽宁省凌源市四官营子蔬菜批发市场
127	辽宁省铁岭市银州区贸易城农贸市场
128	大连绿嘉侬果菜批发市场
129	辽宁大连荣盛市场
130	辽宁大连双兴农产品中心批发市场
131	辽宁锦州市黑山县大十字蔬菜市场
132	辽宁阜新市彰武县哈尔套镇农副产品综合批发市场
133	辽宁沈阳新民市前当堡镇鲜鱼批发市场
134	辽宁大连水产品交易市场有限公司
135	辽宁阜新市瑞轩蔬菜农副产品综合批发市场
136	辽宁本溪大河农产品批发市场
吉 林	24 家
137	吉林长春蔬菜中心批发市场
138	吉林白城蔬菜批发市场
139	吉林长春果品中心批发市场
140	吉林省江山绿特优农产品储运批发市场
141	吉林省吉林市桦皮厂镇批发市场
142	吉林农业高新技术市场
143	吉林辽源市仙城物流园区农产品批发市场
144	吉林敦化市长白山特产市场

全国农产品批发市场目录

序 号	市场名称
145	吉林松原市三井子杂粮杂豆产地批发市场
146	吉林大安市红岗农畜产品交易市场
147	吉林蛟河黄松甸食用菌批发市场
148	吉林省长春市北方三辣产品批发交易市场
149	吉林省东丰县那丹伯牲畜交易市场
150	吉林省长春市绿宝蔬菜批发市场
151	吉林省通榆县鹤翔农产品批发市场
152	吉林省榆树市五颗树牲畜交易市场
153	吉林省集安市新开河人参中药材产地批发市场
154	吉林省洮南市杂粮杂豆市场
155	吉林省伊通县营城子镇黄牛市场
156	吉林白山市星泰批发市场
157	吉林通化市东昌区新站综合大市场
158	吉林公主岭市怀德豆角市场
159	吉林榆树市泗河城商贸市场
160	吉林安图县松江长白山土特产品批发市场
黑龙江	19 家
161	黑龙江五大莲池市龙镇粮食批发交易市场
162	黑龙江齐齐哈尔市广发实业集团有限公司（齐齐哈尔水产品批发市场）
163	黑龙江绥化市果菜批发市场
164	黑龙江齐齐哈尔农副产品中心批发市场
165	黑龙江牡丹江双合中俄蔬菜果品有限责任公司
166	黑龙江鸡西市绿信副食品有限公司
167	黑龙江农业科技市场
168	黑龙江新胜禽蛋批发市场
169	黑龙江大庆鲜活农产品批发市场
170	黑龙江哈尔滨哈达果品批发市场有限公司
171	黑龙江安达北方第一蔬菜批发市场
172	黑龙江东宁县绥阳黑木耳大市场有限公司
173	黑龙江佳木斯市蔬菜批发市场
174	黑龙江庆安县绿色特色食品批发市场

全国农产品批发市场目录

序　号	市场名称
175	黑龙江北安农贸交易中心
176	黑龙江鹤岗市万圃源蔬菜批发市场
177	黑龙江七台河市合兴蔬菜综合批发市场
178	黑龙江北方公交集团站前农产品综合批发市场
179	黑龙江三江农资批发市场
上　海	4 家
180	上海曹安路农产品市场经营管理有限公司
181	上海农产品中心批发市场经营管理有限公司
182	上海七宝商城农产品综合交易市场经营管理有限公司
183	上海东方国际水产中心
江　苏	28 家
184	江苏南京白云亭农产品批发市场
185	江苏淮海蔬菜批发交易市场
186	江苏常州凌家塘市场发展有限公司
187	江苏苏州南环桥农副产品批发市场
188	江苏扬州联谊农副产品批发市场
189	江苏启东吕四港水产批发市场
190	江苏南京应天水产有限公司
191	江苏宜兴市瑞德蔬菜果品批发市场有限公司
192	江苏徐州农副产品批发市场
193	江苏无锡市猪肉批发交易市场
194	江苏常州武进夏溪花木市场
195	江苏南京果品中心批发市场（南京农贸中心股份有限公司）
196	江苏无锡朝阳股份有限公司
197	江苏省阜宁古河粮油批发交易市场
198	江苏省连云港农副产品批发市场
199	江苏淮安清江蔬菜批发市场
200	江苏泰兴苏中蔬菜批发市场
201	江苏海门市实成农副产品批发市场
202	江苏兴化市粮食交易市场
203	江苏吴江市华东苗禽市场

全国农产品批发市场目录

序 号	市场名称
204	江苏建湖县水产批发市场
205	江苏省苏州市相城区生态农副产品批发市场
206	江苏省邳州市宿羊山镇大蒜市场
207	江苏省张家港市青草巷农副产品批发市场
208	江苏省扬州阿波罗花木批发市场
209	江苏高淳县水产批发市场有限公司
210	江苏苏浙皖边界市场发展有限公司
211	江苏常熟市农副产品交易城
浙 江	35 家
212	浙江良渚蔬菜批发市场开发有限公司
213	浙江省嘉善县浙北蔬果批发交易中心
214	浙江嘉兴农产品市场
215	浙江黄岩柑桔果品市场
216	浙江省金华农产品批发市场
217	浙江绍兴蔬菜果品批发交易中心
218	浙江舟山市水产品中心批发市场
219	浙江温州市江南水产批发交易市场
220	浙江温州蔬菜批发市场
221	浙江义乌农贸城
222	浙江省农都农副产品批发市场
223	浙江长兴农副产品综合批发市场
224	浙江温州市浙南农副产品中心市场
225	浙江省嵊州市浙东农副产品批发市场
226	浙江丽水市浙西南农贸城
227	浙江衢州农贸城
228	浙江嘉兴蔬菜批发交易市场
229	浙江湖州浙北农副产品交易中心
230	浙江江山农贸城（江山白菇批发市场）
231	浙江慈溪市农副产品批发市场
232	浙江临安市浙皖农贸城实业有限公司
233	浙江省杭州果品有限公司

全国农产品批发市场目录

序　号	市场名称
234	浙江省嘉兴平湖市农副产品综合批发市场
235	浙江省台州市路桥区蔬菜批发市场
236	浙江（嘉善）农产品批发市场
237	浙江省石浦水产品批发市场
238	浙江宁波市蔬菜副食品批发市场
239	浙江宁波市宁海县蔬菜果品批发市场
240	浙江杭州市粮油批发交易市场
241	浙江温州苍南县浙福边贸水产城
242	浙江台州市华东水产品交易有限公司
243	浙江宁波市江东水产批发市场
244	浙江新昌县江南名茶市场有限公司
245	浙江浙南茶叶市场
246	浙江余姚市农副产品批发市场
安　徽	26 家
247	安徽亳州蔬菜批发市场
248	安徽和县皖江蔬菜批发大市场
249	安徽合肥周谷堆农产品批发市场
250	安徽舒城蔬菜批发大市场
251	安徽蚌埠蔬菜批发市场
252	安徽淮南人民路农副产品批发市场
253	安徽安庆市龙狮桥蔬菜批发市场
254	安徽黄山茶城
255	安徽马鞍山市安民农副产品批发市场
256	安徽濉溪县中瑞农副产品批发市场
257	安徽铜陵市蔬菜专业批发市场
258	安徽六安霍山茶叶批发市场
259	安徽省阜阳农产品中心批发市场
260	安徽芜湖三山水产品批发市场
261	安徽固镇王庄花生批发市场
262	安徽宿州皖北蔬菜副食品批发交易市场
263	安徽六安裕安区紫竹林农产品批发市场

全国农产品批发市场目录

序 号	市场名称
264	安徽省阜南县蔬菜批发市场
265	安徽省东至县官港茶叶香菇市场
266	安徽省黄山绿色食品城
267	安徽省太湖县皖西南山货交易市场
268	安徽省滁州乌衣粮油批发市场
269	安徽省凤台县顾桥皖北米面批发大市场
270	安徽砀山农产品中心惠丰批发市场
271	安徽芜湖长江园农产品交易市场
272	安徽淮南市安成鑫海批发大市场
福 建	27 家
273	福建福州亚峰蔬菜批发市场
274	福建漳州花卉批发市场
275	福建福州水产批发市场
276	福建三明农资批发市场
277	福建石狮农副产品批发市场
278	福建古田食用菌批发市场
279	福建石狮市水产品批发市场
280	福建中国粮食城粮油交易市场
281	福建将乐县果蔬批发市场
282	福建顺昌县绿鑫农副产品批发市场
283	福建南靖县丰田镇兰花市场
284	福建平和坂仔香蕉专业批发市场
285	福建安溪茶叶批发市场
286	福建福鼎市闽浙边界农贸中心市场
287	福建漳州闽南新城茶叶大市场
288	福建龙岩市农副产品批发市场
289	福建南平天新蔬菜批发市场
290	福建晋江华洲水果批发市场
291	福建省华安县华仙茶都
292	福建福州市海峡茶都
293	福建厦门市畜禽蛋批发市场

续 表

全国农产品批发市场目录

序 号	市场名称
294	福建同安闽南果蔬批发市场
295	福建厦门蔬菜农副产品批发市场
296	福建闽台农产品市场
297	福建邵武市茶叶交易市场
298	福建漳州桥南水果大市场
299	福建福州果品批发市场
江 西	19 家
300	江西乐平市蔬菜批发市场
301	江西九江市浔阳蔬菜批发大市场
302	江西永丰县蔬菜中心批发市场
303	江西上饶市赣东北农产品批发大市场
304	江西南昌县三江蔬菜批发市场
305	江西鄱阳湖国际水产城
306	江西南昌深圳农产品中心批发市场有限公司
307	江西南昌市佛塔生猪交易批发市场
308	江西省赣州南北蔬菜水果水产土特产大市场
309	江西省南昌小蓝禽蛋批发市场
310	江西上饶市蔬菜批发大市场
311	江西南丰桔都大市场
312	江西萍乡市张家大屋农副产品批发市场
313	江西高安市石脑农产品批发市场
314	江西省丰城市水禽水产市场
315	江西省新余市优质农产品批发市场
316	江西省新干县三湖红桔批发市场
317	江西南昌水产综合交易批发市场
318	江西余江县刘家站花生市场
山 东	54 家
319	山东济南七里堡蔬菜批发市场
320	山东章丘刁镇蔬菜批发市场
321	山东寿光蔬菜批发市场
322	山东聊城蔬菜中心批发市场

全国农产品批发市场目录

序　号	市场名称
323	山东德州黑马农产品批发市场
324	山东济南维尔康肉类水产批发市场
325	山东金乡（大蒜）蔬菜批发市场
326	山东苍山鲁南蔬菜批发市场
327	山东平原蔬菜果品批发市场
328	山东泰安蔬菜瓜果批发市场
329	山东烟台蛇窝泊果品批发市场
330	山东安丘市姜蒜菜批发市场
331	山东腾州蔬菜批发市场
332	山东威海水产品批发市场
333	山东石岛水产品中心批发市场（中国北方渔市）
334	山东日照岚山水产城
335	山东淄博鲁中蔬菜批发市场
336	山东宁阳蔬菜良种批发市场
337	山东宁津东崔蔬菜批发市场
338	山东昌乐县西瓜批发市场
339	山东淄博鲁中果品批发市场
340	山东利津县北岭蔬菜批发市场
341	山东成武县大田集镇大蒜蔬菜批发市场
342	山东临邑县临南蔬菜批发大市场
343	山东济阳县曲堤蔬菜批发市场
344	山东泰安泰山红西红柿专业批发市场
345	山东威海农副产品批发市场
346	山东烟台胶东水产品批发市场
347	山东滨城六街蔬菜批发市场
348	山东龙口果菜批发市场
349	山东滨州惠民蔬菜大市场
350	山东烟台牟平区观水果蔬批发市场
351	山东枣庄鲁南蔬菜批发市场
352	山东省德州市南郊岳高铺瓜果蔬菜批发市场
353	山东省沾化县王尔庄海蜇批发市场

全国农产品批发市场目录

序 号	市场名称
354	山东省青州高柳蔬菜批发市场
355	山东省济宁蔬菜批发市场
356	山东省新泰市青龙路市场
357	山东省济南市堤口路果品批发市场
358	青岛胶州市蔬菜果品批发市场
359	山东青岛市城阳蔬菜批发市场
360	山东青岛七级生猪批发市场
361	山东青岛莱西市东庄头蔬菜批发市场
362	山东青岛抚顺路蔬菜副食品批发市场
363	山东青岛南村蔬菜批发市场
364	山东莱芜市"三辣一麻"专营市场
365	山东滨州市无棣县大山海产品专业批发市场
366	山东德州市武城县尚庄辣椒专业批发市场
367	山东东营市利津县鲁北畜产品第一大市场
368	山东诸城市龙海水产品批发市场
369	山东威海市家家悦农副产品交易有限公司
370	山东商河县商南农副产品综合批发市场
371	山东济阳县北瓜菜批发市场
372	山东烟台市三站果品批发市场
河 南	33 家
373	河南郑州陈砦蔬菜批发市场
374	河南商丘农产品中心批发市场
375	河南郑州柳林水产品批发市场
376	河南三门峡西蔬菜批发市场
377	河南原阳大米市场
378	河南安阳豫北蔬菜批发市场
379	河南襄城群发蔬菜市场
380	河南新野蔬菜批发交易市场
381	河南郑州毛庄蔬菜批发市场
382	河南淅川香花辣椒市场
383	河南省信阳长台关花生批发市场

全国农产品批发市场目录

序　号	市场名称
384	河南省驻马店汝南蔬菜批发市场
385	河南省西峡县双龙香菇批发市场
386	河南省新乡农贸综合批发大市场
387	河南省郑州市农产品物流配送中心
388	河南省南阳果品批发交易中心果蔬市场
389	河南省黄泛区农产品批发市场
390	河南郑州亚宏水产品批发市场
391	河南扶沟蔬菜批发市场
392	河南焦作农副产品综合批发市场
393	河南中牟大蒜批发市场
394	河南郑州粮食批发市场
395	河南焦作豫北黄牛毛驴交易大市场
396	河南省南阳市华山路蔬菜批发市场
397	河南省济源市南街集贸市场
398	河南省荥阳市董村蔬菜批发市场
399	河南省新乡市牧野蔬菜批发大市场
400	河南省中原辣椒城交易中心
401	河南省焦作金土地农贸市场
402	河南省漯河市南关农副产品批发市场
403	河南西峡县丁河镇食用菌市场
404	河南济源市亚桥农产品批发市场
405	河南豫东蔬菜农产品批发市场
湖　北	25 家
406	湖北武汉市皇经堂农副产品批发市场有限公司
407	湖北咸宁市咸安区宏大农产品批发市场
408	湖北通城县隽水农产品批发市场
409	湖北英山茶叶农产品批发市场
410	湖北宜昌市金桥蔬菜果品批发市场
411	湖北黄石市农产品批发市场
412	湖北黄冈市黄州商城农产品批发市场
413	湖北鄂州市蟠龙农产品批发市场

全国农产品批发市场目录

序　号	市场名称
414	湖北孝感市南大农产品批发市场
415	湖北省十堰市堰中蔬菜批发市场
416	湖北省洪湖市农产品批发市场
417	湖北浠水城北农产品定点批发市场
418	.湖北郧西县农产品批发市场
419	湖北房县农产品批发市场
420	湖北武汉白沙洲农副产品大市场
421	湖北恩施州官坡蔬菜批发市场
422	湖北省咸丰县仔猪批发市场
423	湖北省潜江市江汉果蔬批发市场
424	湖北省罗田县大别山板栗批发市场
425	湖北省襄樊市蔬菜批发市场
426	湖北麻城市大别山蔬菜批发市场
427	湖北红安县城关镇农产品批发市场
428	湖北荆州楚丰农产品批发大市场
429	湖北襄樊市洪沟农产品物流市场
430	湖北武汉市青山蔬菜批发市场
湖　南	28 家
431	湖南岳阳洞庭水产品批发市场
432	湖南石门皂市柑橘大市场
433	湖南益阳马良农副产品批发市场
434	湖南长沙马王堆蔬菜批发市场
435	湖南岳阳亚华花板桥蔬菜批发市场
436	湖南常德甘露寺蔬菜批发市场
437	湖南慈利县大世界市场
438	湖南省株州中南蔬菜批发市场
439	湖南宁乡沙河市场
440	湖南长沙红星农副产品大市场
441	湖南省益阳市团洲蔬菜批发市场
442	湖南常德市农产品大市场
443	湖南永州市三多亭农产品大市场

全国农产品批发市场目录

序 号	市场名称
444	湖南吉首市乾州农产品市场
445	湖南省吉首蔬菜果品批发大市场
446	湖南省衡阳市西园蔬菜批发市场
447	湖南邵阳市江北农产品市场
448	湖南湘潭市金海农产品批发市场
449	湖南怀化饲料批发市场
450	湖南郴州七星农产品大市场
451	湖南省娄底市湘中果品蔬菜批发市场
452	湖南省邵阳市城步湘城农副产品批发市场
453	湖南省湘潭市蔬菜批发市场
454	湖南怀化市中心批发市场
455	湖南攸县攸州农产品市场
456	湖南粮食中心批发市场
457	湖南洞庭水产批发市场
458	湖南常德市谢家铺牲猪交易大市场
广 东	33 家
459	广东广州白云山农产品综合批发市场
460	广东东莞市果菜副食交易市场
461	广东汕头农副产品批发中心市场
462	广东江门市水产冻品副食批发市场
463	广东佛山市南海盐步环球水产交易市场
464	广东广州江南果菜批发市场有限责任公司
465	广东广州嘉禾畜禽交易服务中心
466	广东广州花卉博览园有限公司
467	广东揭阳农副产品批发市场
468	广东省汕尾市城区水产品批发市场
469	广东省普宁市洪阳水果专业市场
470	广东江门市白沙江南蔬菜禽畜批发市场
471	广东徐闻农产品交易市场
472	广东国兴农产品综合物流中心
473	广东省广州南方茶叶市场有限责任公司

续　表

全国农产品批发市场目录

序　号	市场名称
474	广东省江门新会水果食品市场
475	广东广州市水产品中心批发市场
476	广东潮州市枫春果菜水产批发市场
477	广东阳西县沙扒水产品批发市场
478	广东东莞大京九农副产品中心批发市场
479	广东四会仓丰柑桔市场
480	广东佛山大沥桂江农产品综合批发市场
481	广东省东莞市江南农副产品批发市场
482	广东省佛山市南海区永利综合批发市场
483	广东深圳福田农产品批发市场
484	广东深圳市布吉农产品中心批发市场
485	广东湛江市霞山水产品批发市场
486	广东韶关市翁源县粤北农副产品批发市场
487	广东惠州江北农产品中心批发市场
488	广东珠海市农副产品批发物流中心
489	广东东莞市信立国际农产品贸易城
490	广东南山农产品批发市场
491	广东广州市金戎牲畜交易批发市场
广　西	19 家
492	广西南宁市五里亭蔬菜批发市场
493	广西田阳县农副产品综合批发市场
494	广西柳州市柳邕农产品批发市场
495	广西灵山县农副产品综合批发市场
496	广西横县横州城北批发市场
497	广西北海市水产批发市场
498	广西南宁市饲料兽药禽苗市场
499	广西贺州八达果蔬综合批发市场
500	广西灵川八里街农产品批发市场
501	广西桂林市阳朔县白沙农副产品综合批发市场
502	广西武鸣标营果菜批发市场
503	广西藤县太平农副产品批发市场

全国农产品批发市场目录

序 号	市场名称
504	广西恭城县农产品批发市场
505	广西梧州竹湾农副产品批发市场
506	广西凭祥市天源水果交易市场
507	广西荔浦县农副产品综合批发市场
508	广西永福县三皇乡果蔬批发市场
509	广西东兴市海产品批发市场
510	广西贵港市港北区鸿发生猪市场
海 南	7 家
511	海南琼海万泉农产品批发市场有限公司
512	海南澄迈永发果菜批发市场
513	海南陵水英州农副产品批发市场
514	海南海口南北水果市场管理有限公司
515	海南奥林昌洒果菜批发市场
516	海南加来农产品综合批发市场
517	海南三亚崖城果蔬批发市场
四 川	25 家
518	四川成都农产品交易中心
519	四川省泸州市优质仔猪批发市场
520	四川省彭州市蔬菜批发市场
521	四川成都市西部禽蛋专业市场
522	四川成都青白江区唐家寺牲畜交易市场
523	四川隆昌禽苗专业批发市场
524	四川农业高新技术产品市场
525	四川凉山州会东县堵格牲畜交易市场
526	四川省德阳市广汉禽苗批发交易市场
527	四川省成都农产品中心批发市场
528	四川川北农产品批发市场
529	四川成都双流银鑫商城
530	四川成都市青羊区农产品综合批发市场
531	四川凉山州越西县普雄牲畜交易市场
532	四川汉源县九襄农产品批发市场

全国农产品批发市场目录

序　　号	市场名称
533	四川绵阳高水蔬菜批发市场
534	四川达州市浦家牲畜交易市场
535	四川武胜县仔猪批发市场
536	四川省成都龙泉聚和（国际）果蔬交易中心
537	四川省达州市塔沱农副产品综合批发市场
538	四川省江油市仔猪批发市场
539	四川巴中市西城农产品批发市场
540	四川广安市邻水县农产品交易中心
541	四川绵阳市游仙区鸿通农贸市场
542	四川西昌市广平农副土特产品市场
重　庆	12 家
543	重庆江北区观音桥农贸市场管理处盘溪蔬菜批发市场
544	重庆永川市农副产品综合批发市场
545	重庆南岸区正扬集团远达物业公司正扬农副产品大市场
546	重庆九龙坡区太慈农副产品批发市场
547	重庆渝中区西三街农副水产批发市场
548	重庆万州区宏远批发市场
549	重庆市黄水黄连产地批发市场
550	重庆市潼南无公害蔬菜批发市场
551	重庆三亚湾水产品综合交易市场
552	重庆茶叶专业批发市场
553	重庆永川区双竹淡水鱼苗批发市场
554	重庆市涪陵区农业开发有限公司稻香蔬菜批发市场
贵　州	16 家
555	贵州省贵阳市五里冲农副产品批发市场
556	贵州省罗甸县果菜批发市场（罗甸蔬菜公司）
557	贵州省遵义县虾子辣椒市场
558	贵州省玉屏县平溪牲畜定点批发交易市场
559	贵州省关岭县断桥反季节蔬菜批发市场
560	贵州省湄潭县西南茶城
561	贵州省安顺市畜禽交易批发市场

全国农产品批发市场目录

序　号	市场名称
562	贵州省贵阳市花溪大牲畜交易批发市场
563	贵州兴义市万屯牲畜交易市场
564	贵州遵义坪丰农副产品综合批发市场
565	贵州威宁县雪山镇牲畜交易市场
566	贵州盘县畜产品批发市场
567	贵州省贵阳市谷丰粮油食品批发市场
568	贵州省乌当蔬菜产地批发市场
569	贵州省铜仁东太农副产品批发市场
570	贵州遵义海风井水果批发市场
云　南	23 家
571	云南省龙城农产品经营股份有限公司
572	云南省通海县金山蔬菜批发市场
573	云南省呈贡县斗南花卉市场
574	云南省弥渡县滇西蔬菜批发市场
575	云南省峨山县畜禽交易市场
576	云南省宣威市马铃薯批发配送中心
577	云南蒙自县新安所石榴交易市场
578	云南省昆明市三宝小屯大型农产品批发市场
579	云南省师宗县蔬菜批发市场
580	云南省昆明粮油贸易中心批发市场
581	云南省砚山县辣椒专营市场
582	云南康乐茶叶交易中心
583	云南鹤庆县辛屯镇新登肥猪交易市场
584	云南省泸西县综合交易市场
585	云南省罗平海丰银渔业有限公司
586	云南华宁华溪柑橘批发市场
587	云南富源县农贸市场
588	云南罗平县活畜交易市场
589	云南丽江市华坪县荣将农产品批发市场
590	云南昆明市王旗营蔬菜批发市场
591	云南元谋蔬菜批发交易市场

全国农产品批发市场目录

序　号	市场名称
592	云南寻甸县羊街牛市大型畜产品综合交易市场
593	云南保山市隆阳区蔬菜水果综合批发市场
陕　西	24 家
594	陕西西安市新城区胡家庙蔬菜批发市场
595	陕西汉中市汉台区皇冠街街楼蔬菜瓜果批发市场
596	陕西咸阳市泾阳县云阳蔬菜批发市场
597	陕西渭南市大荔县同州农副产品批发市场
598	陕西延安市甘泉县蔬菜批发市场
599	陕西省咸阳市礼泉县西北果品交易市场
600	陕西宝鸡市恒丰园农产品发展有限公司
601	陕西榆林市榆阳区古城农贸市场
602	陕西咸阳市淳化县果品批发市场
603	陕西渭南市蒲城县祥塬蔬菜瓜果批发市场
604	陕西西安市未央区农用物资专业市场
605	陕西西安市长安区绿色无公害蔬菜副食品批发市场
606	陕西西安朱雀农产品交易中心
607	陕西咸阳新阳光西北农副产品有限公司
608	陕西桐川市耀州区耀川路果蔬批发市场
609	陕西汉中市城固县小河桥蔬菜瓜果批发市场
610	陕西省咸阳三原惜字恒丰蔬菜交易市场
611	陕西省宝鸡市陈仓区太公庙蔬菜市场
612	陕西省汉中市洋县果菜批发市场
613	陕西欣绿实业有限责任公司北二环蔬菜副食交易中心
614	陕西西安市胡家庙果品批发市场
615	陕西安康市兴华农产品综合批发市场
616	陕西渭南市曙光农副产品综合批发市场
617	陕西华县黄家蔬菜批发市场
甘　肃	28 家
618	甘肃靖远县瓜果蔬菜批发市场
619	甘肃临洮康家崖土豆专业批发市场
620	甘肃省天水瀛池农产品批发市场

全国农产品批发市场目录

序　号	市场名称
621	甘肃武山洛门蔬菜果品市场发展有限责任公司
622	甘肃秦安县北大果品产地批发市场
623	甘肃高台"金张掖"巷道农产品发展有限责任公司
624	甘肃武威凉州区西城区瓜果蔬菜批发市场
625	甘肃永登大同蔬菜批发市场
626	甘肃敦煌鸣山果蔬批发市场
627	甘肃省兰州市张苏滩瓜果批发市场
628	甘肃省临夏州金临农副产品批发市场
629	甘肃省啤酒原料中心批发市场
630	甘肃省渭源县会川马铃薯优质种薯专业批发市场
631	甘肃省临洮县现代化综合花卉交易市场
632	甘肃省定西市安定马铃薯综合交易中心
633	甘肃省榆中县蒋家营蔬菜批发市场
634	甘肃省陇兴农产品有限公司
635	甘肃省兰州市红古农产品批发市场
636	甘肃天水市麦积区马跑泉镇东部果品蔬菜批发市场
637	甘肃庆阳市西峰区西郊瓜菜批发市场
638	甘肃张掖市南关蔬菜果品批发市场
639	甘肃白银市会宁河畔陇华肉羊交易市场
640	甘肃定西市陇西清吉洋芋批发市场
641	甘肃天水市甘谷县翼城果蔬批发市场
642	甘肃酒泉春光农产品市场
643	甘肃武威市农产品批发市场
644	甘肃兰州桃海市场
645	甘肃金川农产品综合批发市场
青　海	11 家
646	青海省西宁市海湖路蔬菜瓜果综合批发市场
647	青海省乐都县青海东部蔬菜综合批发市场
648	青海省平安县海东农副产品批发市场
649	青海省西宁市青海雪舟三绒畜产品交易市场
650	青海省西宁市仁杰粮油批发市场

续　表

全国农产品批发市场目录

序　号	市场名称
651	青海西宁乐家湾畜产品批发市场
652	青海省海南州恰卜恰农畜产品批发市场
653	青海平安县东部农副产品综合市场
654	青海西宁盛强综合市场
655	青海裕泰农产品有限公司
656	青海民和县翔丰农畜产品批发市场
宁　夏	17 家
657	宁夏银川市北环蔬菜果品批发市场
658	宁夏中卫市宣和禽蛋批发市场
659	宁夏中宁县枸杞批发市场
660	宁夏平罗县宝丰清真牛羊肉批发市场
661	宁夏西吉县马铃薯批发市场
662	宁夏利通区涝河桥清真牛羊肉批发市场
663	宁夏盐池县畜产品交易市场
664	宁夏吴忠市东郊农产品批发市场
665	宁夏石嘴山市百花蔬菜批发市场
666	宁夏中卫市城关批发市场
667	宁夏固原市原州区蔬菜批发市场
668	宁夏盐池县惠安堡清真牛羊肉批发市场
669	宁夏同心县预旺马铃薯批发市场
670	宁夏隆德县渝河农贸市场
671	宁夏石嘴山市惠农区静安农产品批发市场
672	宁夏固原市瑞丰果蔬批发市场
673	宁夏同心阿伊河清真肉食品有限公司畜产品交易市场
新　疆	24 家
674	新疆乌鲁木齐北园春农贸批发市场
675	新疆米泉通汇农产品批发市场
676	新疆乌鲁木齐明珠花卉市场
677	新疆吐鲁番盛达干鲜果蔬批发市场
678	新疆库尔勒万山红农畜产品批发市场
679	新疆焉耆县光明农副产品综合批发市场

全国农产品批发市场目录

序 号	市场名称
680	新疆克拉玛依市农副产品批发市场
681	新疆奇台县天和市场
682	新疆阿克苏市人民市场
683	新疆塔城市黎明农贸综合市场
684	新疆大仓果品批发市场
685	新疆昌吉市园丰农副产品交易市场
686	新疆昌吉市亚中商城综合批发市场
687	新疆乌鲁木齐市新联农贸批发市场
688	新疆霍城县神农市场
689	新疆喀什市正大农贸综合市场
690	新疆哈密市丰盛农副产品综合批发市场
691	新疆和田市昆仑农产品批发市场
692	新疆乌鲁木齐市华凌畜产品批发市场
693	新疆新源县消费品综合市场
694	新疆阿勒泰地区布尔津县农产品交易市场
695	新疆博格拉果蔬综合批发市场
696	新疆沙弯县农副产品批发市场
697	新疆新和辣椒专业批发市场
新疆兵团	11 家
698	新疆兵团石河子市蔬菜瓜果批发市场
699	新疆兵团博乐市农五师三和农副产品批发市场
700	新疆兵团农四师六十六团界梁子农副产品综合批发市场
701	新疆兵团农二师二十一团制干红辣椒批发市场
702	新疆兵团农十师北屯军垦农产品交易市场
703	新疆兵团农二师库尔勒市孔雀农副产品综合批发市场
704	新疆兵团农七师一三七团绿衡蔬菜瓜果批发市场
705	新疆兵团农四师六十二团农产品综合批发市场
706	新疆兵团农八师石河子畜产品交易市场
707	新疆兵团农九师农副产品交易市场
708	新疆兵团农三师图木舒克市唐城购物市场

第四节　2020 年农产品食材供应链百强企业名单

2020 年农产品食材供应链百强企业名单

序　号	企业名称
1	美菜网
2	正大畜牧投资（北京）有限公司
3	佳沃集团有限公司
4	优合集团有限公司
5	叮咚买菜
6	望家欢农产品集团有限公司
7	蜀海（北京）供应链管理有限责任公司
8	万贸城国际集团有限公司
9	广州市钱大妈农产品有限公司
10	北京首农供应链管理有限公司
11	鲜丰水果股份有限公司
12	广东恒兴集团有限公司
13	绝味食品股份有限公司
14	福建圣农食品有限公司
15	济南维尔康实业集团有限公司
16	永辉彩食鲜发展有限公司
17	好当家集团有限公司
18	武汉金宇综合保税发展有限公司
19	深圳市德保膳食管理有限公司
20	山东新和盛飨食集团有限公司
21	索迪斯（中国）企业管理服务有限公司
22	南京卫岗乳业有限公司
23	步步高商业连锁股份有限公司
24	山东美佳集团有限公司
25	湖北周黑鸭企业发展有限公司
26	乐禾食品集团股份有限公司
27	青岛飞熊领鲜科技有限公司

2020 年农产品食材供应链百强企业名单

序　号	企业名称
28	禧云世纪供应链管理（天津）有限公司
29	宏鸿农产品集团有限公司
30	太原优鲜多歌供应链有限公司
31	中农现代投资股份有限公司
32	蓬莱京鲁渔业有限公司
33	苏州食行生鲜电子商务有限公司
34	郑州千味央厨食品股份有限公司
35	亚洲渔港股份有限公司
36	江苏汇鸿冷链物流有限公司
37	上海海天下食品有限公司
38	武汉良之隆食材股份有限公司
39	海南冻品云供应链科技有限公司
40	新冻网
41	味千（中国）控股有限公司
42	陕西黄马甲物流配送有限公司
43	福建冻品在线网络科技有限公司
44	湖南红星盛业食品股份有限公司
45	广东新又好集团有限公司
46	广东中膳菜篮子农业科技股份有限公司
47	信良记食品科技（北京）有限公司
48	粤旺农业集团有限公司
49	海南勤富食品有限公司
50	成都益民生鲜供应链有限公司
51	帝玖供应链（上海）有限公司
52	浙江明辉蔬果配送股份有限公司
53	上海鑫博海农副产品加工有限公司
54	厦门建发食品供应链有限公司
55	秭归县屈姑食品有限公司
56	上海中腾食品科技有限公司
57	北京康安利丰农业有限公司
58	北京元隆信德商贸有限公司

续　表

2020 年农产品食材供应链百强企业名单

序　号	企业名称
59	上海台宝蔬果专业合作社
60	广东明基水产品有限公司
61	重庆重报电商物流有限公司
62	广东顺欣海洋渔业集团有限公司
63	北京市裕农优质农产品种植有限公司
64	四川上马科技有限公司
65	上海亦芙德供应链管理有限公司
66	广州市宝隆饮食管理服务有限公司
67	水果码头供应链管理有限公司
68	新疆百成鲜食（集团）供应链有限公司
69	北京五环顺通供应链管理有限公司
70	广州农产国际供应链有限公司
71	佛山禾盛隆食品有限公司
72	青岛联合菌业科技发展有限公司
73	上海捷锐农业发展有限公司
74	拓鲜（天津）国际贸易有限公司
75	宇培供应链管理集团有限公司
76	湖北银嘉供应链管理有限公司
77	武汉雅元食品集团股份有限公司
78	阳光餐饮（集团）有限公司
79	沈阳国字菜篮子农业发展有限公司
80	武汉金丰绿源农业有限公司
81	中牧（天津）国际贸易有限公司
82	温州菜篮子农副产品配送有限公司
83	太原鸿新农产品有限公司
84	遵义融邦电子商务有限公司
85	沈阳满佳餐饮管理有限公司
86	土豆集（内蒙古）实业集团有限公司
87	山东千链千寻食品科技有限公司
88	山西懒熊火锅超市管理有限公司
89	上农农业科技江苏股份有限公司

2020 年农产品食材供应链百强企业名单

序　　号	企业名称
90	山绿农产品集团股份有限公司
91	湖北远野风食品有限公司
92	权金城企业管理（北京）有限公司
93	上海大简农业科技有限公司
94	山东乐物信息科技有限公司
95	四川益雅农业有限公司
96	南京丰浩华食品供应链管理有限公司
97	全日（武汉）供应链管理有限公司
98	云南速鲜商贸有限公司
99	合肥市振华餐饮管理有限公司
100	好菜到

图书在版编目（CIP）数据

中国农产品供应链发展报告. 2021 ／ 中国物流与采购联合会

农产品供应链分会，国家农产品现代物流工程技术研究中心

编 . —北京：中国市场出版社有限公司，2021.10

ISBN 978－7－5092－2112－9

Ⅰ . ①中⋯ Ⅱ . ①中⋯ ②国⋯ Ⅲ . ①农产品–供应

链管理–研究报告–中国–2021 Ⅳ . ①F724.72

中国版本图书馆 CIP 数据核字（2021）第 185466 号

中国农产品供应链发展报告 （2021）

ZHONGGUO NONGCHANPIN GONGYINGLIAN FAZHAN BAOGAO (2021)

编 者：中国物流与采购联合会农产品供应链分会

国家农产品现代物流工程技术研究中心

责任编辑：刘佳禾

出版发行：中国市场出版社

社 址：北京市西城区月坛北小街 2 号院 3 号楼（100837）

电 话：（010）68034118／68021338

网 址：http：／／www. scpress. cn

印 刷：河北鑫兆源印刷有限公司

规 格：185mm×260mm 1/16

印 张：18. 75 **字 数：**350 千字

版 次：2021 年 10 月第 1 版 **印 次：**2021 年 10 月第 1 次印刷

书 号：ISBN 978－7－5092－2112－9

定 价：280. 00 元

易凯欧®微酸性次氯酸消毒液

养殖行业
畜牧行业
水产养殖业

食品加工行业
食品加工厂
水产品
肉禽产品
瓜果蔬菜

母婴用品
奶瓶、奶嘴
玩具、衣服
游乐设施等

公共卫生
学校、游乐场、机场
月子会所
养老院等

居家生活
卫生间、冰箱
衣物、地板
家具等

医疗行业
医院、实验室
药厂等

无残留,不会产生
有毒有害物质

与细菌和病菌
接触自然分解
为水

杀菌效果强,
速度快

六大特色

具有与医用杀菌
产品戊二醛相同
的杀菌谱

不会产生抗药性,
能秒杀各类病菌

可实现带人
及带畜禽消杀

鹤鸣（上海）环境科技有限公司　TEL:021-61856819

顺丰冷运

值得信赖的综合型冷链物流服务商

2014年9月25日，顺丰集团推出顺丰冷运(SF Cold Chain)，专注于为生鲜食品行业客户提供安全、高全程可视可控、端到端的综合型冷链物流服务，并致力于成为值得信赖的冷链物流解决方案供应商。顺冷运将持续以物流的价值推动生鲜食品行业标准的建立与升级，在食品安全、产品诚信、冷链效率、价创造、客制化解决方案等方面成为行业领导者。

基础服务

冷运仓储	B2B				B2C
	顺丰冷运零担	冷运小票零担	冷运专车	冷运到店	冷运标快
多温区存储 7X24小时监控 个性化服务	时效稳 售后优 主打200KG以上	时效快 售后优 主打20~200KG	安全直达 实时温控 客制化服务	全程可视化 专业配送 客制化服务	陆运冷链 专业配送 客制化服务

资源保障

 专业冷仓

已在全国主要城市运营高标食品冷库
- 智慧冷仓管理
- 自动化仓库控制

 干线网络

贯通华北、华南、华东、中西等核心城市
- 班车化运作，时效稳定
- 整体时效3~5天

 **冷藏车**

自有冷藏车318台辆，1.7万+储备资
- 进口冷机
- 配备自主研发的全程可视化监控平台

关注顺丰冷运了解更多咨询　　微信扫描顺丰冷运+小程序即可下

优质小馄饨

— 运/用/科/学/工/艺/打/造/多/元/化/美/食 —

吃／到／一／碗／放／心／美／味／小／馄／饨

红油
小馄饨

麦厨®
MY CHOICE

—— 品牌及公司介绍 ——

麦厨，隶属于沈阳满佳餐饮管理有限公司，致力于生产鲜冻小馄饨的优质品牌。以"让每一位顾客都能吃到一碗放心美味的小馄饨"为宗旨，生产的小馄饨种类齐全、产品丰富、专业性强。在延续传统美食的同时迎合现代人喜爱的火锅、油炸、鸡汤、红油等多种烹饪方式，让小馄饨拥有大吃法。

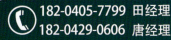 182-0405-7799 田经理
182-0429-0606 唐经理

 邮箱：Tianliang@monbo.com.cn
邮箱：Tjhong@monbo.com.cn

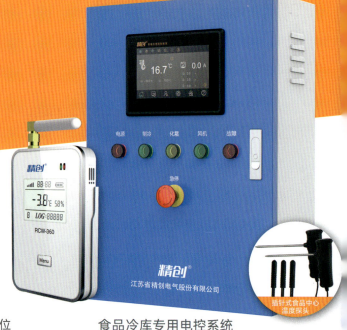